JN302873

# ポーランドの中の《ドイツ人》

## 第一次世界大戦後ポーランドにおけるドイツ系少数者教育

小峰 総一郎

*Die »Deutschen« in Polen:*
*Das Schulrecht für die deutsche Minderheit*
*in Polen nach dem Ersten Weltkrieg*

学文社

# まえがき

2014年2月，ロシアのソチで開かれた冬季オリンピックが人々に多くの感動をもたらして閉幕に向かうなか，同じ黒海に面する隣国ウクライナに政変が勃発した。政変は今日，この国の民族問題，言語問題とも重なり，国家分裂の危機，ロシアとEUとの対立にまで至っている。事態の平和的解決をつよく願わずにはおれない。

本書は，第一次世界大戦後のポーランドにおけるドイツ系少数民族と教育の問題を扱ったものである。ドイツ領からポーランド領となった上シュレジエン地方（シロンスク）に残留したドイツ系少数民族の教育問題は，政治・経済問題であるとともに，文化と教育，言語とアイデンティティーという社会と人間形成に関わる重要問題であった。

筆者はさきに，第二次世界大戦後のドイツ，シュレスヴィヒ・ホルシュタイン州における「デンマーク系少数者教育問題」を扱う中で，民族の自己決定原理＝主観基準が，それに先立つ第一次世界大戦後，この上シュレジエン地域をめぐる問題の中から生まれていること，すなわち，「ポーランドの中の《ドイツ人》」問題を源流としていることに気がつき，その後これを解明するために，いくつかの基礎的な研究を行ってきた。

その結果，未だそれの根本究明ではないけれども，この問題をめぐる関係構造が浮かび上がってきたので，このたび筆者はそれを一書にまとめて刊行し，今後の研究発展の一助としたいと考えるに至った。

この問題は，分け入れば分け入るほどにその重要性が明らかとなるという性質のものであるので，筆者は，この問題にかんする資料紹介を主としながら，それの周辺事実を解明するという方法で研究を行ってきた。そのため，個別の

叙述には精粗があるが，本問題に対する全体的な視点だけは提示したつもりである。

　時空を隔てて生起した問題を扱った本書が，現代諸民族の社会と人間形成の関係を問い直す契機となってくれれば幸いである。読者各位の忌憚のないご批判をお願いしたい。

2014年3月

小峰　総一郎

＊本書は，中京大学出版助成を得て刊行された。

# 目　次

まえがき　i

## 序章　本書の意図と構成　……………………………………………1
はじめに　1
1．「上シュレジエン」問題　2
2．少数民族政策　10
3．文化自治，主観原理　15
4．司法裁判決とその後　18
5．日本の中の「外国人」，その教育　20

## 第1章　ポーランドに留まったドイツ人
　　　　──シロンスクにおけるドイツ系少数者教育　………………22
はじめに──問題の所在　22
1．ジュネーブ協定とドイツ系少数者教育　25
　（1）ジュネーブ協定　25／（2）混合委員会とカロンデール委員長　27
2．学籍登録却下と司法裁判決　29
　（1）「母語アンケート」と「言語テスト」　30／（2）主観原理と客観原理──司法裁判決　31
3．「主観原理」の波及，シロンスクの脱ドイツ化　35
　（1）「主観原理」の波及　35／（2）シロンスクの脱ドイツ化　37
まとめ──国民国家と少数者教育権　39

iii

第2章　国際連盟と上シュレジエン
　　　──「ジュネーブ協定」(1922.5.15) ……………………… 43
　1．シロンスクの人と文化　44
　　(1) 民族構成　44／(2) 文化，宗教　47
　2．上シュレジエン分割と「ジュネーブ協定」　48
　3．上シュレジエン学校紛争　51
　4．資料1「ジュネーブ協定」(1922.5.15)（抄）について　54
　〈資料1〉「上シュレジエンに関する［独・ポ］ジュネーブ協定」
　　　　　(1922.5.15)［抄］　57

第3章　ポーランドの国民教育建設
　　　──「シロンスク県教育令」(1922.8.21) ……………………… 86
　はじめに　86
　1．シロンスク県教育令まで　86
　　(1) ベーメン，ボヘミア，オーストリア支配　87／(2) プロイセン，ドイツ帝国における「ドイツ化」　89
　2．シロンスク県とその教育　97
　　(1) ポーランド再興　97／(2) シロンスク県の教育　101
　3．ドイツ系少数者とシロンスク県教育令，その背景　108
　　(1) ドイツ系少数者とシロンスク県教育令　108／(2) 文相グラプスキー──ワルシャワ政府　110
　〈資料2〉「シロンスク県教育令」(1922.8.21)　114

第4章　ドイツの国内少数民族政策
　　　──①「ポーランド語使用令」(1918.12.31)
　　　　　②「ポーランド系少数者学校令」(1928.12.31) ……………… 120
　1．「ポーランド語使用令」(1918.12.31) について　120

## 目次

2．ポーランド人のアイデンティティーを求めて　125

(1) 母語権とポーランド語少数者学校運動　127／(2) ポーランド語プチ学校―私立ポーランド語学校　129／(3) 少数者学校のネットワーク　130

3．「ポーランド系少数者学校令」(1928.12.31) について　131

〈資料3〉　①「ポーランド語使用令」(1918.12.31)　134

②「ポーランド系少数者学校令」(1928.12.31)　136

## 第5章　国境を越える「文化自治」
── C.G. ブルンス：「少数民族文化自治ライヒ法草案」(1926.3.15) ……141

はじめに　141

1．カール・ゲオルク・ブルンスの生涯　143

(1) 出自　143／(2) 少数民族保護運動　145

2．エストニアの文化自治　147

(1) エストニアのドイツ人　147／(2) エストニアの「文化自治法」　149

3．「少数民族文化自治ライヒ法草案」(1926.3.15) の成立とその影響　152

(1)「少数民族文化自治ライヒ法草案」成立史　152／(2)「少数民族文化自治ライヒ法草案」の内容　165／(3) ブルンス「少数民族文化自治ライヒ法草案」の影響　171

【補遺】ブルンス，シュトレーゼマン，少数者政策　174

〈資料4〉　カール・ゲオルク・ブルンス「ドイツ国内諸少数民族学校制度規整ライヒ法草案」(1926.3.15)　179

## 第6章　学校紛争とその帰結
──①「上シュレジエン学校紛争に関わる常設国際司法裁判所判決」(1928.4.26)

②「独ポ少数民族宣言」(1937.11.5) ……………………184

はじめに　184

1．客観基準と主観基準—〈民族〉決定をめぐって　188

2．上シュレジエン学校紛争と司法裁判決　191

　(1) ジュネーブ協定とドイツ系少数者教育　192／(2) 司法裁判決（1928.4.26）とその後　204

まとめ　209

〈資料5〉①「上シュレジエン学校紛争に関わる常設国際司法裁判所判決」（1928.4.26）　211

②「独ポ少数民族宣言」（1937.11.5）　231

## 第7章　国際化と教師 ………………………………… 232

はじめに　232

1．日本の中の国際化　233

　(1) 国際化の実態　233／(2) 教育問題　236

2．ヨーロッパ諸国では—戦後史，教育史研究から　244

　(1) ドイツ・デンマーク関係から　244／(2) デンマーク語化政策／ドイツ語化政策　247／(3)「キール宣言」(Kieler Erklärung, 1949.9.26) と少数者教育権　249

まとめ—国際化と教師　257

文　献　261

あとがき　275

独文要約　279

上シュレジエン学校紛争略年表（1919-1937）　281

事項索引　283

人名索引　287

上シュレジエン住民投票地域図　290

# 序章

# 本書の意図と構成

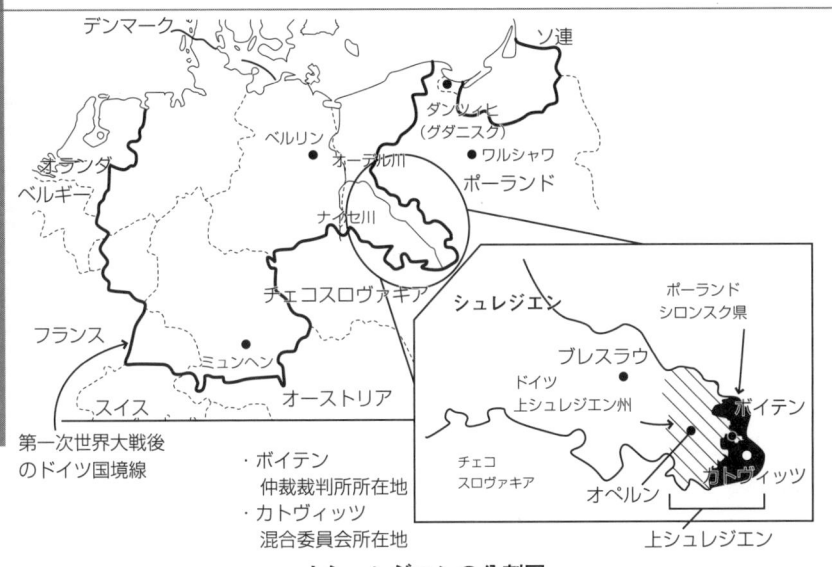

**上シュレジエンの分割図**

地図内ラベル: デンマーク、ソ連、オランダ、ベルギー、ベルリン、オーデル川、ダンツィヒ(グダニスク)、ワルシャワ、ポーランド、ナイセ川、フランス、チェコスロヴァキア、スイス、ミュンヘン、オーストリア、シュレジエン、ブレスラウ、ポーランドシロンスク県、ドイツ上シュレジエン州、ボイテン、チェコスロヴァキア、オペルン、カトヴィッツ、上シュレジエン

第一次世界大戦後のドイツ国境線

・ボイテン　仲裁裁判所所在地
・カトヴィッツ　混合委員会所在地

## はじめに

「民族」とは何だろう——。それは，磁石のように，ときに人々を強く結びつけ，ときに人々を激しく反発させる（磁石の場合，引き合うのは「異なる」極で，「同じ」極は反発し合うのであるが）。いったい「民族」とは何であるか[1]。

本書は，第一次世界大戦後ポーランド領「シロンスク」におけるドイツ系少

---

[1] 月村太郎『民族紛争』（岩波新書，2013）は，現代の6つの「民族」紛争事例をもとに，民族紛争の発生と構造を分析し，その防止のために「多民族的な国民的アイデンティティー」の形成と「それに基づく国民意識の涵養と維持」を提起している（226頁）。上シュレジエンの少数民族問題を考えるのに有益であった。

数者教育問題を扱ったものである。より正確には，このテーマを解明すべく，筆者がここ数年取り組んできた重要資料の翻訳と解題を一書にまとめたものであって，それは，本主題にかかわる研究の一基礎作業にすぎない。ポーランドに残留したドイツ系少数者の教育問題は，むしろ今後多面的に掘り下げ，個別具体的事例，人物に則し，創意的に解明される必要がある。筆者は，本書がそのためのささやかな礎石となることを願っている。

　筆者は一介の教育学徒である。それが今回無謀にも，「民族」，「少数者」，「ポーランド」というような大きな政治学的・歴史学的テーマと関わるようになった。それは，当地のドイツ系少数者教育問題の背後には，人間形成と社会との緊張関係という現代世界に共通する重要課題が横たわっているからである。いま，そのことにふれながら本書の意図と構成を述べたいと思う。

## 1. 「上シュレジエン」問題

　第一次世界大戦の結果，ドイツ東部に「ポーランド国」が創設（再興）された。その後，国境地の旧ドイツ「上シュレジエン州」は住民投票に基づいて分割され，東部3分の1はポーランド国「シロンスク県」（Województwa Śląskiego）となる。その結果，今までドイツ「上シュレジエン州」に共住してきた独ポ両民族は，独ポ両国の上シュレジエン（すなわち3分の2に縮小したドイツ国・新「上シュレジエン州」と，ポーランド国・「シロンスク県」）に，それぞれポーランド系「少数者」・ドイツ系「少数者」として存在することとなった。領土分割後に独ポ本国に帰還しなかったこれら少数者は，祖国と切り離され，「多数者」に囲まれて暮らすことになったのである[2]。「ヴェルサィユ講和条約」

---

[2] ポーランドの中のドイツ人は約100万人，うち，本書で問題にするシロンスク（ポーランド領東部上シュレジエン）のドイツ人は，ドイツ側の見積によれば約30万人である。（第1章　追記参照）。

と同日に調印された「ポーランド条約」(1919年6月28日) は，特に，シロンスク・ドイツ人のドイツ語による教育の保障をポーランド国に命じた[3]。

　第一次世界大戦の戦勝国は，国際連盟理事会において領土分割を決定した際，移行措置を大使会議において決議した（日本代表・石井菊次郎）。それは，ドイツの領土分割が引き起こす混乱を最小限に食い止め，欧州平和を確立するための枠組みであった。その結果生み出されたのが「上シュレジエンにかかわる独ポジュネーブ協定」(1922.5.15) である[4]。

　この「ジュネーブ協定」は，ドイツの旧来の経済的権益を保障するとともに，両民族が混交する2つの上シュレジエンにおける「少数者」(すなわち「ユダヤ人」も含め，「ドイツ人」，「ポーランド人」等の「民族的，言語的ないし宗教的少数者 (völkische, sprachliche oder religiöse Minderheit)」) の権利をみとめ，有効期間15年の間に平和裡に新国家「ポーランド」とその国境線が受け入れられることを目指したのである。

　「協定」はそのための特別の制度枠組みを創設した。すなわち，独ポ双方の「少数者」委員から成る現地「混合委員会 (Die Gemischte Kommission; La Commission mixte)」と，「仲裁裁判所」(Das Schiedsgericht; Le Tribunal arbitral)

---

[3] 第九條【民族語教育の便宜，財政保障，ドイツ系住民＝1914.8.1ドイツ領土の民】（——条文タイトルは小峰）
波蘭國ハ波蘭語ニ非サル言語ヲ用キル波蘭國民ノ大多数居住スル都市及地方ノ教育制度ヲ定ムルニ當リ右波蘭國民ノ児童ニ對スル小学教育カ其ノ言語ヲ以テ施サルヘキコトヲ確保スル為相當ノ便宜ヲ供與スヘシ但シ波蘭國政府カ右小学教育ニ於テ波蘭語ヲ必須科目トシテ課スルコトヲ妨ケス
種族，宗教又ハ言語上少数ニ属スル波蘭國民カ大多数ヲ占ムル都市及地方ニ於テ右波蘭國民ハ，地方団体其ノ他ノ予算ニ基ク公共基金ニシテ教育，宗教又ハ慈善ノ目的ヲ有スル経費中ヨリ金額ノ支給又ハ割當ヲ受クルニ付衡平ナル配分ヲ確保セラルヘシ
獨逸語ヲ用キル波蘭國民ニ本條ノ規定ヲ適用スルハ千九百十四年八月一日ニ於テ獨逸國領土タリシ波蘭國ノ地方ニ限ル
（「波蘭國ニ關スル條約」，1919年6月28日，外務省訳）
[4] 濱口學「国際連盟と上部シレジア定境紛争」『國學院大學紀要』第31巻 (1993/3) 参照。筆者（小峰）の研究は，濱口のこの論文によって大きく切り開かれた。氏の一連の研究に心より感謝する次第である。

である。国際連盟は、この重大な混合委員会の長に、元スイス連邦大統領**カロンデール**（Felix-Louis Calonder, 1863-1952）を充て（仲裁裁判所長はケーケンベーク）、領土分割に伴う上シュレジエン少数者問題を欧州平和の実験場としてこれに取り組むわけである。

　ここで特に、新たにポーランド領となったシロンスクのドイツ系少数者の教育問題が注目される。大戦後ポーランド国となったシロンスク県には、それまでのドイツ式教育に代わって、ポーランドの国民教育が敷かれたのである。
　シュレジエンは元々スラブ人の地であった（ポーランド人は西スラブ人に属する）。それが、中世のモンゴル来襲以降ドイツ人移民を受け入れ、次第にドイツ化した。音楽家ブラームスの「大学祝典序曲」は、彼が、ブレスラウ大学から名誉博士号を授与されたことに対する返礼として作曲されたものであるが、ブレスラウ（ポーランド名：Wrocław ヴロツワフ）を中心とする下シュレジエン（低地シュレジエン）は、早くからドイツ化が進んだ。それに対し、上シュレジエン（高地シュレジエン）はスラブ文化を強く保持していたが、近代になってドイツ化が大きく進む。この一帯には、欧州随一の埋蔵量といわれた石炭・鉱物資源が眠っていたのである。中心都市カトヴィッツ（ポーランド名：Katowice カトヴィツェ）一帯はその豊富な資源と安価なポーランド人労働力を基礎に、近代になって急速に発展し「鉱工業三角地帯」と称されたのだった。これとともに教育・文化の「ドイツ化」が進行するのである。シュレジエンを領有したフリードリヒ二世（大王）は、当地にプロイセン本土とは異なる開明的な教育政策を施した[5]。その後もポーランド語教育は一定程度許容されたが、ビスマルクの「文化闘争」以降それは排除され、ポーランド人にドイツ語ドイツ文化の「ドイツ化」教育が進められて来たのである。

---

5) 梅根悟『近代国家と民衆教育――プロイセン民衆教育政策史』誠文堂新光社、1967、117-127頁。

しかし今シロンスクはポーランドである。「ジュネーブ協定」は、ドイツ人「少数者」のドイツ語ドイツ文化の教育を保障していた。しかしそれは、ポーランド国籍をもつドイツ系少数者40人が「少数者学校」を新たに申請して初めて認められるというものであった。ポーランド当局は、この申請にことさら厳しく対応した（Schikane＝職権濫用［嫌がらせ］）。これにより、今までの支配者ドイツ人の教育は大きく阻まれるのである。

なかでも、第六代県知事グラジュインスキ（Michał Grażyński, 1890-1965）の時代に、ドイツ系民族学校への就学は、ドイツ語「母語」者に限るとするポーランドの「母語」原理（客観基準）によって、約7,000名に上る大量のドイツ系少数者児童の学籍登録申請が却下されるという事態が出来する。本件は現地「ドイツ民族同盟」の提訴により、最終的に常設国際司法裁判所で争われることになった。だが、1928年4月の判決で、ドイツ人児童が自由にドイツ系少数者学校を選ぶことは認められなかった。

その際法廷で争われたのが、少数者所属は個人の意志によるのか（主観原理）、言語によるのか（客観原理）という対立であった。この問題につき、司法裁は、ポーランドの「言語」説を正当と判断したが、限定的に「主観原理」も容認した。

ここには、民族混交地での言語問題、言語とアイデンティティーの問題、さらには、標準語と地方語との問題（＝「Autochthone 土着人」問題）が存在する。

① 言語問題——上シュレジエンでは、長年にわたってドイツ人・ポーランド人が共住して生活していたため、一般に、人々は独ポ二言語話者だった。そして、「ドイツ人」の中には、ドイツ語よりもポーランド語の方が達者な者さえいたのである。したがって、「言語」（のみ）によって「民族」を規定することは困難である。この問題は、異民族が共住する地域（たとえばドイツ北部のデンマークとの国境地シュレスヴィヒ地方）に共通して見られる現象である。

② アイデンティティー問題——また、長年の独ポ二民族の共住は、その間で

の結婚により，自らが「ドイツ人」であるのか，「ポーランド人」であるのか，そのいずれでもあるのか・そのいずれでもないのか，判断がつかない場合も少なくない。その際に，「自分とは何者か」は，詰まるところ，言語ではなく，個人の自己決定（「主観意志」）に委ねられざるを得ない。（主観原理）

③標準語・地方語問題，「Autochthone 土着人」問題――さらに，「ジュネーブ協定」は，「言語」を，ワルシャワ地方の標準ポーランド語，すなわち「文書ポーランド語」と定めていた。

> 第132条［授業言語としての少数者言語の概念］
> §1. 本章に謂う，授業言語および授業科目としての少数者言語は，正則文書ポーランド語，ないし正則文書ドイツ語とする[6]。

しかし，上シュレジエン人の話す「ポーランド語」は，Wasserpolnisch と称される上シュレジエン方言だった。Wasserpolnisch とは「ドイツ人街の川［オーデル川］を越えてやってきた人の使うポーランド語」の意味，すなわち「水源ポーランド語」とでもいうような語である。この Wasserpolnisch を使用する者を，ポーランド当局はポ国シロンスク（＝東部上シュレジエン）でドイツ系少数者とは認めなかった。しかし他方で，ド国上シュレジエン（＝西部上シュレジエン）のポーランド系少数者学校で Wasserpolnisch を使うポーランド人教

---

6) Junckerstorff, Kurt: Das Schulrecht der deutschen Minderheiten in Polnisch-Oberschlesien nach dem Genfer Abkommen. Berlin: R. Hobbing, 1930, S. 120. 本研究では，「ジュネーブ協定」の引用，訳出はユンカーシュトルフの本書を基本としている。「ジュネーブ協定」の正文はフランス語であるので，本来ならば，ケーケンベークの著作に収められたフランス語原文に基づくべきである。だが，残念ながらそれは筆者（小峰）の能力を超えている。そのためフランス語は，必要に応じ最小限の参照に留めていることをお断りしておきたい（第2章参照）。Vgl. Kaeckenbeeck, Georges: The international Experiment of Upper Silesia. London 1942.

師は認められなかった[7]。「ジュネーブ協定」113条が，少数者学校教員の言語能力を定めていたからである。

> 第113条［少数者学校の教員］
> 　少数者教育機関に十分な数の教員を用意するために，協定締約国は，次の方策を履行するものとする。
> 1. 少数者学校には，原則として，児童と同様少数者に所属し，少数者言語を完全に駆使できる教員だけを任用するものとする[8]。

当時のポーランド人教員は，ドイツ帝国の教育システムで育っていたのであるから，正則ポーランド語によるポーランド語，ポーランド文化の教育を担いうる教員というのはきわめて少ない。ここには標準語・地方語問題に加えて，国家移行期の教育制度問題も存在するのであった。

それとともに，上シュレジエンの「Autochthone 土着人」（または土着外国語人：bodenständige fremdsprachige Volksteile）問題という複雑な問題も念頭におかなくてはならない。

いま，シロンスク（旧東部上シュレジエン）の面積と人口，1910年の母語内訳を示すと次の表序-1の通りである。

---

[7] Vgl. Skrabania, David: Das Minderheitenschulwesen im geteilten Oberschlesien. München: Grin, 2009, S. 34. 本書はボッフム大学学士論文。上シュレジエン問題をコンパクトに扱った好著である。とくに，「シロンスク人」が，「実利」に基づいて行動し，そこにドイツ側もポーランド側も食い込んでいった，という指摘は，筆者（小峰）に新鮮であった。「民族」問題を先鋭化させるだけでは見えてこなかった，シロンスク住民の「リアリティ」への注目は，筆者の接した先行研究にはごく僅かであった（「教育環境の整ったドイツ校を選択した」との指摘など）。

[8] Junckerstorff, S. 81.

表序-1. シロンスクの面積と人口 (1910.12.1 の数値による)

| 1. ポーランドへの割譲地面積<br>（シロンスク＝東部上シュレジエン） | | 321,342.2ha | |
|---|---|---|---|
| 2. 人口 | | 892,537 人 | |
| 3. 母語内訳 | | 人数 | 割合（％） |
| | ドイツ語 | 263,701 | 29.8％ |
| | ドイツ語＋他1語 | 37,081 | 4.2％ |
| | ポーランド語 | 585,112 | 66.0％ |
| | ［合計（小峰）］ | 885,894 | 100.0％ |

（出所：Junckerstorff, S. 176）

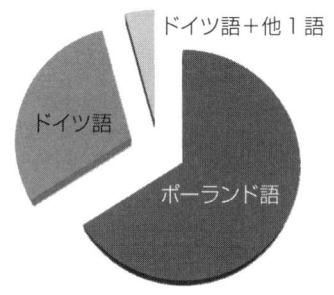

図序-1. シロンスク住民の母語 (1910.12.1)
（表序-1より小峰作成）

　母語を「ポーランド語」とする者，また，「ドイツ語＋他1語」とする者（二重言語者）の多くが「Autochthone 土着人」（ないし土着外国語人）である。元からこの高地シュレジエンに生まれ，育った人間である。図序-1が示しているように，シロンスクでは二重言語者を含め，住民の約7割がポーランド語を駆使する。一方，ドイツ語話者（ドイツからの移民，入植者，またその子孫を中心とする）は，二重言語者を含めても3割強である。
　だが，住民の言語現実はさらに複雑である。ドイツ語は何といっても公式語である。社会階層的には，専門家や役人，社会的上層のことばであり，ポーランド語は農民，平民の言語であった。ポーランド語は，田舎の言葉，私的言語

序章　本書の意図と構成

だったのである（ちなみに教会は正則ポーランド語）。20世紀に入り，産業化が一層進行するが，それは都市を中心とするドイツ語の普及を意味した。1910年に上シュレジエン州全体では住民220万人中，母語は，スラブ語（ポーランド語系）53％，ドイツ語40％であったが[9]，住民は生活場面でことばを使い分けていたのである。つまり，公式の場（役所，職場，学校等）ではドイツ語（Vatersprache：父語）を使い，家庭，日常生活ではポーランド語（Muttersprache：母語）を使ったわけである[10]。（なお，これはナチ時代の1936年になってのことであるが，ナチ党親近組織「青年ドイツ党（Jungdeutsche Partei in Polen：JDP）の党員も，集会では［ドイツ語でなく］ポーランド語を話している」と，「ドイツ民族同盟」のウーリッツ（Otto Ulitz, 1885-1972）は嘆いていた[11]。このウーリッツこそ，「ドイツ民族同盟」の代表として，シロンスクの「少数者学校」設立運動，ポーランド当局の学籍登録却下に対する異議申立（訴願）の大運動を組織した人物である。元警察署長であり「ドイツ民族同盟」議長，シロンスク県議を務めるシロンスクのドイツ人民族運動の指導者であった。）

このように，支配者，上層者の言語に「同一化」しながら，しかし，人々の日常語，意思疎通のことばはスラブ系のポーランド語（水源ポーランド語）であったのだ。その結果，上記アイデンティティー問題とも関わるが，上シュレジエンの土着のスラブ系の人々（Autochthone）は，自身は「ポーランド人」でなく「上シュレジエン人」である，と自覚する者も少なからず存在した。この地域はポーランド中央にとっては周縁で独ポ両民族混住の長い歴史をもち，

---

9) Skrabania, S. 11.
10) Vgl. Eser, Ingo:»Volk, Staat, Gott!«: Die deutsche Minderheit in Polen und ihr Schulwesen 1918-1939. Wiesbaden : Harrassowitz Verlag, 2010. (Veröffentlichungen des Nordost-Instituts ; Bd.15), S. 30-33. エーザーのこの文献は，戦間期ポーランドにおけるドイツ系少数者教育問題研究の一大達成を示している。これまでの研究の最高水準と言ってよい。マールブルク大学博士論文（第4章参照）。
11) Skrabania, S. 11.

かつ豊かな資源を保有していた。ポーランド建国後、この地方に分離主義運動が起こったのも、これらの理由からである（その結果、シロンスクは、文化・教育に県独自の権限を備えた「自治県」となる）。彼ら土着のスラブ人は、「ジュネーブ協定」に基づき、子どもが、独ポいずれの学校を選択するかを迫られたとき、時に「ドイツ人」と、またある時は「ポーランド人」と申告したのだった[12]。

本書第1章、第2章は、以上のような「上シュレジエン」の分割と少数者教育問題の発生という、問題の基本枠組みを、資料紹介と解題で扱っている。

## 2. 少数民族政策

次に、プロイセンの少数民族政策について。

ドイツ最大のラント（邦）、プロイセンは、近代に領土を大きく拡大し、その中に多数の異民族を抱えるに至った。なかでもポーランド人、マズール人、デンマーク人、そして（言語統計に表れない）ユダヤ人が大きな存在である。1905年、1925年におけるプロイセン邦内の外国語住民部分は表序-2の通りである[13]。図序-2、図序-3はそれをグラフ化したものである。

1905年の言語統計によれば、多数順にポーランド語（人）、マズール語（人）、デンマーク語（人）。以下チェコ語（人）、リトアニア語（人）、カシューブ語（人）、ヴェンド語（人）、フリースランド語（人）、ワロン語／フランス語（人）と続く。なかでも、ポーランド語（人）は人口約330万人、外国語話者全体の81.4％を占めている（これは、ポーランド語のみを第一言語とする者である。他に、この統計には盛られていない二言語話者や、すでにドイツ語を第一言語とする「同

---

12) A. a. O., S. 14.
13) Knabe, Ferdinande: Sprachliche Minderheiten und nationale Schule in Preußen zwischen 1871 und 1933. Eine bildungspolitische Analyse. Münster: Waxmann, 2000 (Internationale Hochschulschriften, Band 325), S. 68.

化」ポーランド人が相当数いたと考えられる）。ポーランド人と民族的に近いとされるマズール人を合算すると合計約350万人，外国語話者の87.5%を占めている[14]。これはプロイセン総人口の9.6%である。

プロイセン国家は，これら国内の異民族に対して，オーストリアとは対照的

表序-2. ドイツ語を第一言語としないプロイセン公民：外国語住民部分（1905, 1925）

| 年<br>言語 | 1905 | 1925 | |
|---|---|---|---|
| | 第一言語が<br>ドイツ語でない者 | 第一言語が<br>ドイツ語でない者 | 二重言語者 |
| デンマーク語 | 139,577 | 4,590 | 2,231 |
| フリースランド語 | 19,885 | 7,389 | 1,133 |
| カシューブ語 | 72,544 | 317 | 89 |
| リトアニア語 | 101,534 | 2,674 | 2,858 |
| マズール語 | 248,185 | 49,768 | 31,167 |
| ポーランド語 | 3,325,717 | 209,087 | 507,598 |
| チェコ語／メーレン語 | 103,282 | 9,625 | 9,946 |
| ワロン語／フランス語 | 11,837 | − | − |
| ヴェンド語／ゾルブ語 | 63,143 | 33,993 | 9,333 |
| 合計 | 4,087,609 | 319,368 | 566,280 |
| プロイセン邦全人口 | 37,293,324 | 38,120,171 | |

（出所：Knabe, S. 68.）

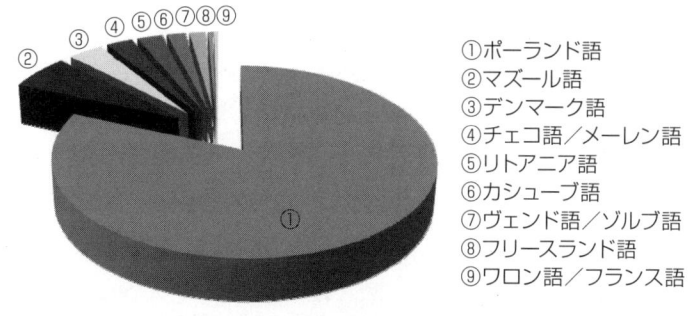

①ポーランド語
②マズール語
③デンマーク語
④チェコ語／メーレン語
⑤リトアニア語
⑥カシューブ語
⑦ヴェンド語／ゾルブ語
⑧フリースランド語
⑨ワロン語／フランス語

図序-2. プロイセンの外国語住民部分内訳（1905年）
（表序-2より小峰作成）

---

14) Ebenda.

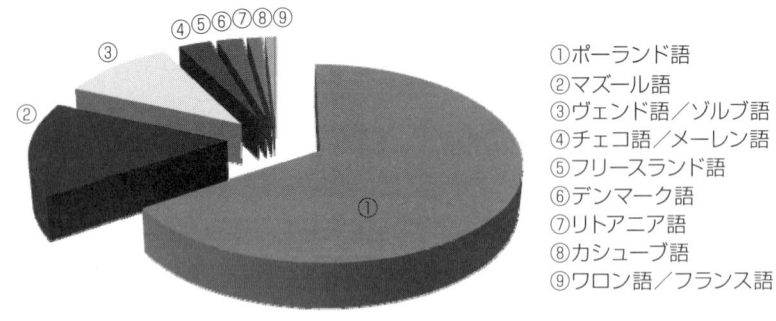

①ポーランド語
②マズール語
③ヴェンド語／ゾルブ語
④チェコ語／メーレン語
⑤フリースランド語
⑥デンマーク語
⑦リトアニア語
⑧カシューブ語
⑨ワロン語／フランス語

図序-3. プロイセンの外国語住民部分内訳（1925年）
（表序-2 より小峰作成）

な「同化政策」で臨んだ。多民族国家オーストリア[15]，そしてまた邦内にソルブ人を抱えるザクセンが[16]，異民族との共存を進めたのに対し，プロイセンは徹底した「同化政策」を取った。後の章でも触れるが，とりわけ「文化闘争」以後はそうである（奇しくも，ポーランド建国（再興）後の言語令は，いずれも，プロイセン言語令を元にしたものである。）[17]

---

15) 大津留厚『ハプスブルクの実験』中公新書，1995。同『[増補改訂] ハプスブルクの実験』春風社，2007。
16) ザクセン邦では，すでに1835年の段階で，邦内異民族ソルブ人の民族語教育権に配慮していた。「授業言語はドイツ語である」（§28），ただしゾルブ人に限ってはヴェンド語［カシューブ語］の読み方を導入することとし，また，宗教教育は母語で行うものとする」と。「初等国民学校法 1835. 6. 6」(Gesetz, das Elementar-Volksschulwesen betreffend vom 6. Juni 1835. In: GVBl. Sachsen 1835, S. 279 ff. Vgl. Hans Martin Moderow : Volksschule zwischen Staat und Kirche : Das Beispiel Sachsen im 18. und 19. Jahrhundert. Köln ; Weimar ; Wien : Böhlau, 2007, S. 115-116.
17) 「シロンスク県教育令」（1922. 8. 21）に対して，シレジア蜂起の指導者として知られるコルファンティ（Wojciech Korfanty, 1873-1939）は反対を表明。教育権者の「申請」で子を少数者学校に受け入れよと，同令の変更を求めている。これは民族所属の自由表明主義（主観原理）であり，客観基準──母語記載（テスト）のような──への反対を表明したものと思われる。かつまた，シロンスクのドイツ人教員の地位保全と講習の必要性をうったえた。かつてのプロイセンの同化主義を模した報復主義的な県言語令への反対論が，ポーランド内部で述べられていることは注目に値する。Vgl. Falęcki, Tomasz: Niemieckie szkolnictwo mniejszościowe na Górnym Śląsku w latach 1922-1939. Katowice 1970, s. 41-42.

しかし，それに対抗する事実と運動があったことも無視するわけにはいかない。

①**ポーランド語の教育**——まず第一に，ポーランド人居住地域の初等教育で，国民学校下級にかぎりポーランド語の教育が許容されていたことである（第4章参照）。プロイセン政府は，ポーランド人に対してドイツ語ドイツ文化の教育，また，ドイツ語による宗教教育を強制するが，それは度重なる抵抗（「学校ストライキ」）に遭う。また私立ポーランド語学校，秘密裏のポーランド語学校運動が展開されてもいたのである。

②**社会主義運動，民族運動**——第二に，社会主義運動，民族運動の中で，「母語」の教育が求められたことである。

社会主義運動としては，オーストリアの社会主義者オットー・バウアー，カール・レンナーの民族論がまず挙げられるが[18]，それとともに，ワイマール革命後のプロイセン文相ヘーニッシュ（Konrad Haenisch, 1876-1925）の位置も重要である。ワイマール革命後の一連のポーランド語政策，ならびに西プロイセンでのポーランド語師範学校設立構想（第4章参照）など，彼がバウアー，またローザ・ルクセンブルクとの邂逅を通して民族問題を理論的実践的に深めていったと考えられる。これは今後解明されるべき点である。

ポーランド人運動については，ヤン・バチェフスキ（Jan Baczewski, 1890-1958），アダム・シエラコフスキ伯（Sierakowski, Adam Graf von, 1891-1939），そしてブルーノ・オペンコウスキ（Openkowski, Bruno von, 1887-1952）の活動が注目される[19]。

③**ワイマール憲法，ポーランド語教育令**——そして，第一次大戦後。革命後のワイマール共和国は，ワイマール憲法（1919年）で，「教育において母語を

---

18) 丸山敬一『マルクス主義と民族自決権』（第2版）信山社，1992／鈴木是生「帝国の解体と民族自決論：バウアー，ウイルソン，レーニン（一）」『名古屋外国語大学外国語学部紀要』第30巻，2006，参照。

19) Vgl. Knabe, Ferdinande: Sprachliche Minderheiten und nationale Schule in Preußen zwischen 1871 und 1933. Eine bildungspolitische Analyse. Münster: Waxmann, 2000 (Internationale Hochschulschriften, Band 325).

使用する民族的権利」を承認した（第113条）。そして，プロイセン憲法では「第73条　外国語住民部分の言語権」が定められた。プロイセン政府は，敗戦後の領土政策を有利にすすめるための思惑もあり，邦内のポーランド人への母語の教育（ポーランド語による教育，ポーランド語宗教教育）を認めた。また，これと共に，地方語である低地ドイツ語の教育も認めるに至っている[20]。

　これに対し，新国家ポーランドの国民教育確立過程，またシロンスク県の教育を，ポーランドの視点から考察することもまた重要である。ポーランドは国内に異民族を3割強も抱えて出発した[21]。ヨーロッパ全体が大戦後の政治的経済的混乱に覆われるなか，新生ポーランドは，国としての形を整え，かつ住民を統合するという困難な歩みを遂げなければならない。行政も混乱する中で，ヴワディスワフ・グラブスキ蔵相・首相（弟）は通貨改革（ゾーテイ創出）を行い，兄スタニスワフ・グラブスキ文相は教育・文化の脱ドイツ化・脱ロシア

---

20)「方言使用令（1919.12.17）[＝「授業における方言の顧慮」(Berücksichtigung der heimischen Mundart im Unterricht. 1919. 12. 17 [プロイセン文部省令〈UIII A 1691UII, 1919. 12. 17]）] In : Zentralblatt für die gesamte Unterrichtsverwaltung in Preußen, 1920 H. 2, Berlin, 1920. 2. 28, S. 192-193.／「フリースランド言語令（1925.2.19）」[＝「授業におけるフリースランド語の保護――シュレスヴィヒ県知事令（1925. 2. 19）」]
(In: Krüger-Potratz, Marianne/Jasper, Dirk/Knabe, Ferdinande: Fremdsprachige Volksteile und deutsche Schule. Schulpolitik für die Kinder der autochthonen Minderheiten in der Weimarer Republik-ein Quellen-und Arbeitsbuch, Münster: Waxmann, 1998（Interkulturelle Bildungsforschung, Band 2), S. 244-245.)
クリューガー＝ポトラッツの本書は，ワイマール時代の少数者教育政策を丹念に跡づけ，資料と解題でその全体像を明らかにしている。筆者（小峰）はこれを多く参照した。
言語・文化の中央集権化に抗して，地方語・地方文化の尊重は教育活動にとって意義の多いことである。折しも本年放送されている（2013年），NHK朝の連続テレビ小説「あまちゃん」の地方語が想起される。

21)「もっとも困難だったのは民族性の異なる住民の統合であった。公式統計によれば少数民族は新生国家の住民の3割強を占めた。…新生ポーランドの統一的・同化主義的国家構想は，はじめからこの三分の一以上の市民の統合を困難にした。政治的多元主義もポーランド人内部においては統合的に働いたが，全国家的には遠心的な作用をもった。」（伊東孝之『ポーランド現代史』山川出版，1988, 100-101頁）

化をすすめたのだった。くだんのシロンスク県では，初代知事リュマーが，「教育令」で，ドイツ系少数者の学籍登録に母語の明示を義務づけ，これがのちの学校紛争の遠因となるのである。

　本書第3章は，ポーランド国の誕生の中にシロンスク自治県の教育を置いて，「シロンスク県教育令」を考察した。これに対し，第4章は，プロイセンの2つのポーランド系少数者教育令を扱っている。すなわち一方は，ワイマール革命直後に従来の同化教育方向で部分的にポーランド語教育をみとめた「**ポーランド語使用令**」(1918.12.31)，そして他方は，ドイツ国シュトレーゼマン外相の意向を容れ「文化自治」方向での少数者問題解決をはかった**ポーランド系少数者学校令**」(1928.12.31) である。

## 3. 文化自治，主観原理

　いま，「文化自治」と述べた。「文化自治」または「文化的自治」(Kulturautonomie) を定義づけると次のようになる。

> 「少数民族が言語，教育などの文化領域において自治的権利を行使すること。その歴史的起源は，世紀転換期のハプスブルク帝国におけるオーストリア社会民主党の民族政策に求められる。この帝国は典型的な多民族国家であり，民族問題の解決は国家の存続にとって重要な課題でもあった。
> 　その解決策として社会民主党の指導者バウアーやレンナーが提唱したのが〈民族的・文化的自治〉制である。その特徴は，立法・行政と民族（文化）的問題（言語，教育，芸術，宗教など）とを別々に処理しようとしていることにある。民族的に区画された自治的な諸地域と各々の民族議会が立法・行政を処理するのであるが，その場合でも個々の地域に少数民族問題が生ずるため，同一民族のすべての自治行政区域が連合体（民族共同体）を形成し，それが民族（文化）的問題を処理することを想定しているのである」[22]。

---

22)「文化的自治」『新訂増補　世界民族問題事典』平凡社，2002, 1018 頁。

かつて「国家」の構成要素は，土地（領土）と人民（国民）と権力（国家権力）であるとされた。だが，このような古典的な国家観は，現代においては十分なものとはいえなくなった。土地，人民，権力の一体的構成が成り立たないという状況が立ち現れたからである。

　第一次世界大戦の結果，ポーランド国が創出（再興）された。かつてドイツが併合したポーランド領土は，ポーランド国に戻された（すべてではないが）。しかし，ポーランドを含むドイツの旧領土の上に誕生した中・北欧新国家に，ドイツ人が切り離され「少数者」として存在することになった。これら旧領土のドイツ人は，約580万人に上るといわれる[23]。

　なお，ドイツに帰還かなわぬこれらのドイツ人たちは，新国家でもドイツ語・ドイツ文化をアイデンティティーの中核として，「ドイツ人」であり続けようとしたのである[24]。彼らが新国家で，ドイツ語・ドイツ文化の尊重と，子弟へのドイツ語・ドイツ文化の教育を求めたとき，拠り所としたのがこの「文化自治」論であった。かつてオーストリア・ハプスブルク帝国で生まれた民族統合の論理（「文化自治」）が，「ポーランドの中のドイツ人」の生存論理として主張されたわけである。

　この「文化自治」をめぐる問題を扱ったのが，第5章である。「ポーランドの中のドイツ人」の支援運動を行った国際法学者ブルンス（Bruns, Carl Georg, Dr. 1890-1931）の「文化自治草案」を訳出して，解題を付したものである。そこでも言及したが，この「文化自治」問題の中には，「少数者」，「少数民族」に関わる多くの重要課題が集中的に表れている。

　①「文化自治」の地域的広がり——まず，地域的に，この「文化自治」論は，その起源と試行（要求）に関し，オーストリア・エストニア・ポーランドと，

---

[23] Vgl. Krüger-Potratz, S. 23.『世界民族問題事典』は「約900万人のドイツ国籍を持つ人々」と記している。（同書，761頁）
　　なお，この旧領土のドイツ人の数については，第1章脚注43）参照。
[24] 川手圭一「マイノリティ問題とフォルクの思想」（伊藤定良・平田雅博編『近代ヨーロッパを読み解く』ミネルヴァ書房，2008，参照。

中欧・北欧にまで及ぶものであるということ。そこには，エストニアでの「文化自治」の実施と，それの全欧州規模での実現を目指す人と運動とが交錯しているのである。

②**国境を越える「少数者」支援**——そして「少数者」政策をめぐっては，ポーランド当局対ポーランド国内ドイツ系少数者の対立・交渉，そして国境を越えたそれへの支援，という構図の中で問題が提出されているということである。すなわちここには，a) ポーランド国民教育の確立を目指すポーランド当局，b) ドイツ語ドイツ文化の教育を「文化自治」として要求するドイツ系少数者，c) それを政策的財政的に支援するドイツ本国（外務省・ドイツ財団を中心とする），という3つの勢力の主張と政策とがぶつかり合っているのである。

③**ドイツの外交政策，プロイセンの国内民族政策**——「文化自治」問題には，これらの点に加えて，ドイツのシュトレーゼマン外相（Gustav Stresemann, 1878-1929）の外交戦略と，プロイセンの抱える邦内少数民族問題とが深く関わっている。すなわち，シュトレーゼマンは，ドイツが国際連盟に加盟するに当たり，国内少数民族に配慮し，「民主主義国家ドイツ」を各国にアピールして，これによって，外国に暮らすドイツ人の保護を実現しようとしたのであった。これに対し，国内，特にプロイセン邦では，文部省が，邦内の**マズール人問題**をめぐり「文化自治」に懸念を表明している。

「文化自治」と対をなすのが「**主観原理**」（das subjektive Prinzip）である。「文化自治」は，少数民族者が「自分は〇〇人である」と自己表明して「**民族簿**」（Nationalkataster）に登録し，これを束ねる民族団体が，当該国家の中で，国家の行政とは独立に，団体の自治として少数民族の教育・文化行政を展開するというものである。したがって，自らが自分の主観意志に基づいて民族表明を行うことが基本である。この主観意志を，当局が疑ったり否定したりしてはならないのである（「**自由表明主義**」）。

ブルンスは，ポーランドのドイツ系少数者支援を行う中で，欧州少数民族会

議 (Europäischer Nationalitäten-Kongreß, 1925-1939/40) の「文化自治」論の見地のもと,「文化自治」草案を執筆し，これのドイツ国レベルでの実現をドイツ外務省（シュトレーゼマン外相）に提起する。これに対して，東プロイセン当局ならびにプロイセン文部省は，マズール人（＝東プロイセンの湖沼地帯に暮らすポーランド系住民）の**イレデンタ運動**（ポーランド復帰運動）を警戒し「文化自治」に反対であった。そのため同案は，これら部局との調整の結果（と思われる），ライヒ（＝ドイツ国）ではなくプロイセン邦内で，ポーランド系少数者（そしてデンマーク系少数者）に対する，相当に妥協的な「文化自治」令として公布されたのである。

## 4. 司法裁判決とその後

「文化自治」，主観基準に基づく「ポーランド系少数者令」(1928.12.31) が成立する半年前，シロンスクのドイツ系少数者子弟 7,114 名が「母語」を理由として学籍登録を却下された事件に関し，ハーグの「常設国際司法裁判所」は判決を下した (1928. 4. 26)。判決は，民族所属は「主観意志」に基づくのではなく，「事実状況」（言語等——客観基準）に基づくとし，ドイツ系少数者の求めたドイツ系少数者学校の自由な選択，ドイツ語授業言語の自由な選択は不可とした（ドイツ側敗訴）。しかし，民族所属の「表明」自体は自由とし，民族混交地での主観基準を部分的に認めた。また，その表明を当局が再審査することは「ジュネーブ協定」に照らし許されないとしたのである。

かねて主観基準での少数者問題解決を目指していたドイツ外務省サイド（シュトレーゼマンら）にとっては，むしろこの法理が「主観基準」の追い風になったと考えられる。シュトレーゼマン外相は，ドイツの国際連盟加盟 (1926. 9. 8) 後，シュトゥットガルトのドイツ文化センター落成式演説で次のように述べたのだった。「我々が外国ドイツ人のために求めるのと同じものをドイツ国内で行うことを，我々は，自らの責務であると自覚している…」[25] と。

序章　本書の意図と構成

そして，ドイツは少数者問題に法律として取り組むことを目指すとしたのである。

こうして，先にも述べたように，「文化自治」に抵抗するプロイセン文部省，東プロイセン州当局との妥協の結果，1928年12月31日，主観基準・「文化自治」によるプロイセン邦の「ポーランド系少数者教育令」が成立，併せて同日，先年いったん客観基準（出生地等）で成立していた「デンマーク系少数者学校令」（内務省令1926.2.9）を，上記「ポーランド系少数者学校令」（1928.12.31）と整合させ，主観基準による**改正デンマーク系少数者学校令**（**内務省令・文部省令1928.12.31**）として公布したのである。

これにより，ドイツ（プロイセン）の東部，北部の二重言語地域においては，近代国民国家の「言語による国民統合」に代わり，「主観原理」（=「心のドイツ人」原理）が定立されたといえるのである。判決で部分的に認められた「主観原理」は，ドイツ旧領土の「外国ドイツ人」を相互に結びつけ，「文化自治」を求めるキーの役割を果たしたのである。

やがて――，独ポ両国の少数者問題，とりわけ上シュレジエン（シロンスク）の少数者問題は，司法裁判決と国際連盟委員会の判断を受け入れ，一定の合意と進捗に至るのである。すなわち，シロンスクの「ドイツ系」生徒入学に際しては，生徒の言語能力を考慮することとした。その後，1929年に，かつての不合格児の再申請却下事件が発生するが，本件につき司法裁は，一旦言語能力により申請を却下された児童でも，次年度以降の出願は禁止されないと判断した（1931.5.15，ポーランド側敗訴）。こののち混合委員会委員長カロンデールは，教育的視点の下，各校に独ポ同数の試験「委員会」（Kommission）を設置することを提起，これを両国とも受入れたのである（カロンデールの平和）[26]。一方，

---

25) Hubrich, Georg (Hrsg.): Die Minderheitenschule. Sammlung der Bestimmungen. Berlin: Weidmann, 1927, S. 6.

26) Recke, Walter: Die historisch-politischen Grundlagen der Genfer Konvention vom 15. Mai 1922. Marburg, 1969, S. 140.

ドイツ領上シュレジエンのポーランド系少数者学校でも，教師基準が緩和され (1928年)[27]，ポーランド系少数者教育は着実に歩み出すのであった。

かくて1937年，「ジュネーブ協定」は15年の期間満了を迎える。対立深かった独ポ双方の少数者教育制度は，ヒトラー政権の誕生下で政治的に急接近するなか（特にポーランド，ベック外相のバランス政策），両国による「ジュネーブ協定」の後継宣言「**独ポ少数民族宣言（1937.11.5）**」に至るのであった。

本書第6章は，独ポ学校紛争に関わる国際司法裁判所判決，その後の「**独ポ少数民族宣言（1937.11.5）**」を扱った。

## 5. 日本の中の「外国人」，その教育

第7章に，補論として「国際化と教師」を掲載した。

今日わが国に暮らす「外国人」は約200万人超である。そのうち，公立学校に就学している外国人児童生徒数は約7万人，しかしその中で2万9,000人は，日本語指導が必要な児童生徒である。日本はすでに西欧の移民国（イギリス，フランス，ドイツ）と比べて基本的には変わらない「移民国」になっているのであるが，しかし，彼の国々に比べて「異なるものの共存」は未だしである。本章では，日本に暮らす外国人児童生徒の教育につき，学校と教師に必要な視点を，ドイツにおける少数者教育から論じた。

以上，本書に収めた資料，論文のアウトラインを紹介しながら，本書の意図と構成を述べた。

まことに，シロンスクにおけるドイツ系少数者教育問題は，文化・言語，少数者アイデンティティーをめぐる今日的な問題の端緒といえる。この問題の究明は，少数者人権，ドイツ東方国境をめぐる国際政治，欧州経済・社会状況と

---

27) Skrabania, S. 34.

序章　本書の意図と構成

　関わりながら，またその視座についても，ドイツの側とともにポーランドの側，さらに国際連盟の側に即しながら，複眼的な視座を備えながら，これを検討する必要があるだろう。本書に紹介した資料と解題は，きわめてささやかながらそれらへの糸口を提示したものである。

　なお，これらは元々独立した資料，論文として発表したもので，解題には重複も多い。しかし，資料にはそれなりの意味があろうと判断し，内容を一部入れ換え，解題も調整して一書にまとめ，研究の次の発展に資したいと思う。

　各論文の初出と原題は次の通りである。本書の多くの章が，初出時は資料の後に解題を付す形式であったが，今回出版にあたり，解題を先としその後に資料を掲げた。文献も全章を巻末にまとめた。

第1章　「第一次世界大戦後ポーランド領シロンスクにおけるドイツ系少数者教育」『中京大学国際教養学部論叢』　第3巻第1号，2010年12月
第2章　資料①　「ポーランド系少数者学校令（1928.12.31）『中京大学国際教養学部論叢』第4巻第1号，2011年9月
第3章　資料②　「上シュレジエンに関する［独・ポ］ジュネーブ協定（1922.5.15）［抄］『中京大学国際教養学部論叢』第4巻第1号，2011年9月
第4章　資料③　「シロンスク教育令（1922.8.21）『中京大学国際教養学部論叢』第4巻第2号，　2012年3月
第5章　資料④　C. G. ブルンス：「少数民族文化自治ライヒ法草案（1926.3.15）『中京大学国際教養学部論叢』第5巻第1号，2012年10月
第6章　資料⑤　「上シュレジエン学校紛争に関わる常設国際司法裁判所判決（1928.4.26）『中京大学国際教養学部論叢』第5巻第2号，2013年3月
第7章　「国際化と教師」『中京大学教師教育論叢』第2巻，　2013年3月

# 第1章

# ポーランドに留まったドイツ人
―シロンスクにおけるドイツ系少数者教育―

混合委員会ドイツ側委員
ドイツ，上シュレジエン州知事
ハンス・ルカシェク (Hans Lukaschek, 1885-1960)
● 下シュレジエン，ブレスラウ出身。ブレスラウ大卒（法博），リブニク市長
● 1919-21 上シュレジエン住民投票ドイツ残留宣伝→60%票獲得
　1922-29 混合委員会ドイツ側委員。ポーランド国シロンスク県ドイツ人の利益を代弁
　1929-33 ドイツ上シュレジエン州知事　1933 ナチスにより公職剥奪
● 1938 モルトケ伯と接触，クライザウ・グループ加入。逮捕。拷問受く
● 戦後西ドイツへ亡命，1949-53 西独アデナウアー内閣の被追放者省大臣

（出所：Ellmann, S.1）

（Vgl. Ellmann, S. 17ff.）

## はじめに―問題の所在

　文化を経由して人は自己を形成する。だが自分が「何者であるか」はその内面化された文化を貫く自己決定意識に基づく。人は文化と自己決定意識との間をどのように調停しているのであろうか。本章は文化と自己決定意識との乖離が問題となる二重言語地域の教育史を研究するものであるが，この問題は広くは社会＝文化的状況の中で自己アイデンティティー形成を問うことにつながる。

　筆者が第一次世界大戦後ポーランド領シロンスク（Śląsk＝旧ドイツ領「東部上シュレジエン」Ostoberschlesien）におけるドイツ系少数者教育を究明しようとしたのは次の二つの理由からである。第一，デンマーク系少数者教育から。

## 第1章　ポーランドに留まったドイツ人

　筆者は先に第二次世界大戦後ドイツ，シュレスヴィヒ・ホルシュタインのデンマーク系少数者教育を研究して，同州において少数者所属は「キール宣言」(1949)により「主観基準」(民族の自己決定＝自由表明主義)に基づくとされたことを明らかにした[1]。そのキール宣言交渉においてデンマーク系少数者が拠り所としたのが，第一次世界大戦後の「改正デンマーク系少数者教育令」(1928)，特にそこにおける「主観基準」原則であった[2]。当初，ワイマール時代プロイセンのデンマーク系少数者教育は1926年の内務省令「デンマーク系少数者教育令」に拠っていた。同令は私立デンマーク語国民学校を基本とし，それに公立学校，上級学校［職業学校・上級学校等］を配し，資格試験と国庫補助を定め，父母評議会に教員・教科書の推薦権を認めるなど，きわめて進歩的な内容だったが，民族所属については「客観基準」(父母の出生地)であった[3]。この省令を「主観基準」原則に改めたのが上記改正デンマーク令である。わずか2年の間に民族所属をめぐる基本原則が転換したのはなぜか(他の諸条項は変更なし)。それを解明する手がかりが，同日交付された「ポーランド系少数者教育令」である。同令は少数者の民族所属は「主観基準」に基づくと定め，改正デンマーク令は同令を準用するとしている[4]。すなわちプロイセンの少数者令はポーランド令が基本となるのであって，プロイセンの少数者問題は東部のポーランド系少数者問題を起点として検討することが求められるのである。

---

1) 文献36，37参照。(以下本章では，参照文献は，巻末文献ページの番号で記す。)
2)「第8条　本規程に謂うデンマーク系少数者とは，国内において，デンマーク人であることを自覚している人々のことを指す」(文献1，S.41)。
　　以下本章では，法令関連引用文献については，章末の文献番号で記す。
3)「第8条　デンマーク系少数者に属すると認められるのは以下の就学義務児童のみである：すなわち，彼らにつき1親がデンマーク王国ないし行政区南トンデルン，フレンスブルク市内，市外で生まれ現存している者，または2親のうち1親が同様の条件を保有したことのある者，である」。(文献2，S.627-628)。
4)「第1条　以下の諸規定の意味での少数者とは，自らをポーランド民族(polnisches Volkstum)の下にあると自覚している共和国国民部分のことを謂う」(文献3，S.39-40)，「［プロイセンの］その他の国土におけるデンマーク系少数者学校制度規程に関しては，…ポーランド系少数者学校制度規程の諸条項を準用適用する」(文献1，S.41)。

問題第二，ブルンス研究から。「主観基準」原則（「主観原理」）を提起したのはドイツの国際法学者ブルンス（Carl Georg Bruns, 1890-1931）である。ブルンスは，シロンスクに残留したドイツ系少数者権擁護の法律闘争を展開する中で「主観原理」を定立したのであるが[5]，彼の取り組んだ闘争の一つが教育擁護闘争であった[6]。彼は「主観原理」を根拠に少数者教育権をめぐる闘争を支援し，上記ポーランド令公布直前に国際司法裁判所判決で部分的に「主観原理」を認めさせる判決を得たのであった。ここに，「主観原理」は東部シロンスクのドイツ系少数者教育と不可分であり，プロイセン政府はこの判決を一つの重要な契機として少数者所属原則を「主観原理」と定め，デンマーク令もこれに合わせて「主観原理」に統一したのではないかとの推定が成り立つ。これを確かめるためには，「主観原理」の成立根拠をシロンスクの政治・文化・教育状況の中に求め，これを解明することが必要となるのである。

　文献と先行研究について述べたい。上シュレジエン問題は第一次世界大戦後の重要な国際問題であったため，これまでわが国の政治学・国際法分野，そして近年の歴史学分野には一定の研究蓄積があるが（特に文献31，34，35，40，41参照），教育史分野のものは管見の限り見当たらない。欧米において少数者教育権を扱ったものは多いが，当事国ドイツの研究は必ずしも中立的ではない。独ポいずれにも偏さず扱ったものは当時の仲裁裁判所所長ケーケンベークやストーンのものなどに限られ，また近年のカイチュ，ウルバンらの研究も自国史観を脱そうとしている[7]。当時の国際法学者ユンカーシュトルフの研究は資料として最も体系的であるので，本論ではこれを多く利用した。本論文の主題である「主観原理」を軸としてシュレスヴィヒと上シュレジエンをつなごうとする視点は，ハンゼンとルカシェクの研究に部分的言及が見られるが，それらはシロンスクの少数者教育の構造と展開に迫るものではない。筆者は，上記研究

---

5）Bruns, Carl Georg: Minderheitenrecht als Völkerrecht. Breslau, 1928, S.40-41.［1928a］
6）文献5～9参照。
7）文献17, 18, 27, 28参照。

を含む諸文献，また同時代資料として当時の雑誌論文ならびに戦前日本外交文書等も利用しながら，上記課題設定のもとにシロンスクにおけるドイツ系少数者教育の構造と展開を究明したいと考える。

## 1. ジュネーブ協定とドイツ系少数者教育

　大戦敗北によってドイツは新国家ポーランドに東部諸州を割譲することになった。1921年3月20日，上シュレジエンで住民投票実施，ドイツ残留票が全体として60％を占めドイツ帰属意思が表明された。しかし，その結果に反発したポーランド人の第三次シレジア蜂起とこれに対するドイツ義勇軍の武力制圧という流血の事態が出来し，上シュレジエンの緊張は一挙に高まった。国際連盟はこの危機を克服するために，鉱工業三角地帯を含む上シュレジエンの東部3分の1をポーランド領とする方針を定めた。1921年10月10日，ジュネーブの国際連盟日本事務所で開催された秘密理事会で上シュレジエン分割線を決定[8]。20日の大使会議でこれを承認するとともに，分断された二つの上シュレジエンの少数者保護を「国際的影響力の下に根拠づける」ため15年間有効の二国間協定を締結するとした[9]。それが「上シュレジエンに関するジュネーブ協定」(1922.5.15)である。

(1) ジュネーブ協定

　ジュネーブ協定には，ヴェルサイユ条約，ポーランド条約で原則的にしか述べられなかった二重言語地域の少数者教育権が，教育機関・授業言語・学校設立監督・教育行財政・教員養成等にわたり詳細に定められた。いま「第三部第二款第四章教育」の規定を整理すると次の通りである。

---

[8] 濱口學「国際連盟と上部シレジア定境紛争」『國學院大學紀要』31，1993, 146頁．

[9] Junckerstorff, Kurt: Das Schulrecht der deutschen Minderheiten in Polnisch-Oberschlesien nach dem Genfer Abkommen. Berlin, 1930, S.23.

①**公立少数者国民学校**——40名の父母の賛同で少数者語による少数者学校設立可。その他に国家語国民学校に付設の少数者学級（18名賛同），少数者宗教教育（同12名）が定められた（105-107条）。

②**私立少数者語国民学校**——私立少数者語国民学校を自らの費用で設立することができる。同校は国の監督に服する。独ポ両国籍者が就学可能（97-104条）。

③**教育行財政，教師**——公立少数者学校は国家監督に服する。学校経費は自治体負担とし，少数者学校組合も施設経費を一部負担する。教員給与は公立校と同様公共団体の負担である。少数者校の教師は，少数者に所属し少数者語を完全に駆使できる者とする（109-113条）。

④**両国の少数者学校設立**——ドイツ領上シュレジエンは1922／23年度内にポーランド系少数者学校創出方策を取るものとし，ポーランドは同国シロンスクのドイツ系学校の教育を中断しないこととする（114条）。

⑤**上級学校**——中間・中等学校にも父母の要請で少数者中等学校（300名賛同）・少数者学級（下級同30名，上級同20名）・少数者語コース（同25名）・少数者宗教教育（同18名）が設立できる。公立専門学校・継続学校設置は義務ではないが，私立の同機関就学は公立校と同等の資格をもつものとする（115-118条）。

そしてこれら条項の基本原則として，少数者所属ならびに児童生徒言語を次のように定めた。

⑥**少数者所属**——「第74条 民族的，言語的，ないし宗教的少数者に所属することを，当局が追試したり，否認したりしてはならない」。

⑦**言語表明**——「第131条 1.児童または生徒の言語が何であるかは，ただ，教育権者の口頭または文書による表明だけで決するものとする。2.かつまた文教当局は，少数者学校創設提案を撤回させることを目的として提案者らに対していかなる影響力も行使してはならない」。

本原則の適用と解釈を巡り，独ポ間に激しい学校紛争が生ずるのである（後述）。協定はまた，協定実施上の問題処理は混合委員会・仲裁裁判所で行うこ

ととし，紛争処理はまずは同機関，次いで連盟理事会，最終判断は国際司法裁判所と定めた（第三款 147-158 条）。

⑧**混合委員会，仲裁裁判所**——両国による現地混合委員会を編成，第三国選出の委員長が，紛争事案には見解表明を発して解決方途を提起しうる。仲裁裁判所は仮決定を行い，係争問題を終わらせることとした（第六部 562-605 条）[10]。

これら諸規定のうち，後に裁判の焦点となるのが特に第 74 条，106 条，131 条であった。

## (2) 混合委員会とカロンデール委員長

シロンスクの少数者教育問題については現地混合委員会，なかでもカロンデール委員長の指導性が大きい。委員長に就任した元スイス連邦大統領カロンデール（Felix-Louis Calonder, 1863-1952）はジュネーブ協定の起草委員長であった[11]。そして連盟から混合委員会委員長に指名され，シロンスクに居を移し 15 年にわたって両シュレジエンの少数者権の実現に尽力したのである。彼自身，スイス唯一のレト・ロマン州出身のマイノリティーであった[12]。協定には行政官庁の不当取扱いに対し訴願（pétition）権が認められているが，訴願に対して発せられた「混合委員長見解」を見ると，カロンデールがポーランド側の協定の恣意的解釈，「職権濫用［嫌がらせ］」（Schikane）を窘め，また協定の法理欠損を補って両シュレジエンの少数者の権利を実現することに努めたことが見て取れる[13]。例えば，ポーランド校への転校強制は不可，入学申請書の郵

---

10) 以上文献 14，15 参照。

11) Stone, Julius: Regional guarantees of minority rights: a study of minorities procedure in Upper Silesia. New York, 1933, p.5.

12) カロンデールに対して，ドイツは彼の墺フォアアルルベルク州スイス編入運動（失敗）のゆえに「反ドイツ」と警戒し，他方ポーランドもドイツ語を繰る彼が混合委員長見解を公刊方式としたこと，また見解の多くが「ドイツ寄り」と批判した。Recke, Walter: Die historisch-politischen Grundlagen der Genfer Konvention vom 15. Mai 1922. Marburg, 1969, S.136; Stauffer, Paul: Polen-Juden-Schweizer. Zürich, 2004, S.25, 31.

13) Stauffer, S.35.

送提出も可，署名認証は寛大に，日付ミスは寛大に，少人数でも開設可，役人の専断禁止，入学申請・開校告知のドイツ語使用，寡婦も教育権者になり得る，非嫡出子の母出願可，等である[14]。ドイツ系少数者学校設立には「シロンスク教育令」で文書による「母語＝ドイツ語」の表明が定められ，申請書類には公権力の署名認証を要した。ポーランド当局はこれら申請の「不備」や協定の恣意的解釈によって学籍申請却下が後を絶たなかったのである[15]。他方で彼は，ドイツ系住民の少数者学校設立申請の不備に対しても協定解釈を行っている。だが，問題となる1926年学籍登録却下に際しては，当初，混合委員長見解は特別の母語アンケートは不当とし，「母語＝ポーランド語」の故にドイツ系児童の少数者学校就学は排除されないと述べた。「協定には少数者所属が何によるべきかの明示規定はなく，そのため各人はその都度の自分の自由意志に従って（nach ihrem jeweiligen freien Willen）少数者または多数者に所属したいかどうかを決定する」のが協定の精神である，と[16]。委員長は，ポーランド教育当局は申請却下を撤回すべきである，これまでドイツ語不自由児童も入校させて来た，その後希望あればポーランド校転校を勧めるのが教育的である，としたのである。しかしその後の連盟理事会措置，司法裁判決後は，「ドイツ語力」をもって少数者学校就学基準とすることになる。現実的妥協である（後述）。

　他方，混合委員会においては上シュレジエン分割の余韻冷めやらず，ここに独ポ両国の利害が激突したといってよい。委員はドイツ側ハンス・フォン・モルトケ（在ポーランドドイツ大使），ルカシェク（上シュレジエン知事），プラシュマ伯（ドイツ上院議員），フーゼン（ベルリン上級行政裁判所判事），マトゥーシカ伯（上席上級行政官），シュヴェンディ（県副知事）であり，ポーランド側

---

14) Junckerstorff, S.62-119.
15)「母語」条項はジュネーブ協定に反するとして（「言語」とは「授業語」を意味する），カロンデールは再三削除を求めた。しかしポーランドは同令の「母語」条項を掲げ続けた。
16) Junckerstorff, S. 97.

はヴォルヌイ（シロンスク議会式部官），グラビアノフスキ（エンジニア），ブラトコフスキ（外務参事官），マラウスキ（外務省政務次官），フミエレフスキ（弁護士），ステブウスキ（外務省顧問）だった[17]。ルカシェク，ヴォルヌイはいずれも住民投票の際，独ポ両国の宣伝責任者であり，混合委員会での両国実力者であったと思われる。いま，混合委員会に寄せられた訴願を見ると，ジュネーブ協定の15年間にシロンスクのドイツ人訴願12,226件，独領上シュレジエンのポーランド人訴願は522件だった。特に1926年のドイツ人訴願4,601件が突出している[18]。これは同年の大量学籍登録却下を受け，町々，村々で「不当な行政処理」に対し抗議の訴願が組織的に展開されたものと推察される（後述）。

## 2. 学籍登録却下と司法裁判決

　シロンスクでは，この地に残留しポーランド国籍を取得した「ドイツ人」に対するポーランド人の略奪，暴行，抑圧が頻発し，これらドイツ人の権利擁護闘争が激しく展開されていた。その頂点が，1926年5月に出来した7,000名に上る大量のドイツ系少数者児童の学籍登録却下事件である。本件は現地ドイツ人同盟の訴願に発し，最終的にドイツ政府の訴えにより常設国際司法裁判所で争われることになった。だが，1928年4月の判決で，ドイツ人児童が自由にドイツ系少数者学校を選ぶことは認められなかった。その際法廷で争われたのが，少数者所属は個人の意志によるのか（主観原理），言語によるのか（客観原理）という対立であった。この問題につき，司法裁は，ポーランドの「言語」説を正当と判断したが，限定的に「主観原理」も容認した。

---

17) Kaeckenbeeck, S. 312. ハンス・フォン・モルトケは後に反ナチス抵抗組織「クライザウ・グループ」を組織したヘルムート・フォン・モルトケと一族。ルカシェク，フーゼンは同グループの有力メンバーとなっている。

18) Korowicz, Marc: Une expérience de droit international: la protection des minorités de Haute-Silésie. Paris, 1946, p. 109, 114.

(1)「母語アンケート」と「言語テスト」

　1926 年 5 月，シロンスクのドイツ人児童約 8,500 名がドイツ系少数者学校に学籍登録（Anmeldung）を行った。当局はその後父母を出頭させて母語アンケートを実施し，その結果に基づいて 7,114 名の登録を不可とした。その内訳は「少数者に所属しない」5,205，出頭せず 1,307，ポーランド国籍非所持 145，母が教育権者 391，学区非所属 47，であった。アンケートにおいて母語を「ポーランド語」，または「ポーランド語とドイツ語」と記した者は「少数者に所属しない」と判断されたのだった[19]。「少数者に所属しない」者 5,205 名はシロンスクのドイツ人就学義務児童の 5 分の 1 超（約 22％）である[20]。

　これに対して「シュレジエンドイツ人同盟」は混合委員会に訴願を行った。委員長は 12 月 15 日，ジュネーブ協定第 74 条，131 条に照らし，ドイツ語が十分理解できない児童であってもドイツ語を授業言語として選択可である，また父母の審査をすることは認められないと見解表明した[21]。だが翌年 1 月 13 日，シロンスク県知事は混合委員長見解の受入を拒否した。そのため同盟は国際連盟理事会に訴願を行ったのである。

　連盟理事会は 3 月 12 日，「少数者学校が，ポーランド語しか話せない児童を受け入れるのは望ましいことではない」と決議した。その上で「I° 1926 夏に行われたアンケートにおいて，親が出頭要求に応ぜぬとの理由により申請を破棄された者　II° 申請および当該アンケートにより母語＝ドイツ語・ポーランド語の者＝ドイツ系少数者ではないと判明したとの理由で学籍登録が破棄された者」に関して言語テストを行い，その結果により少数者学校入学を許可すると決定した[22]。本措置は「ジュネーブ協定が想定していない例外措置」であり

---

19) Bruns, Carl Georg: "Das Urteil des Ständigen Internationalen Gerichtshofes im Oberschlesischen Schulstreit und das allgemeine Minderheitenrecht". Ebenda, Jg. 1, H. 10, Wien, 1928c, S. 698.
20) 文献 11，s. 160 付表 1 より算出。
21) Junckerstorff, S. 97-103.

第1章　ポーランドに留まったドイツ人

「断じてジュネーブ協定条項の変容と解釈してはならない」との理事会決定をうけ，ドイツ代表シュトレーゼマン（外相）は，言語テストがジュネーブ協定に「何らかの新たな恒久的要素」（un nouvel élément permanent quelconque）を加えるものではないと確認してこれを受け入れた[23]。1927年夏・秋，スイス人教育家マウラーによって行われたドイツ語力テストの結果を整理すると下表のごとくで，受験者964名中合格は半数以下，441名がドイツ系少数者学校入学を認められたのである（表1-1）[24]。

表1-1. 言語テストとその結果（1927夏・秋合計）

| ドイツ語力テスト | 児童数 | 比（％） |
|---|---|---|
| 合格（ドイツ系少数者校へ） | 441 | 46 |
| 不合格（ポーランド校へ） | 523 | 54 |
| 合計 | 964 | 100 |

（出所：Keitsch, 1982, S.199.）

(2) 主観原理と客観原理──司法裁判決

　本措置は1回限りとされたのだったが，連盟委員会のウルルティアが来年も言語テストを実施すると表明したため，同年12月31日，ドイツ政府は国際司法裁判所に提訴，少数者所属は「意志」（主観原理）によるのか「言語」（客観原理）によるのかを法廷で争うことになった[25]。

　①**民族所属**──ドイツ側は，協定第74条は民族の自由表明権（das freie Bekenntnis der Nationalität）を述べたものであるとして，自分［わが子］をドイツ人と考える「意志」が尊重されねばならぬとした（主観原理）。「両国は本規

---

22) Hansen, Reimar: "Die historischen Wurzeln und die europäische Bedeutung der Kieler Erklärung vom 26. 9. 1949". In: Die Kontinentwerdung Europas, Berlin, 1995, S.104-105.
23) Junckerstorff, S.106.
24) Keitsch, Frank: Das Schicksal der deutschen Volksgruppe in Ostoberschlesien in den Jahren 1922-1939. Dülmen, 1982.
25) 文献14. Junckerstorff, 15. Kaeckenbeeck, 17, 18. Keitsch（1977, 1982）, 24. Recke, 26. Stone, 41. 横田参照。

定により，［少数者所属］問題は個人の主観意志（subjektiver Wille）に委ねられるべきであって，本意志は官庁により尊重されなければならない——たとえその意志が事実（Tatsache）と矛盾しているように見えようとも——との原則を受け入れたのである」と[26]。これに対してポーランド側は，「少数者所属問題は事実問題（une question de fait）であり，意志の問題ではない」，「［もしそうならば］民族，言語，信仰は時や場所といった個人の都合でその種類を変える服装の類となってしまう。そのとき人は，ある町の一隅ではポーランド人と称し，また別の一隅ではドイツ人と称しうる。あるサロンではカトリックと称し，別のサロンではユダヤ教徒だと言う。かくして今日はカトリックのポーランド人，明日はプロテスタントのドイツ人，明後日はユダヤ教のイスラエル人という次第である」[27]と反論，民族所属はそのような不確かな「意志」によるのではなく，言語という「事実」に基づくべきだとした（客観原理）。

②**言語選択，少数者学校就学権**——ドイツ側は，第131条（言語表明）もまた民族の自由表明権を定めているとする。ドイツ語・ポーランド語どちらの言語を選ぶかは民族所属意志の表明だからである。そして第106条が「少数者子弟が就学年齢にあり国民学校就学が定められていて彼らが同じ学校組合に所属するとき，1国籍所有者の提案と最低40名の国籍所有児童の教育権者の支持に基づき少数者学校が設立されるものとする」と定めているのであるから，少数者が「彼の良心に従い，かつ，各人の人格的責任の下に」，「授業言語ならびにこれに対応した学校を選ぶ」ことは「無制限の自由」であると主張した[28]。これに対してポーランド側は，第69条2（「公教育の分野でポーランド政府は，外国語を話すポーランド国籍者［＝ドイツ人］が相当程度居住する都市及び県においては適切な軽減策を講じ，これらポーランド国籍児童に対し下級学校にあっては

---

26) Bruns, Carl Georg: "Die Entscheidung des Ständigen Internationalen Gerichtshofes im Oberschlesischen Schulstreit". In: Nation und Staat, Jg. 1, H. 9, Wien, 1928b, S. 663.
27) Bruns (1928c), S. 706.
28) A. a. O., S.664.

授業が彼らの固有言語で行われるようにすべきものとする…」)は「親がポーランド語以外の別の言語［ドイツ語］に属する生徒のために定められている」便益供与に過ぎぬのであるから，ドイツ系少数者学校設置は絶対的義務ではなく，彼らに無制限の選択権を認めるものでもないと反論した[29]。

　③**判決の法理**——両国の以上の主張を吟味して，司法裁はドイツ側の主観原理を否定，ポーランドの「事実」説（客観原理）を容認した。まず民族表明につき，第74条は，個人の意志による民族所属を認めたものではないとする。「本規定にドイツ政府は一つの解釈を与え，それにより純粋意志が問題となるのであるが，本規定がかかる解釈に十分な根拠を与えているであろうか？　本裁判所はそのような見解は取らない」[30] と。そして131条も民族の自由表明権を含むとするドイツ側の主張を退けた。「本条が念頭に置いている，生徒または児童の言語が何であるかという表明は，事実（un fait）存在の上に意味をもつべきものであって，意志（volonté）や願望（désir）を表現するものではない」，「本裁判所は，協定文言の中に…ドイツ政府が望むような解釈，すなわち第131条はまさに意志ないし希望の表明を目指したものであり，そこから少数者語による児童，生徒の教授が導かれるとの解釈を与える根拠は存在しないと判断する」。したがって「第131条…に関し，本裁判所はポーランドの解釈に与しなければならない」と[31]。判決は，授業言語の選択ならびに少数者学校選択は，いずれも「意志」ではなく「事実」に基づくとしたのである。

　また，少数者のための便益供与に関し「第69条は，一定の条件の充足と結びついた便益を保障している。重要な条件が充足されなければこの便益の発動はない。…教育権者の表明に基づきその言語がポーランド語のみである，ないし言語に関する表明を行わない児童に少数者学校（少数者学級，少数者語コー

---

29) A. a. O., S.665.
30) A. a. O., S.663.
31) A. a. O., S.665.

ス）就学を拒否することが，ジュネーブ協定に矛盾すると考えることはできない」[32]と述べて，本協定はドイツ語が不十分な児童に対してまで少数者学校就学を定めるものではないとした。

しかし民族所属表明を当局が再審査したり否認したりすることは許されないとし，ギェラウトーヴィチェ町でドイツ系少数者学校設立に際して行った尋問に関しては「明らかに管轄官庁は本条に違反している」と断定したが，ブルジェーチエ町，ブルチェージンカ町等での事例がポーランド校との同等処遇（68条）違反か否かの判断は避けた。

判決は基本的に「主観原理」を退けたのであるが，事実評価にあたって主観要素（subjektives Element）を考慮することの意味は認めた。「親が別のことばで自らの文化要求を満たし，このことばを自らのことばであると愛着して捉えているときに，就学年齢に達した子どもを問題にする場合，彼らが一般的に用いる言語のみに限定しないで考察することが正当である」[33]と。「文化要求」が尊重されねばならぬのは長い間の強度の混交の故である。その結果「一人の人間が［正則］ドイツ語も文書ポーランド語も喋らない，だが多数言語を知っており駆使している。人種に関して言えば複合婚の事例が問題になる」という状況があるからである[34]。そのため自分が何者であるかは言語のみでは決せられず，自己決定意識に依ることもある，そのため民族表明が「事実状態（tatsächliche Lage）としては疑わしいと判断される点にまで及ぶ」ことも許容したのであった（ただしそれが少数者学校就学を保障する訳ではない）。この点には裁判官ニュホルム（デンマーク）も注目し他の3名からも特別意見が提出された[35]。ブルンスは，ジュネーブ協定の締結時に独ポ双方に極めて狭い少数

---

32) A. a. O., S.667.
33) A. a. O., S.666.
34) A. a. O., S.664.
35) Kaeckenbeeck, Georges: The international Experiment of Upper Silesia: a study in the working of the Upper Silesian Settlement 1922-1937. London, 1942, pp. 328ff.

者概念があったと述べている[36]。

　だが判決は 8 対 4 で認定，シロンスク学校紛争は「生徒または児童の言語が何であるかを表明する自由は，場合によっては状況判断に一定の余地が保障されるにしても，それは授業で用いるべき言語，およびこれに対応する学校を選ぶ無制限の可能性を意味するものではない」と確定したのである[37]。ブルンスは，意志要素を否認しなかった点は評価しつつも，判決は全体としては「主観原理の否定」であるとこれを厳しく批判したのであった[38]。

## 3. 「主観原理」の波及，シロンスクの脱ドイツ化

　司法裁判決で，ドイツ人児童が自由にドイツ系少数者学校を選ぶことは認められなかった。その限りでドイツ側は敗訴である[39]。しかし，むしろ部分的に認められた「主観原理」の波及効果は大きかったというべきである。本判決を受け，ドイツ側はこれら二重言語地域において「言語による国民統合」に代わる「主観原理」（＝「心のドイツ人」原理）を定立したからである。

### (1) 「主観原理」の波及
　司法裁判決が認定した「主観原理」の効果として，第一に「主観原理」がプロイセンの「少数者」所属原理となったことを挙げうる。つまり当のドイツ人の側にも見られた客観原理と主観原理の混乱を「主観原理」で統一したのである。少数者の「母語」権はワイマール憲法第 113 条，またプロイセン憲法第 73 条でも謳われているが，そこでは民族とその言語とは一体的関係と捉えられていた。したがって，たとえばドイツ人の圧倒的に多いダンチヒのポーラン

---

36) Bruns (1928c), S.709.
37) Bruns (1928b), S.669.
38) Bruns (1928c), S.706.
39) Recke, Walter: Die historisch-politischen Grundlagen der Genfer Konvention vom 15. Mai 1922. Marburg, 1969, S.140.

ド系少数者教育令（1921.12.20）は「ダンチヒ国籍を有しポーランド血統（Abstammung）またはポーランド語を母語（Muttersprache）とする父親または母親は，その子弟がポーランド語を授業言語とする国民学校または国民学校クラスで学ぶよう申請することができる」（第1条）と客観原理だった[40]。そしてポーランドのシロンスク教育令（1922.8.21）も，少数者学校入学申請に際しドイツ系少数者に「児童の母語がドイツ語であることを表明します」の一文を明記するよう定めていた[41]。だがシロンスクの「ドイツ人」はポーランド語とドイツ語の二重言語者，時にはポーランド語者である[42]。そこでは人々は「母語＝ドイツ語」によってではなく，「ドイツ人」たる意識の一体性（「主観原理」）で結ばれているのである。自己決定意識を優先させた前記ポーランド系少数者令は，民族所属の原理転換を意味する。親の出生地を民族所属基準（客観原理）とした「デンマーク系少数者教育令」（旧法）は，この原理転換に基づき「主観原理」に改められなければならなかったといえる。

　第二に，「主観原理」はシロンスクと同様ドイツの旧領土（その多くが二重言語地域）に暮らす約759万人の「ゲルマン少数民族」[43]を相互に結びつけ，「祖国」と架橋するドイツの大戦後戦略と連動したことが挙げられる。「主観原理」はその後エストニア，オーストリアでも受け入れられた[44]。「主観原理」は国境を越えてドイツ人の連帯の拠り所となったのである。ドイツは1926年9月国際連盟に加盟，外相シュトレーゼマンは連盟を舞台に上シュレジエン問題を国際世論化して東方国境の再修正を企図した。その際「文化意志」は，「文化的自治」のもと自らを「ドイツ人である」と自覚している「外国ドイツ

---

40) Kraus, Herbert: Das Recht der Minderheiten. Berlin, 1927, S.62.
41) Junckerstorff, S.56.
42) ただし，Wasserpolnischと称される上シュレジエン方言。これは「ドイツ人街の川［オーデル川］を越えてやってきた人の使うポーランド語」の謂であるので（Urban (2000), S.13），「水源ポーランド語」というような訳を充てるのがよいであろう。なお，ジュネーブ協定では，学校のポーランド語はワルシャワ地方の標準文書ポーランド語と定めている。

人」をドイツ文化共同体に統合する新たなる中欧新秩序のキーとして機能した[45]。シロンスクにおける大量訴願の背後には東方国境修正論が強い動機として存在したことを認識しなければならない。

### (2) シロンスクの脱ドイツ化

次にこの学校紛争と判決がシロンスクとポーランドにおいて果たした役割につき考察しておきたい。1926年5月，クーデターでポーランドの実権を掌握したピウスツキは反ドイツ派を積極登用，シロンスク県知事に腹心のグラジュインスキ（Michał Grażyński, 1890-1965）を抜擢した。グラジュインスキはかつて「シレジア蜂起」に参加した「蜂起英雄」である。知事に就任したグラジュインスキは，腹心のガリチア農民を主要行政ポストにつけてシロンスクの「脱ドイツ化」に突き進んだ。教育制度の「脱ドイツ化」はドイツ資本の排除，産業統制と並ぶポーランド化の緊急課題であった。1926年の学校紛争は文化教

---

43）外務省記録B門9類「国際連盟少数民族保護問題雑件第四巻分割1」（研0196 p. 005-126），アジア歴史資料センター，1929, 53頁。塚本毅『少数民族ノ問題』（国際聯盟協会第31輯，大正13（1924））によれば，「（34頁ヨリ抜）平和条約ニ依テ独立国ヨリ分離シ他国ノ支配ニ置カレタゲルマン少数民族ハ次ノ如キ分布状態　ポーランド　1,087,000人，ダンチヒ　308,000　シュレースウィヒ　9,000　アルサス・ローレヌ　50,000　ザール渓谷　649,000　上部シレジア　600,000　計　2,703,000（1919年ノ独逸国総人口　60,900.000）…」。これに，オーストリアからの435万人，ハンガリーからの54万人を合して，「右三ヶ国ノ領土的整理ニヨッテゲルマン人ノ分属ヲ余儀ナクセル総合計7,594,000」である。
［追記］なお，ポーランドの中のドイツ人の数は，時期によっても地域によっても，そしてドイツ側によってもポーランド側によっても，相当異なる。これは，統計そのものの問題であるとともに，何を「ドイツ人」と考えるかという史観の違いをも表しており，研究の根本に関わる問題である。近年のエーザーの体系的研究は，それらを精査して，違いは違いとして，数値を正しく受け止めている。筆者（小峰）には，このようなとらえ方が最も正確だと思われる（表1-3, 1-4, 1-5参照）。(Eser, Ingo: »Volk, Staat, Gott!« : Die deutsche Minderheit in Polen und ihr Schulwesen 1918-1939. Wiesbaden : Harrassowitz Verlag, 2010（Veröffentlichungen des Nordost-Instituts ; Bd. 15）, S.167-168.）

44）Lukaschek, Hans: Das Schulrecht der nationalen Minderheiten in Deutschland. Berlin, 1930, S. 10.

45）文献34, 35参照。

育方面における脱ドイツ化の象徴的意味をもつものだったのである[46]。この学校紛争の「勝利」を転機としてシロンスクの脱ドイツ化は強力に推進された。彼の在任中（1926-39）にシロンスクのドイツ系少数者学校は半減（93校→51校），生徒数は半数以下となった（2万余→8千余）。こうして第二次世界大戦開始（1939.9.1）までの17年間でシロンスクのドイツ系少数者教育制度は4分の3が解体されたのである（表1-2[47] 参照）。

だが，シロンスクの脱ドイツ化はワルシャワ中央政府，特に先の文相スタニスワフ・グラプスキ（Stanisław Grabski, 1871-1949）の支持の下に進められた政策であることを見落すことはできない。グラプスキは，「異国分子を1.5%に」との呼びかけの下，東部のロシア校，リトアニア校の解体を行ってポーランド国民教育確立を目指したのである。本方針の下に，その後，ドイツ系学校の解体が展開された。それは，学校維持団体たる学校組合の解散＝市町村移管，学校建築法による少数者学校認可取消，学区再編（学区の恣意的再編による少数者校解体＝「学区ゲリマンダー」），福音派子弟・スラブ姓子弟の入校排除（カトリック派・ドイツ姓に限定），教員統制，教科書政策，ポーランド愛国心教育など一連の文教施策であった[48]。

表1-2. シロンスクの公私立ドイツ系少数者学校・生徒数（1922-1937）

| 年　度 | 1922 | 1923 | 1924 | 1925 | 1926 | 1927 | 1928 | 1929 |
|---|---|---|---|---|---|---|---|---|
| 学校数 | －(不詳) | 69 | 83 | 93 | 93 | 95 | 88 | 81 |
| 生徒数 | 29,329 | 17,306 | 18,800 | 21,581 | 21,136 | 21,449 | 18,707 | 16,739 |
| | 1930 | 1931 | 1932 | 1933 | 1934 | 1935 | 1936 | 1937 |
| | 80 | 76 | 71 | 69 | 64 | 62 | 58 | 51 |
| | 15,855 | 15,159 | 14,906 | 13,240 | 12,523 | 10,925 | 10,272 | 8,702 |

（出所：Keitsch, 1982, S. 145 より作成）

---

46) Urban, Thomas: Der Verlust. München, 2006, S.35.
47) Keitsch, Frank: Das Schicksal der deutschen Volksgruppe in Ostoberschlesien in den Jahren 1922-1939. Dülmen, 1982, S.145.
48) 文献4, 27, 28 参照。

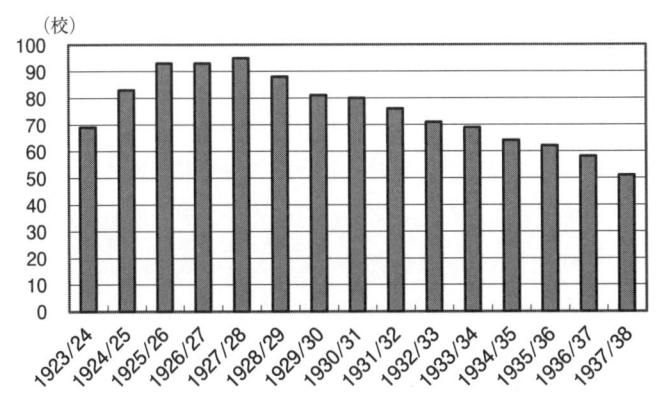

第1章　ポーランドに留まったドイツ人

図1-1．公私立ドイツ系少数者学校数（ドイツ側統計　1923-1937）
（出所：Keitsch, 1982, S.145 より作成）

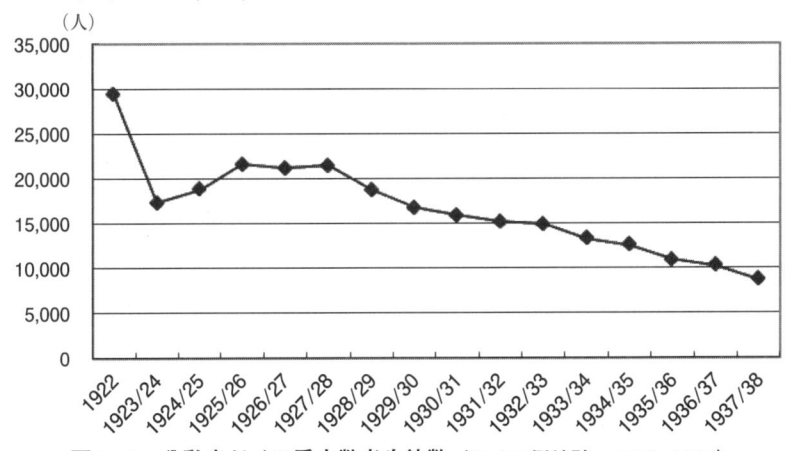

図1-2．公私立ドイツ系少数者生徒数（ドイツ側統計　1922-1937）
（出所：Keitsch, 1982, S.145 より作成）

## まとめ―国民国家と少数者教育権

　以上の考察を通して筆者は次の結論を導きうると考える。

　第一に，シロンスクにおける学校紛争と司法裁判決を経てプロイセン政府は民族所属における「主観原理」を確立したといってよい。それまで存在した「母語＝ドイツ語」を前提とした「言語による国民統合」思想ないし客観原理

39

と主観原理の混乱を修正整序し，これによってプロイセン政府は主観基準に基づく「ポーランド教育令」を定め「デンマーク系少数者教育令」を客観基準から主観基準に改めたのである。

　第二に，シロンスクの少数者教育においては現地混合委員会とカロンデール委員長の役割が重要であったといえる。特にカロンデール委員長は，ポーランド官憲の専横を戒め，ドイツ系少数者の権利とその教育に配慮，ジュネーブ協定遵守の上で彼らの教育効果に努めたのである。国際連盟理事会による言語テストの容認には現実的妥協が認められるが，その後独ポ同数の試験委員会の導入など[49]，教育的論理を見ることができる。

　第三に，シロンスクの脱ドイツ化過程は，ピウスツキ腹心グラジュインスキ知事体制で強権推進され，その結果彼の手によってドイツ系少数者教育は基本的に解体されたといいうる。また，その施策の背後にはワルシャワ中央政府の支持があったといえる。なかでもグラブスキ文相の存在は大きく，シロンスクの脱ドイツ化はポーランドの他地区，特に中央ポーランド，ポーゼンなどのモデルの役割を果たしたといえるのである。

　「民族」をかつてスターリンは次のように定義した，①言語，②地域，③経済生活，④文化の共通性のうちに表れる心理状態――の共通性を基礎とする歴史的に構成された堅固な人間共同体と[50]。シロンスクのドイツ人は，人為的に作り出された国境変更の事態のなか，自らポーランド国籍を選びとり，民族所属表明をしなければならなかった。その際彼らは，④の「ドイツ人である」という自己決定意識によって自らのアイデンティティー統合をはかったのであった。

　本研究においてはなお，ブルンスの活動と「外国ドイツ人」を含み込む「中欧新秩序」構想，シロンスクのドイツ系少数者教育の実態，またポーランド国民教育の確立過程の解明はできなかった。今後の課題としたい。

---

49) Recke, S.140.
50) スターリン「マルクス主義と民族問題」『スターリン全集2』大月書店，1952, 329頁。

第1章　ポーランドに留まったドイツ人

表1-3. ポーランドのドイツ人数（1921, 1931: Hauser, Matelski）

| 年 | 1921 | | 1931 | |
|---|---|---|---|---|
| 地域 | ハウザー | マテルスキ | ハウザー | マテルスキ |
| ポーゼン，ポンメルエレン | 503,617 | 503,617 | 297,966 | 298,480 |
| 東部上シュレジエン | 302,400 | 322,759 | 91,207 | 99,645 |
| チェコシュレジエン | 34,376 | 29,681 | | |
| 小ポーランド | 39,810 | 39,810 | 40,676 | 40,676 |
| 旧，会議王国ポーランド | 166,282 | 166,280 | 254,522 | 245,600 |
| ヴォルヌイ | 24,960 | 24,960 | 46,883 | 46,883 |
| 北東地域 | 5,264 | 5,262 | 9,811 | 9,811 |
| ポーランド全体 | 1,076,809 [!]（ママ） | 1,092,369 | 741,095 [!]（ママ） | 741,095 |
| （小峰） | 1,076,709 | | 741,065 | |

（出所：Eser, S. 167）

表1-4. ストルインスキの見積によるポーランドのドイツ人住民数（1927）

| 地域 | 比（%） | 絶対数 |
|---|---|---|
| ポーゼン，ポンメルエレン | 9.59% | 301,409 |
| 東部上シュレジエン | 19.95% | 229,511 |
| チェコシュレジエン | 18.30% | 28,374 |
| ガリチア | 0.55% | 44,129 |
| 中央ポーランド | 2.00% | 241,085 |
| ヴォルヌイ | 2.40% | 37,467 |
| 北東地域 | 0.05% | 1,410 |
| ポーランド全体 | 3.04% | 884,105（ママ） |
| （小峰） | | 883,385 |

（出所：Eser, S.167）

表1-5. ドイツ人の見積によるポーランドのドイツ人住民数（1921-1939）

| 年<br>地域 | 1921<br>チェヒ<br>による | 1927<br>ハイデルク<br>による | 1929<br>モルニク<br>による | 1928<br>モルニク<br>による | 1931<br>チェヒ<br>による | 1939<br>ビーアシェンク<br>による |
|---|---|---|---|---|---|---|
| ポーゼン，ポンメルエレン | 561,000 | 350,000 | 370,000 | 370,000 | 355,000 | 312,000 |
| 東部上シュレジエン | 333,000 | 300,000 | 300,000 | 300,000 | 310,000 | 180,000 |
| チェコシュレジエン | 40,000 | 40,000 | 40,000 | 40,000 | 110,000 | 40,000 |
| ガリチア | 65,000 | 65,000 | 50,000 | 45,000 | | 59,000 |
| 中央ポーランド／会議王国ポーランド | 300,000 | 320,000 | 320,000 | 320,000 | 330,000 | 364,000 |
| ヴォルヌイ | 48,000 | 48,000 | 48,000 | 47,000 | 55,000 | 62,000 |
| 北東地域 | 0 | 0 | 0 | 0 | 0 | 5,000 |
| ポーランド全体 | 1,347,000 | 1,123,000 | 1,128,000 | 1,122,000 | 1,160,000 | 1,022,000 |

（出所：Eser, S.168）

# 第2章
# 国際連盟と上シュレジエン
―― 「ジュネーブ協定」（1922.5.15）――

（出所：Stauffer, S.II）

上シュレジエン混合委員会委員長
カロンデール（Felix-Louis Calonder, 1863-1952）
- ●スイス，グラウビュンデン州出の政治家（FDP），元スイス大統領。
- 1863 グラウビュンデン州［唯一のレトロマン州］生
- 1891-1913：グラウビュンデン州議 Großen Rat
- 1896, 1899：［州］大統領（Präsident）
- 1913. 6. 12：初のレトロマン州出連邦議員
- 1913-1917：連邦内務省 Departement des Innern
- 1918-1919：連邦政治省 Politisches Departement
- 1917：連邦副大統領，1918：連邦大統領
- 1920. 2. 12：連邦議員退任
- 1921 ジュネーブ協定（1922.5.15）交渉
- 1922-1937 上シュレジエン混合委員会委員長

- ●カントン議員ヴェッチュと墺フォアアールベルク州の合邦を推進［合邦できず］。
- ●連邦議員モッタと国際連盟加盟推進→ 1920.5.16 加盟承認（賛成11 反対10 僅差）
- ●連邦議員退任後，国際法教授マックス・フーバーと共にフィンランドのオーランド諸島問題に尽力（オーランド諸島＝フィンランドの自治領の島々。住民のほとんどはスウェーデン系で公用語はスウェーデン語）
- ●1922-1937（ジュネーブ協定の効力の全期間）
  上シュレジエン混合委員会委員長(der Präsident der Gemischten Kommission)として
  ・清廉公正――「混合委員長の職を15年にわたって務めたのが元スイス大統領 Dr. フェーリクス・カロンデールだった。彼は，力の限りを尽してジュネーブ協定文言に生命を吹き込んだ。彼の清廉公正な精神，政治家また外交官としての経験，そして国内少数民族の運命に対する心温かな対応が，彼をして膨大なエネルギーを注いでその職責を遂行させ得たのである。そのため彼の職務指揮に対して，ドイツ，ポーランドから何らの非難もなされ得なかったのである。」
  (Junckerstorff, S.23)
  (Junckerstorff, Stauffer ほか参照）

# *1.* シロンスクの人と文化

はじめにこの地域について概観しておきたい[1]。

この地は元々スラブ民族の地であった。それが中世になると，ドイツの「東方植民」の対象となり，ドイツ人は故郷（ドイツ中部，西部）から遠く離れたこの地に入植して，主として農業を営んだ（ドイツの東方植民に関しては阿部謹也（1988）など参照）。近世には，ドイツ東部プロイセンのフリードリヒ大王がオーストリアからこの地を掠奪し，プロイセン本土とは異なる「開明的」な経済，教育政策を展開したことが知られている[2]。

そして近代になると，ヨーロッパ随一の埋蔵量の石炭，また鉱物資源が注目を集め，この地方の経済的重要性が高まった。当地は第一次大戦後のヨーロッパにおいて重工業の4大拠点となるのである[3]。

次に，この地の人と文化に関するいくつかのデータを見てみたい。

### (1) 民族構成

上シュレジエンの民族構成について。第一次世界大戦までの約100年間の民族構成を，手元の文献から引用する（表2-1）。これは，ポーランド系住民に対するプロイセン＝ドイツの言語政策を究明したグリュックの著書からの数字

---

1) この地域とは，広義には「シュレジエン地方」（ドイツ名シュレジエン Schlesien，ポーランド名シロンスク Śląsk，英語名シレジア Silesia）のことである。それは，旧ドイツ帝国の東南方に位置し，旧ドイツ領「上シュレジエン」と「下シュレジエン」，そしてオーストリア領の「チェコ・シュレジエン」から成っていた。「上シュレジエン」(Oberschlesien＝シュレジエンの高地地方の意。現在はポーランド南西部。南方はチェコと接する。中心都市オペルン。これの東部3分の1が，筆者が問題にする「ポーランド領高地シロンスク（Górny Śląsk グルヌィ・シロンスク）」である。（「下シュレジエン」(Niederschlesien＝シュレジエンの低地地方の意。中心都市ブレスラウ。現在，ポーランド南西部）；「チェコ・シュレジエン」（現在チェコ共和国に属するごく一部の南部シュレジエン地方）
2) 梅根悟（1967）
3) 濱口學（1992/3）参照

第2章　国際連盟と上シュレジエン

表2-1．上シュレジエンの民族人口（1828-1910）

| | 1828 | 1831 | 1834 | 1837 | 1840 | 1843 | 1846 | 1849 |
|---|---|---|---|---|---|---|---|---|
| ドイツ人 | 255,383 | 257,853 | 266,399 | 290,168 | 330,099 | 348,094 | 364,175 | 350,829 |
| ポーランド人 | 418,437 | 456,348 | 468,691 | 495,362 | 525,395 | 540,402 | 568,582 | 559,848 |
| チェコ人 | 10,901 | | 13,120 | 12,679 | 41,570 | 42,292 | 45,736 | 45,271 |
| その他 | 9,527 | 15,844 | 9,776 | 9,184 | 8,946 | 8,863 | 8,825 | 9,901 |
| 合計［小峰］ | 683,347 | 730,045 | 757,986 | 807,393 | 906,010 | 939,651 | 987,318 | 965,849 |
| 1852 | 1855 | 1858 | 1861 | 1867 | 1890 | 1900 | 1905 | 1910 |
| 363,990 | 366,526 | 406,950 | 409,218 | 457,545 | 556,523 | 684,400 | 757,200 | 884,045 |
| 584,293 | 590,248 | 612,849 | 665,865 | 742,153 | 918,728 | 1,048,213 | 1,158,805 | 1,169,340 |
| 49,445 | 48,270 | 49,037 | 51,187 | 41,611 | 59,234 | 71,463 | 71,436 | 57,347 |
| 7,381 | 366,526 | 406,950 | 409,218 | 457,545 | 556,523 | 684,400 | 757,200 | 884,045 |
| 1,005,109 | 590,248 | 612,849 | 665,865 | 742,153 | 918,728 | 1,048,213 | 1,158,805 | 1,169,340 |

[Quellen: Boeckh 1869: 240f. und Keller 1926: 25, für die Jahre 1828-1867; Preuß. Statistik für die Jahre 1890-1910]
（出所：Glück, S.435）

である（1828-1910）。これをグラフ化すると図2-1のようになる。

　つまり，この地はたしかにドイツ人とポーランド人が共在する土地であるのだが，民族的に見たとき，上シュレジエンは当初からポーランド人が多数を占め，ドイツ人はその6-8割ほどを占める少数者であったということである。

　　※なお，「民族」について補足すると，住民調査において「民族」は，基本的に住民が使用する日常の「母語」が何であるかによって判定されていた。1861調査においては「家族語」。住民調査においては，多くの場合，ドイツ人民衆学校教員が調査員であった。彼らは東方の「ゲルマン化」を担う国家官吏であり，教育現場というゲルマン化の最前線に立つ存在であった。ポーランド人，チェコ人等のスラブ民族を蔑視するこれら調査員の前で，住民はスラブ語を「母語」と答え，自らを「ポーランド人」，「チェコ人」と民族表明できたかどうか。その言語調査がどれほど「中立性」を保ち得たかどうか疑問があるという[4]。

---

4）細田信輔（2006/12）参照。

ともあれ、数の上では少数の「ドイツ人」が、支配者として社会的に上層を占め、官吏・公務員・専門職など教養市民層を構成し、また、経営者、工場主、

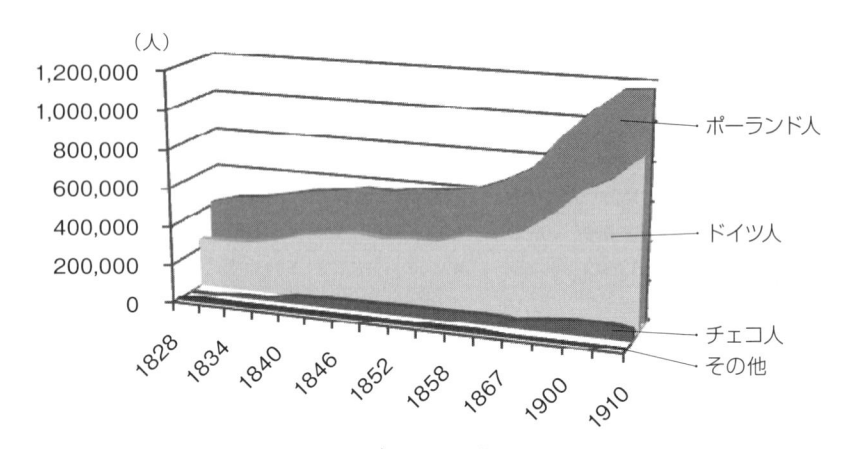

図 2-1. 上シュレジエンの民族人口（1828-1910）
（出所：表 2-1 に基づき小峰作成）

図 2-2. 上・下シュレジエンの国内少数民族（1895）
（出所：Thomas Rüffer, http://www.tr62.de/karten/Schlesien-national.html〔最終閲覧：2008/05/10〕より加工作成。）

1890年のシュレジエン州の人口
・ドイツ人　　3,130,000人＝74.1%
・ポーランド人　994,900人＝23.6%
・チェコ人　　　70,300人＝ 1.7%
・ヴェンド人　　27,300人＝ 0.6%

農場主としてポーランド人を雇用し，支配していたのである。

民族の地域的分布を紹介すると，図2-2の通りである（主たる民族分布，1895年）。これは，上シュレジエン・下シュレジエンを合したシュレジエン全体のものである。東部の上シュレジエンにいくほどポーランド人比率が高くなっている。

## (2) 文化，宗教

シュレジエンでは長い間にポーランド人とドイツ人との混交がすすんだ。しかし，下シュレジエンがほとんどドイツ語ドイツ文化の地域となったのに対して，上シュレジエン（高地シュレジエン：グルヌィ・シロンスク，図2-3の東部の三分の一）は，スラブ民族性とポーランド文化を残していた。言語も，ワルシャワ地方の標準ポーランド語とは異なる Wasserpolnisch（水源ポーランド語）であった。そのため，ポーランド再興後も，この地域のポーランド人の間では

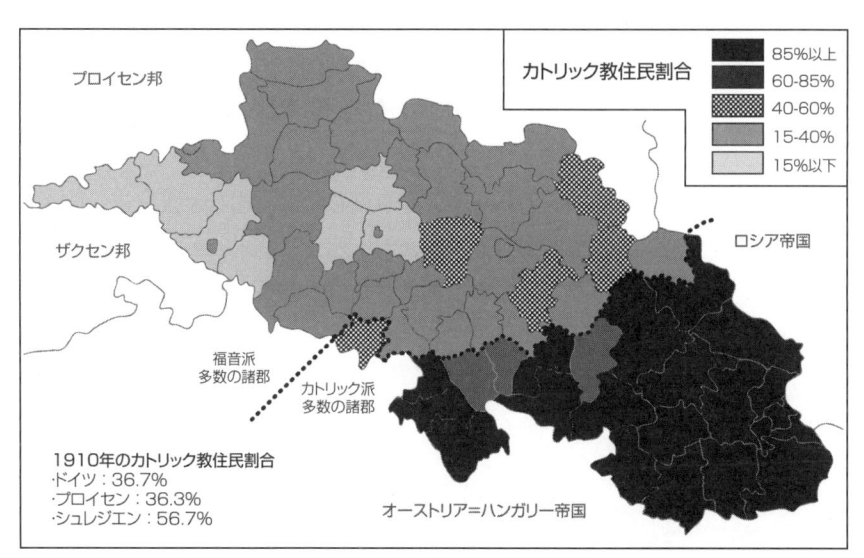

**図2-3. 上・下シュレジエンの宗教状況（1905）**
（出所：Thomas Rüffer, http://www.tr62.de/karten/Schlesien-national.html〔最終閲覧：2008/05/10〕より加工作成。）

ワルシャワとは距離をおく分離主義運動が起こっている。シロンスクの保有する資源が中央ポーランドに奪われることへの警戒感も要因の一つとなって，シロンスクはドイツから領土割譲後，「自治県」であった。

宗教的には，図2-3に見られるように，圧倒的多数がカトリック教徒であった。

## 2. 上シュレジエン分割と「ジュネーブ協定」

そして第一次世界大戦後。大戦敗北によって，ドイツは最終的に上シュレジエンの東部3分の1を新生ポーランドに割譲するのである。本来ヴェルサイユ条約（1919年）では，上シュレジエン全体で住民投票を行い，その結果によって，上シュレジエン全体をポーランドとするかドイツとするかを決定すると定めていた[5]。

1921年3月20日に上シュレジエンで住民投票が実施され，ドイツ帰属票が約6割を占めた（住民投票の際，この地に現住しない者の「帰還投票」が認められていたため，独ポ双方，特にドイツ人側で相当数の「帰還投票」が存在した）。

しかし，これに反発したポーランド側の「第三次シレジア蜂起」（5月2日）とこれに対するドイツ側の武力鎮圧という事態を受け，国際連盟は10月10日，住民投票結果に対応し鉱工業三角地帯を含む上シュレジエンの東部3分の1をポーランド領とするという上シュレジエン分割線を決定したのである。このとき，日本代表・石井菊次郎が果たした役割[6]，その後，独ポ学校紛争の解決方式の簡素化に尽力した安達峰一郎の貢献とともに，大いに注目されてよい。

---

5) ヴェルサイユ条約以前，ポーランドはシュレジエン全体がポーランドに帰属すべきだと主張していた。「住民投票による上シュレジエンの帰属決定」をヴェルサイユ条約に持ち込んだのは，ポーランドを支援するフランスを警戒したイギリス首相ロイド・ジョージの戦略であった。（濱口學（1992/3）参照）

6) 濱口學（1993/3）参照

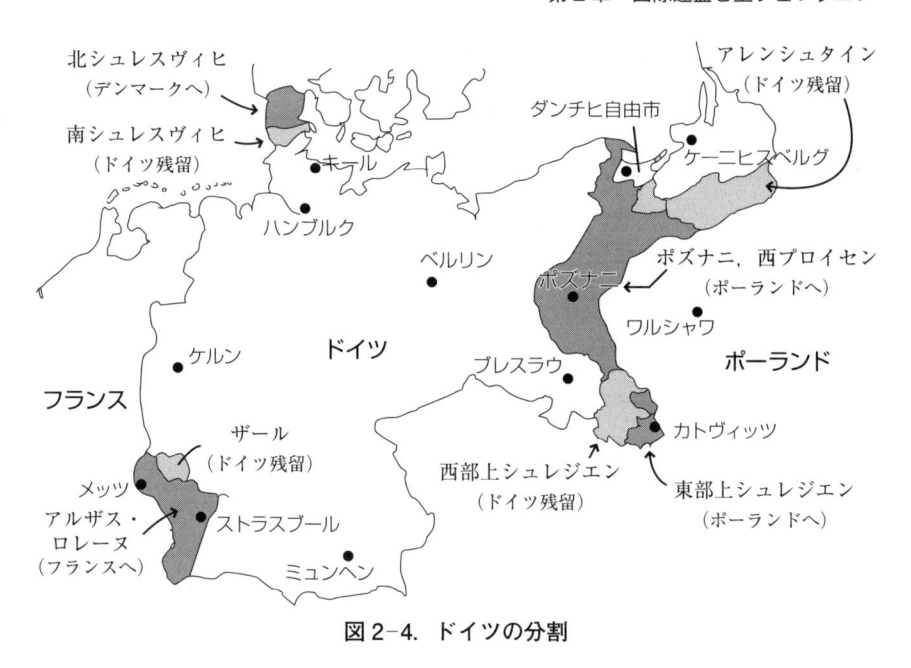

第 2 章　国際連盟と上シュレジエン

図 2-4. ドイツの分割

　旧ドイツ領の上シュレジエンを分断して新生「ポーランド」が「復興」された。分断された二つの上シュレジエンに，相当数の「異国民」が少数者として残された。国際連盟は，これら国内少数者の保護を「国際的影響力」の下で保障するために「上シュレジエンに関する［独・ポ］ジュネーブ協定」(1922.5.15) を締結させた (15年間有効)。「ジュネーブ協定」は，ヴェルサイユ条約・ポーランド条約 (1919) で謳われた「少数者保護」原則を，経済・社会・教育等にわたり具体的詳細に定めたのである。

　ジュネーブ協定の成立経緯は，濱口學論文 (1993/3) に詳しい。そこで，「協定」と混合委員長との関係を，レッケの叙述で補ってみたい[7]。

---

7) 箇条書は筆者 (小峰)

1. 上シュレジエンの国境画定と「協定」とは一体のもので，「協定」の内容はまず 1. 経済問題，そして 2. 少数者の保護である。
2. 国際連盟第 4 委員会での議論は，第一の経済問題が大きな比重を占めた。少数者保護問題は，それに比べると，従であった。とくに経済条項では，通関の自由，双方国境地 5 km の自由往来が重要であった。
3. 少数者保護につき，「協定」は，「ポーランド条約」の多くの個所と同じである。
   ・紛争処理につき，ドイツは，「国際的少数者局」の設置を主張したが，ポーランドはこれに反対。ドイツの直接介入を避けたかったためである。
   ・カロンデールは，コルバンに仲介を依頼する。その結果，次のような次第となった。
      [A] 訴願——ポーランド側が提起。すべて混合委員会に出すのでなく，国の部局創設を。
      「混合委員長見解」→両国「少数者局」へ，見解表明。
      [B] 上訴——不満のとき
4. 混合委員長，"avis" で 127 件の未決問題を出版，国際世論化した。
   ・ポーランドはこれに不満。混合委員長以前に，国家少数者局での口頭議論（弁論）必要と。
      （ドイツ系ポーランド人が，ポーランド国を国際社会に訴えてしまう）
   ・その結果，1922.12.5，ルール確立
      [A] 混合委員長との「直接コンタクト」可。他方ポーランドの県少数者局への訴願も可。
      [B] 少数者は，混合委員長に，当該国の関与なく訴え可（文書で）
5. かくして 15 年間（1922-1937）に訴願 12,226 件，処理 8,187 件，未処理 4,039 件，混合委員長扱継続。
   ・「協定」初年，ドイツ系少数者は，仲間暗殺の危険の中で提訴。
   ◎学校問題，大（§97-130）。争点は，少数者所属（§74），言語表明（§131）であった。
   ・少数者所属を疑ったり，再審査したりすることは禁止である。
6. いずれにしても，「協定」のもと，混合委員会が経済分野の争いに関わることはなかった。ポーランドは一般に，混合委員会に対し消極的であった。

(Vgl. Recke, Walter: Die historisch-politischen Grundlagen der Genfer Konvention vom 15. Mai 1922. Marburg, 1969, S.128-142.)

## 3. 上シュレジエン学校紛争

　レッケもいうように，上シュレジエン分割に伴う紛争の多くは学校紛争であった。

　古くはポーランドであった土地に，近世，近代にかけてドイツ人が「ドイツ教育」を展開して，ポーランド人とポーランド文化を「ドイツ化」した。それが第一次世界大戦後，当地は新生ポーランドとなり，今度はポーランド人が，強固だったドイツ教育を「脱ドイツ化」して「ポーランド教育」を築こうとしている。そのような状況の中，ドイツ本土に脱出せず当地に残留した「ドイツ人」は，財産・経営維持への不安，迫害や暴行，雇用の狭隘化の中で，ドイツ人社会の横の繋がりを強化していく以外に自己保存の道はなかった。基盤はまことに危うい。彼らは，ドイツ語ドイツ文化の教育の「継続」を図ろうとしたが，児童はこれまでのように現下の学校に通学することはできない。彼らの今まで通っていた学校はポーランド学校に再編されていたからである。すなわちポーランド人教師によるポーランド語の学校になっていたのである。そのため彼らは，「ジュネーブ協定」に則り，学区（学校組合）内40名以上の父母を募って新たにドイツ系少数者学校を設置申請しなければならなくなった。

> ジュネーブ協定　第106条 §1. 1
> 　少数者児童が就学年齢にあり，国民学校就学が定められていて，彼らが同一学校組合（Schulverband）に所属するとき，これら**言語的少数者所属で国籍所有児童最低40名**，の教育権者が支持する1国籍所有者提案に基づいて，1少数者学校（Minderheitsschule）が設立されるものとする。

　しかし，これに対してポーランド教育当局は，積年のドイツ支配に対する反発もあり，「ジュネーブ協定」解釈，申請条件，書類審査において殊更に厳格

な対処をして彼らのドイツ人学校設置申請を阻んだ。特に1926年には，かつての「シレジア蜂起英雄」グラジュインスキ県知事の登場によってドイツ系少数者の学籍登録が大量に排除され，これを不当とするドイツ人訴願が，最終的にドイツ国の提訴により国際司法裁判所で争われたのは先の論考で述べた通りである（敗訴）。

　「ジュネーブ協定」では，行政当局の行政処理に異論のある場合は，ホスト国の少数者局に訴えてそれの改善を求める訴願権（pétition）が認められており，以後，特にドイツ人の側からの提訴になる上シュレジエン学校紛争が多数発生するのである（巻末年表参照）。

　その際シロンスク県初代知事 J. リュマーは，1922年8月のシロンスク教育令で「母語」規定を定め，ドイツ系少数者学校入学にはドイツ語を「母語」とすることが条件だとした（第3章参照）。これはドイツ系児童の入学制限を図ったものである。長い間の民族的混交のため，シロンスクの多くの「ドイツ人」は，日常語はポーランド語，または独ポ両語使用であり，「正則ドイツ語」を運用できぬ者も少なくない。そのため，すでに「ジュネーブ協定」発効直後から母語条項による学籍登録却下事件が頻発していた（Schikane＝職権濫用［嫌がらせ］）。

　しかし，訴願増大の理由はそれだけではなかった。シロンスクの残留ドイツ人は，ドイツ人団体を結成してそこに組織されていたのであるが，その中の代表的組織「ドイツ民族同盟」（Deutscher Volksbund）が，学校闘争を民族闘争の最重要課題に掲げたからであった。彼らは，学校紛争を梃子として少数者運動を展開し，その先に東部国境の再修正を目指したのである。そのすさまじい「学校闘争」を一覧すると表2-3のようである。

　この学校紛争を支援することは，シロンスク・ドイツ人にとって「ドイツ民族同盟」からの「踏み絵」であったのだが，それと同時に，シロンスクのドイツ人はドイツ本国からも資金援助を受けていた。ベルリンの東方援助組織「ドイツ財団（Deutsche Stiftung）」は，ドイツ外務省と密接な連絡をとってポーラ

第 2 章　国際連盟と上シュレジエン

表 2-3. ドイツ人訴願・ポーランド人訴願数（1922-1937）

| 年 | ドイツ人訴願数（1922-1937） | | | | ポーランド人訴願数（1922-1937） | |
|---|---|---|---|---|---|---|
| | 訴願(Pétition)合計 | 混合委員長に付託された訴願 | | 少数者局で解決した訴願 | ド国少数者局への訴願 | 混合委員長に付託された訴願 |
| | | ポ国少数者局の統計 | 混合委員長の統計 | | | |
| 1922 | 54 | 9 | 2 | 45 | − | 1 |
| 1923 | 1,071 | 557 | 45 | 514 | 103 | 4 |
| 1924 | 514 | 43 | 38 | 471 | 40 | 31 |
| 1925 | 769 | 27 | 44 | 742 | 28 | 26 |
| 1926 | 4,601 | 594 | 47 | 4,007 | 41 | 40 |
| 1927 | 928 | 593 | 93 | 335 | 23 | 16 |
| 1928 | 682 | 543 | 171 | 139 | 42 | 35 |
| 1929 | 575 | 559 | 225 | 16 | 20 | 17 |
| 1930 | 297 | 199 | 98 | 98 | 19 | 21 |
| 1931 | 213 | 54 | 49 | 159 | データなし | 19 |
| 1932 | 238 | 63 | 75 | 175 | 〃 | 16 |
| 1933 | 372 | 231 | 186 | 141 | 〃 | 74 |
| 1934 | 642 | 197 | 196 | 445 | 〃 | 71 |
| 1935 | 695 | 179 | 163 | 516 | 〃 | 71 |
| 1936 | 508 | 149 | 148 | 359 | 〃 | 65 |
| 1937 | 67 | 42 | 33 | 25 | 〃 | 15 |
| 合計 | 12,226 | 4,039 | 1,613 | 8,187 | | 522 |

（出所：Korowicz, S. 109, 114）

ンドのドイツ人を支援した。シロンスクのドイツ人が学校紛争を激しく展開することは，国際世論にポーランドのドイツ系住民圧迫を強く印象づけるものであって，彼らはそれを梃子として東方国境の再修正に結びつけようとしたのである（これにはドイツの国際連盟加盟（1926.9.8）も大きな要因となっている）。

　　ここで注目すべきは，これら住民に対する資金援助の狙いの一つが，ポーランドからのドイツ系住民のドイツへの流出を防ぐ点にあったことである。つまり，彼らがポーランドに留まることは，ひいてはドイツにとって東部国境

修正の要求を強化することにつながると考えられた[8]。

　このような状況であるので，シロンスクのドイツ系少数者教育をめぐっては，単に少数者教育権をめぐる問題のみならず，ドイツ東方国境をめぐる国際政治，また欧州経済を視野に入れながら総合的に検討することが求められる。またその視座に関しても，ドイツの側からのみならず，ポーランドの側からも，また国際連盟の側からの判断も含めて複眼的にこれを検討する必要がある。しかし，それらに踏み込んで問題を解明することは筆者には到底不可能であるので，それらを意識して，本問題をできるだけ総合的に考えることができるよう，資料紹介を行いたいと思うのである。

## 4. 資料1「ジュネーブ協定」（1922.5.15）（抄）について

　旧ドイツ領の上シュレジエンを分断して新生「ポーランド」が「復興」された（ドイツ「上シュレジエン州」とポーランド「シロンスク県」）。分断された二つの上シュレジエンに，相当数の「異国民」が少数者として残された。国際連盟は，これら国内少数者の保護を「国際的影響力」の下で保障するために「上シュレジエンに関する［独・ポ］ジュネーブ協定」（1922.5.15）を締結させた（15年間有効）。「ジュネーブ協定」は，「ヴェルサイユ条約」・「ポーランド条約」（ともに1919.6.28）で謳われた「少数者保護」原則を，経済・社会・教育等にわたり具体的詳細に定めた。いま，ここにポーランド条約との簡単な対照を述べると表2-4のようになる。

　少数者問題を研究する際に「ジュネーブ協定」を欠くことはできない。特にその教育条項は，シロンスクの少数者教育を考える際に必須の資料であるが，

---

[8] 川手圭一「第一次大戦後ドイツの東部国境と『マイノリティ問題』」『近現代史研究会会報』第58号，2006.

第 2 章　国際連盟と上シュレジエン

表 2-4．ポーランド条約（1919.6.28）とジュネーブ協定（1922.5.1）との関係

| ポーランド条約<br>(1919.6.28) | 内　容 | ジュネーブ協定<br>(1922.5.15) |
|---|---|---|
| 1 条 | ・ポーランド政府（ドイツ政府）の義務 | 65 条 |
| 2 条 | ・少数者権，国籍言語差別なし，信条の自由 | 66 条 |
| 3 条 | ・属地主義，見做し「ポーランド人」，外国籍者国外退去 | 25 条 |
| 4 条 | ・定住者子弟＝見做し「ポーランド人」，国籍離脱自由，<br>　ドイツ国籍可 | 26 条 |
| 5 条 | ・国籍選択尊重 | 33 条 |
| 6 条 | ・出生地主義 | 26 条 |
| 7 条 | ・少数者人権，信条自由，民族語使用の自由 | 67 条 |
| 8 条 | ・平等処遇，少数者学校設立運営権，民族語教育権 | 68 条 |
| 9 条 | ・民族語教育の便宜，財政保障，ドイツ系住民（1914.8.1） | 69 条 |
| 10 条 | ・ユダヤ人学校 | 70 条 |
| 11 条 | ・安息日尊重，土曜選挙禁止 | 71 条 |
| 12 条 | ・保護機構＝国際連盟理事会，国際司法裁 | 72 条 |

（参考：外務省訳「波蘭國ニ關スル條約（1919 年 6 月 28 日）」［＝ポーランド条約］）

それの邦訳は現在のところ未見である（戦前の資料に外務省の参考訳があるかとも思われるが，今のところ見出せていない）。そこで，参照用の習作のつもりで筆者の拙い訳を紹介したいと思う（全書，資料 1，p.57～）。全文は 606 条にわたるので到底全訳は行い得ず，第四章　教育［第 97-133 条］を中心に逐語訳を行った。それ以外で少数者教育に関わるところは要約とした。つまりここに掲載したのは少数者教育関係だけである。

テクストは K. ユンカーシュトルフの文献（文献 3., Junckerstorff, 1930）に収められたドイツ語版を基本とし，必要に応じて同書および G. ケーケンベークの文献 4.（Kaeckenbeeck, 1942）のフランス語，また，後者第三部に付された英語版も参照した（「ジュネーブ協定」はフランス語が正文である）。そのほか若干補足を付した（［　］で表示）。

ユンカーシュトルフのテクストについて付言すると，彼の資料は比較的公平ではある（この地域のドイツ系住民は，第一次世界大戦後にシレジア追放，第二次世界大戦後にはポーランド追放を体験している。したがって，一般にドイツ人によってその後書かれた著作には，ポーランド側を一方的に断罪する叙述が散見される

からである）。しかし，いくつか問題も見られる。まず第一に，「ジュネーブ協定」はドイツ・ポーランドの二国間協定であり，独ポ双方に少数者保護義務を課しているのだが，条文テクストはポーランド側の義務だけを掲載している。これは資料としては公平を欠くので，第四章　教育　に限りドイツ側の義務も補った（条文自体が省略されているところもあり，必要に応じて補った。第三部第Ⅰ款［第64条から第72条まで］は，独ポ個別の条文となっている）。第二に，目次（p. 57）の表現にもあるように，ユンカーシュトルフは，協定にドイツ側有利の解釈を施していると判断せざるを得ない（特に，民族所属の自由告白主義をめぐって）。そこで訳文では，全体の構成を知るのに有益なので，彼の目次をまず訳出し，しかし本文条文には，それとは若干異なる私の要約タイトルを付した（元々条文にタイトルはない）。なお，Minderheit は「少数者」と訳し，Nationalität は「［国内］少数民族」と訳し分けた。

　先行研究，濱口學「国際連盟と上部シレジア定境紛争」（1993/3）から筆者は，国際政治における上シュレジエン問題，「ジュネーブ協定」の存在とその意義を知らされた。氏の一連の研究に心から感謝する。

## 〈資料1〉
# 「上シュレジエンに関する[独・ポ]ジュネーブ協定」
## （1922.5.15）[抄]
（Genfer Konvention vom 15. Mai 1922 über Oberschlesien）

<br>

目　　次　　[Junckerstorff による]

[前文]
第一部　一般規定（ポーランド法の効力）　　　　　[第 1-24 条]
[第二部　国籍と居所]　　　　　　　　　　　　　[第 25-63 条]
第三部　少数者(Minderheit)の保護　一般規定：協定の有効期間，義務の性格
　　　　　　　　　　　　　　　　　　　　　　　[第 64-158 条]
　第Ⅰ款　[第 64-72 条] 協定の構成部分としての同盟および連合国とポーランド
　　　　との間の国際的少数者(Minderheit)保護条約[ポーランド条約]の基本的諸
　　　　規定
　　　　　　　　　　　　　　　　　　　　　　　　　　　[訳出]

　第Ⅱ款　[第 73-146 条]
　　第一章　一般規定　　　　　　　　　　　　　　　[訳出]
　　　第 73 条　1. 基本法としての義務の性格
　　　　　　　2. 裁判所の権限と行政当局
　　　第 74 条　[国内] 少数民族(Nationalität) の自由告白権(das Recht des
　　　　　　　freien Bekenntnisses)の保障

　　第二章　市民権，公民権
　　　第 75 条　1. 法の下の平等
　　　　　　　2. 少数者所属者 (Minderheitsangehörige) 差別処遇の禁止（法
　　　　　　　　律，命令による）
　　　　　　　3. 同 (官庁，役人による)
　　　第 76 条　公民権行使の保障
　　　第 77 条　公務員採用
　　　第 78 条　結社，集会権の保障
　　　第 79 条　固有語での出版・裁判の権利
　　　第 80 条　職務遂行に際しての平等処遇
　　　第 81 条　文化自由の保障

〈資料1〉 「上シュレジエンに関する[独・ポ]ジュネーブ協定」(1922.5.15)[抄]

　　第 82 条　居住権者の法的地位
　　第 83 条　個人保護の保障

　第三章　宗教
　　第 84 条　国家と宗教団体との関係
　　第 85 条　宗教自由の保障
　　第 86−96 条　宗教団体の法的地位

　第四章　教育　[第 97−133 条]　　　　　　　　　　　　[訳出]
　　第一節　私教育
　　第 97 条　概念
　　第 98 条　教育機関
　　第 99 条　言語
　　第 100 条　教員
　　第 101 条　私立学校就学の保障
　　第 102 条　国の監督権
　　第 103 条　私教育，公教育
　　第 104 条　私立専門・継続教育，私立中間・中等教育

　　第二節　公立国民学校教育
　　第 105 条　概念ならびに種類
　　第 106 条　教育機関
　　第 107 条　少数者語教育，少数者宗教教育（Minderheitssprach- und Minderheitsreligionsunterricht）
　　第 108 条　閉校
　　第 109−110 条　学校維持
　　第 111 条　学校委員会（組織）
　　第 112 条　学校委員会（権限）
　　第 113 条　教員（言語能力，養成，資格）
　　第 114 条　経過規定

　　第三節　専門教育，継続教育
　　第 115 条　専門学校，継続学校の法的地位

　　第四節　中間学校，中等学校

第 116 条　序論
第 117 条　概念ならびに種類
第 118 条　教育機関
第 119 条　地域的収容特例
第 120 条　国立，公立学校との同格
第 121 条　本節諸規定充足の場合の国家当局の義務
第 122 条　閉校
第 123-124 条　教員
第 125 条　学校委員会
第 126 条　学費
第 127 条　試験言語
第 128 条　少数者私立学校（Minderheitsprivatschule）における国家資格の授与
第 129-130 条　公資金補助

第五節　共通規定
第 131 条　児童の言語決定に際して［国内］少数民族の自由告白権（das Recht des freien Bekenntnisses der Nationalität）の保障
第 132 条　授業言語としての少数者言語（Minderheitssprache）の概念
第 133 条　授業における国民的，宗教的感情の配慮規定

第五章　言語　［第 134-146 条］
第 134 条　言語使用の自由の保障　　　　　　　　［訳出］

第Ⅲ款　［第 147-158 条］　訴願と上訴　　　　　［大要］
第 147 条　国際連盟理事会による訴願処理
第 148 条　少数者局（Minderheitsamt）の設置と目的
第 149-158 条　訴願採用の手続き

［第四部　社会問題］　　　　　　　　　　　　　［第 159-215 条］
［第五部　経済問題］　　　　　　　　　　　　　［第 216-561 条］
第六部　混合委員会と上シュレジエン仲裁裁判所　［第 562-606 条］
　第Ⅰ款　[**第 562-576 条**]　機構　　　　　　　［大要］
　　第 562-563 条　本部，構成
　　第 564-568 条　混合委員会委員長，仲裁裁判所裁判長とその権限
　　第 569 条　国家代表

〈資料1〉 「上シュレジエンに関する[独・ポ]ジュネーブ協定」(1922.5.15)[抄]

> 第570条　公用語
>
> 第Ⅱ款　[第577-606条]　訴訟手続，権限　　　　　　[大要]
> 第一章　混合委員会
> 　　第577-585条　訴訟手続，権限
> 第二章　仲裁裁判所
> 　　第587-595条　訴訟手続，権限
> 第三章　混合委員会，仲裁裁判所に関する共通規定
> 　　第596-605条　訴訟手続法に関する原則ならびに規定
> 　　第606条　終末規定
>
> 最終議定書　　　　　　　　　　　　　　　　　　　　　[部分・訳出]

## 第三部　少数者の保護　一般規定：協定の有効期間，義務の性格
## 第Ⅰ款　[第64-72条　協定の構成部分としての同盟および連合国とポーランドとの間の国際的少数者保護条約の基本的諸規定]

### 第64条 [ドイツ政府の義務，ポーランド政府の義務]
　ドイツ政府は，移行期間15年の間，住民投票地域のドイツ帰属部分に適用される以下の諸規定を承認する。
　ポーランド政府は，住民投票地域のポーランド帰属部分に適用される1919年6月28日条約[ポーランド条約]の諸規定に従うものとする。

### 第65条 [(= 1919.6.28の少数者条約[ポーランド条約] 第1条) ポーランド条約と国内法]
　ポーランドは，第66-68条の諸規定を根本法として承認し，これに反するないしは矛盾するいかなる法律，命令，職務行為が生ずることなく，また，これに反するいかなる法律，命令，職務行為も，効力を求めることのないよう努める義務を負う。

### 第66条 [(= 1919.6.28の少数者条約第2条) 住民の自由。信条，宗教，世界観の保護]
1. ポーランド政府は，すべての住民に，出生 Geburt，国籍 Staatsangehörigkeit，言語 Sprache，民族 Volkstum，宗教の差異に関わらず，彼らの生活と自由の最大範囲に亘る保護を保障する義務を負う。
2. ポーランドのすべての住民は，その活動が公序良俗に反しないかぎり，あらゆる信条 Bekenntnisse，宗教ないし世界観を，私的ならびに公的に自由に行使す

る権利をもつものとする。

### 第67条［(= 1919.6.28の少数者条約第7条) 少数者人権，信条自由，民族語使用の自由］

1. すべてのポーランド国籍者（alle polnischen Staatsangehörigen）は，法の前に平等で，民族，言語，または宗教の差異に関わらず，平等の市民権ならびに公民権を享受するものとする。
2. 宗教，世界観 Weltanschauung，または信条の差異が，ポーランド国籍者に対し，いかなる市民権ないし公民権の享受も妨げることがあってはならない。取り分け，公務員採用，職務遂行，栄典授与，ないし各種職業ならびに産業遂行においてである。
3. ポーランド国籍者の何人も，個人的ないし経済的関係において，宗教，報道，各種出版の領域において，かつまた公的集会において，何らかの方法で，自身の愛好する言語の自由な使用を制限されてはならない。
4. 国家語ならびに官庁用語を決定するポーランド政府の権利に抵触することなく，裁判において，外国語を話すポーランド国籍者が，彼らの言語を口頭ないし書面で使用できるよう，適切な便宜を保障しなければならない。

### 第68条［(= 1919.6.28の少数者条約第8条) 少数者の平等処遇］

民族的，言語的，ないし宗教的少数者に所属するドイツ国籍者［＝ドイツ国上シュレジエン州のポーランド系少数者等］は，他の［多数者の］ドイツ国籍者と平等の処遇，法的，実際的安全を享受するものとする。彼らは取り分け，自分たちの費用で，福祉的，宗教的，ないし社会的施設，学校ならびにその他の教育機関を，設立・運営・監督し，その中で彼らの言語を自由に使用し，彼らの宗教を自由に行使する平等の権利を有するものとする。

民族的，言語的，ないし宗教的少数者に所属するポーランド国籍者［die polnischen Staatsangehörigen, die zu einer völkischen religiösen oder sprachlichen Minderheit gehören ＝ポーランド国シロンスク県のドイツ系少数者等］は，他の［多数者の］ポーランド国籍者と平等の処遇，法的，実際的安全を享受するものとする。彼らは取り分け，自分たちの費用で，福祉的，宗教的，ないし社会的施設，学校ならびにその他の教育機関を，設立・運営・監督し，その中で彼らの言語を自由に使用し，彼らの宗教を自由に行使する平等の権利を有するものとする。

### 第69条［(= 1919.6.28の少数者条約9条1, 2) 固有語授業，教育・宗教・福祉への公費支出］

1. 公教育の分野で，ポーランド政府は，外国語を話すポーランド国籍者［fremdsprachige polnische Staatsangehörige ＝ドイツ系少数者等］が相当程度居住する都市及び地方においては，適切な便宜を講じ，これらポーランド国籍

〈資料１〉「上シュレジエンに関する［独・ポ］ジュネーブ協定」(1922.5.15)［抄］

児童に対し，下級学校にあっては授業が彼らの固有言語で行われるようにすべきものとする。この規定は，ポーランド政府が，これらの学校においてポーランド語を必修科目とすることを排除するものではない。
2. ポーランド国籍を有する民族的，宗教的，または言語的少数者が相当程度居住する都市及び地方においては，これら少数者のために，教育，宗教，または福祉目的に支出される国費，地方費，または他の予算の，正当割合金額の享受と配分とが保障されるべきである。

第70条 ［(＝1919.6.28の少数者条約第10条) ユダヤ人学校の監督，ヘブライ語］
ユダヤ人共同体により任命された地区学校委員会は，国家の一般的監督の下で，第69条に基づきユダヤ人学校［複数］に割当てられた金額の相応なる配分，また，これら学校の設立および運営を行うことが保障されるものとする。学校内の言語使用に関する第69条の定めは，これらの学校に適用されるものとする。

第71条 ［(＝1919.6.28の少数者条約第11条) 安息日の尊重，土曜選挙の禁止］
1. ユダヤ人は，その安息日の侵害を招くいかなる行為もなすことを強制されず，また彼らが，安息日に法廷出廷拒否また他のあらゆる法務拒否を行うことにより，無能力状態に置かれることがあってはならない。しかし本規定は，兵役，国防または公の秩序維持に必要な目的のために，他のすべてのポーランド市民に課せられている義務から，ユダヤ人を除外するものではない。
2. ポーランドは，国政選挙と地方選挙を問わず，これを土曜日に行うよう命じまた許可することを控える意志を表明（déclarer）し，また，選挙ないし他の目的のための登録が，土曜日に実施されることのないようにするものである。

第72条 ［(＝1919.6.28の少数者条約第12条) 少数者問題は国際連盟管理下。紛争解決，常設国際司法裁判所］
1. ポーランドは，人種的，宗教的ないし言語的少数者に所属する人々に関わる前記諸条の諸規定につき，これら諸規定は国際的利益を有する義務の基礎であり，そのため国際連盟の保障の下に置かれるべきことに同意する。これら諸規定は，国際連盟理事会多数の同意をもってのみ変更されうる。それゆえアメリカ合衆国，英帝国，フランス，イタリア，および日本は，国際連盟理事会多数により適法に同意されたならば，これら諸条の変更を拒否しないものとする。
2. ポーランドは，国際連盟理事会の全構成員は，これら諸義務の侵害ないし侵害の危険に対し理事会に警告を発しうること，また，これに基づき理事会は，状況に適切有効と考えられるあらゆる種類の対処，指示を行うものであることを承認する。
3. ポーランドはさらに，これら諸条から発する法律的ないし実際的問題に関して，

ポーランド政府と同盟および連合国のいずれか一国，および国際連盟理事会のいずれかとの間のいかなる意見相違も，国際連盟規約第14条に定める国際的性格の紛争とみなすことを承認する。したがってポーランド政府は，この種のいかなる紛争も，もし，他方の側が要求するならば，常設国際司法裁判所に付託することを承認する。常設国際司法裁判所の決定は，最終の判断とし，規約第13条に定める裁定と同様の効力と価値とをもつものとする。

## 第Ⅱ款　［前文　本款の位置］

　住民投票地域の両側部分の少数者保護を，真性の相互主義原則（Gegenseitigkeit）で確立するため，また，体制移行から発生する特殊事情を考慮するがために，協定締約国双方は，15年の期間，第一款諸規定に抵触することなく，［本款に掲げる］以下につき同意した。
　本款は，第65-72条の内容物を詳説したものに他ならず，これにより，少数者保護全体を見通したものである。

## 第一章　一般規定

**第73条　［ポーランド・ドイツ政府の義務，裁判所の行政審査権］**
1. ポーランドとドイツは，第66, 67, 68条の条項を根本法として承認し，これに反するないしは矛盾するいかなる法律，命令，職務行為も生ずることなく，また，これに反するいかなる法律，命令，職務行為も効力を求めることのないよう努める義務を負う。
2. 行政裁判所・軍事裁判所・特別裁判所を含むあらゆる種類の裁判所は，これら法律，命令，職務行為が，本協定第三部の諸条項にどれほど合致しているか審査する権利を有する。

**第74条　［少数者所属の審査禁止，（民族自由表明主義［？—小峰］）］**
　民族的，言語的，ないし宗教的少数者（völkische, religiöse oder sprachliche Minderheit）に所属することを，当局が追試したり，否認したりしてはならない。

## 第二章　市民権，公民権　［部分訳出］

**第75条　［市民の権利，平等処遇］**
1. 住民投票地域のドイツ［所属となった］部分におけるドイツ国籍者［＝ポーランド人］ならびにポーランド［所属となった］部分におけるポーランド国籍者

〈資料1〉「上シュレジエンに関する[独・ポ]ジュネーブ協定」(1922.5.15)[抄]

[＝ドイツ人]は法の下に平等であり，民族，言語ないし宗教による相違なく平等の市民権および公民権を有する。
2. 法律ないし命令は，一の少数者に属する[当該]国籍者に対しいかなる差別的取り扱いも企図してはならない。また，法律ないし命令が，これらの人々の不利となるよう不平等に解釈されたり，適用されたりすることがあってはならない。このことはとりわけ，公的統制品――食料・石炭・燃料・新聞紙等――の配給，輸送交通手段の割当，個人・協会・法人への空間割当，動産・不動産の取得や譲渡・入植方策に関わる官庁の認可，等に際していえることである。
3. 一の少数者に所属する[当該]国籍者が，官庁ならびに役人から差別的取り扱いを受けることがあってはならず，彼らは，他の国籍者と同一の実際的保護を享受するものとする。
官庁ならびに役人が少数者を侮蔑ないし軽視してはならないのであって，そのことは，取り分け犯罪行為に際し彼らを保護するとき不可欠のことがらである。

## 第三章　宗　教　　　　[略]

## 第四章　教　育

### 第一節　私教育

**第97条　[私教育の概念]**
　本章の意味での私教育の概念に入るのは，私立学校ならびに私立の教育機関――民衆大学や音楽学校等のような。それらが，公立学校に代替しうるか否かは顧慮しない――，および学校形式によらない，ないしは家庭的な私教育である。

**第98条　[私立学校]**
1. 自らの費用で，私立学校・私立教育機関を設立，経営，監督，維持して私教育を施すことは，少数者に所属する国籍者（Staatsangehörige, die zu einer Minderheit gehören）に許されるものとする。また，もし，以下の条件，すなわち子どもの安全につき定められた諸条件を充足するとともに，教員ないし教育者がその教育権限に対して指定された条件を満たし，授業の行われる国土に居住して，その職業を国家敵対活動に誤用しないとの条件が定められているのならば，その条件下に認められるものとする。
2. 非学校的な私教育――その人生遍歴において，道徳的瑕疵のない家庭教師や教育者，または親によって行われる私教育――を行うことは，認められるものとする。
3. 第1，2項で述べた私教育が，必要であるか否かの問題は考慮しないものとする。

第 99 条　[国家語の教育]
1. 言語的少数者（sprachliche Minderheit）の私立学校，私教育に対しては，授業言語としての国家語は，強制されないものとする。
2. 私立学校に，国家語が教科として用意されなくてはならないのは，その私立学校が，同じ種類の公立学校の代替物として機能するときだけとする。

第 100 条　[教員資格]
1. 両国の一方の当局が，教員試験証明により公立学校教員就任能力を証し得たならば，どの者も，それは学校的私教育を行う学問能力と見做される。学校外の私教育，ないしは，規則的学科課程に馴染まない科目を行う私立学校教育に対しては，両国の一方の管轄当局が，この人物の私教育能力証明を行うだけで十分である。
2. 外国人教員を，私立学校授業に任用する場合の特別規定は，少数者私立学校が，特にその国出身の教員に格別の必要がある場合に適用するものとする。

第 101 条　[少数者就学権]
　住民投票の，ドイツ帰属地域の私立学校ないし私立教育機関への就学は，そこに居住するポーランド国籍者を排除してはならず，住民投票の，ポーランド帰属地域の私立学校ないし私立教育機関への就学もまた，そこに居住するドイツ国籍者を排除してはならない。

第 102 条　[国家の学校監督]
　国家当局の学校監督権が，少数者に認められた私立学校監督権によって，侵害されるものではない。

第 103 条　[就学義務]
1. 私教育，特に私立の学校的ないし家庭教育で十分にその教育が配慮されるならば，少数者子弟は，公立学校就学を義務づけられない。
2. 家庭教育ないし私立教育を，公立教育の十分な代替物と見做すかどうかは，文教当局がこれを決定する。

第 104 条　[私立専門・継続教育]
　私立専門教育，継続教育の特別条項は第 115 条に，私立中間教育，中等教育のそれは，第 128-130 条に定める。

〈資料1〉「上シュレジエンに関する[独・ポ]ジュネーブ協定」(1922.5.15)[抄]

## 第二節　公立国民学校教育

### 第105条［少数者国民学校，少数者授業］

§1.

本章の意味での国民学校とは，継続教育機関を除外して，児童に定められた教育が他の方法によってでは配慮されないとき，児童が通わなければならない学校のことを謂う。

§2.

公立国民学校教育分野での少数者の要求に対しては，以下の少数者教育機関によって，配慮するものとする。
a) 少数者言語を授業言語とする国民学校（少数者学校 Minderheitsschulen）
b) 国家語国民学校に設置された，少数者言語を授業言語とする国民学校クラス（少数者学級 Minderheitsklassen）
c) 少数者授業（Minderheitsunterricht），つまり
　1. 少数者言語による読み書き授業（少数者語教育 Minderheitssprachunterricht）
　2. 少数者言語による宗教授業（少数者宗教教育 Minderheitsreligionsunterricht）

### 第106条［少数者学校の設置］

§1.

1. 少数者児童が就学年齢にあり，国民学校就学が定められていて，彼らが同一学校組合（Schulverband）に所属するとき，これら言語的少数者所属で国籍所有児童（Kinder）最低40名，の教育権者が支持する1国籍所有者提案に基づいて，1少数者学校（Minderheitsschule）が設立されるものとする。
2. これら児童の最低40名が，同一の宗派ないし宗教に所属するとき，提案に基づいて，彼らにふさわしい宗派ないし宗教的性格を備えた1少数者学校を設立するものとする。
3. 事情により，1少数者学校の設立が適当でない場合は，少なくとも，少数者学級［複数］を設立するものとする。

§2.

第1項1，2に述べた提案には，可及的速やかに――但し，それが新学年開始最低9ヵ月前に提出された場合であるが――，提案に続く新学期開始に向け対応するものとする。

### 第107条［少数者語教育，少数者宗教教育の人数］

1. 1国籍所有者提案が，言語的少数者所属で国籍所有国民学校生徒（Schüler）最低18名，の教育権者に支持されたとき，これら生徒のために，速やかに少数者語教育が行われるものとする。

2. これら生徒の最低12名が，同一宗派ないし同一宗教に属するとき，提案に基づいて，彼らは少数者宗教教育を受けるものとする。

## 第108条［少数者学校の閉鎖］
§1.
1. 少数者教育機関の生徒数が，3年間連続して設立基準数を下回った場合においてだけ，これを廃止することができる。
2. もし，当該年度中の生徒数が，予定した最低数の半数を常時下回った場合には，1年度経過の後でも廃校を命じられ得るものとする。

§2.
少数者教育機関が廃校になったとき，それを，私立教育機関として継続することは，少数者の自由である。事情が許すところでは，教室，教材，教具は，引き続き少数者が使用できるものとする。

## 第109条［学校維持］
§1.
少数者教育機関は，他の公立国民学校と同一の法律原則に従って維持される。所轄の国家当局は，監督の立場から，その教育機関の維持につき配慮しなければならない。

§2.
1. 公立国民学校の維持義務は，国家参画の下で，市民的自治体（領主農場区）の責任である。いくつかの自治体（領主農場区）が，学校維持の目的で，連合学校組合（Gesamtschulverbände）を構成することは可能である。
国は，学校経費につき，分担金ないし補助金の供与，または学校維持の一部を直接引受けることによって，これに参加しなければならない。
2. 少数者教育機関の教員給与は，必要な代用教員経費も含め，一般的にはそれの被義務者［市民的自治体］の責任とする。

## 第110条［経費負担］
§1.
1. 一般行政経費ならびに補助経費を除外して，学校組合（Schulverband）が国民学校運営のために使用しうる費用に関しては，少数者教育機関に対しても，児童数応分割合額を出費しなければならない。
特別の教育需要（学校の組織再編・拡充，大規模建築等）のために，学校組合から資金が出費される場合には，学校監督の立場から，少数者教育機関に不利が生じないよう配慮するものとする。
2. 何を一般行政経費と見做すかは，問題事案に即して，国家教育当局がこれを決

〈資料1〉「上シュレジエンに関する[独・ポ]ジュネーブ協定」(1922.5.15)[抄]

定する。

§2.

　国，または学校組合に所属しない他の公共団体が広く保障している資金は，他の国民学校に対するのと同様に，少数者教育機関にも支出するものとする。もし，それの交付方法が行政当局の自由裁量に任されている基金支出が問題となる場合，基金支出は，他の国民学校に適用されているのと同等の条件で，少数者教育機関にも保障されるものとする。

## 第111条［学校委員会］

1. 教育行政へ参加するために，各少数者学校，少数者学級に1学校委員会（Schulkommission）を編成する。この委員会メンバーの半数以上は，少数者学校，少数者学級生徒の教育権者により，選出されるものとする。
2. 1学校組合内に同一宗派・宗教に属するいくつかの少数者学校がある場合，それらに対して，1合同学校委員会（eine gemeinsame Schulkommission）を設立することが可能である。
3. 1学校組合内に，その少数者の諸学校だけが存在する場合は，学校委員会の編成は省略できる。この場合，学校理事会（Schulvorstand）または教育委員会（Schuldeputation）が，同時に学校委員会の課題も引受けるものとする。

## 第112条［学校委員会の権限］

1. 学校委員会は，適切な方法で，少数者学校の内的・外的運営に携わるものとする。取り分け，学校ならびにその施設の外部状態の保全は，同委員会に委ねられるものとする。
2. 少数者教育機関に定められている資金の出費に当たっては，学校委員会に協力を委ねるものとする。
3. 教員任用前に，学校委員会には，国家教育当局に所属する権限に抵触することなく，任用される人物につき希望を表明する（äußern; exprimer）機会が十分に与えられるものとする。学校理事会ないし教育委員会は，決定的共働を行うものではない。国家教育当局が，学校委員会の希望に添えないとき，通常は求めに応じ，国家教育当局は学校委員会に自らの決定理由を伝えるべきである。

## 第113条［少数者学校の教員］

　少数者教育機関に十分な数の教員を用意するために，協定締約国は，次の方策を履行するものとする。

1. 少数者学校には，原則として，児童と同様少数者に所属し，少数者言語を完全に駆使できる教員だけを任用するものとする。

　少数者学校に任用されている，または任用される予定であるが，少数者言語が

第 2 章　国際連盟と上シュレジエン

まだ求められる水準に達していない教員のために，言語講座（Sprachkurse）を設置するものとする。
2. 当該国で発効している諸規定に従い，将来の教員に一般的学術的養成を行うために，少数者言語を授業言語とする［師範］学校を必要な数だけ設立するものとする。
3. 協定締約国一方の，公立国民学校教員としての任用資格は，住民投票地域の他方に所属する国の，少数者教育の任用資格を満たすものとする。公立国民学校への任用には，国籍の取得が求められなければならない。

## 第114条［経過規定――両国の義務，ドイツ側・ポーランド学校設立，ポーランド側・ドイツ語教育継続］

1. ドイツ政府は，住民投票地域のドイツ帰属部分で，1922/23年度内に，本章の想定する少数者教育機関を創出するため，必要な諸方策を取るものとする。
2. ポーランド政府は，住民投票地域のポーランド帰属部分で，ドイツ人児童になされているドイツ語による授業が，本章の想定する少数者教育機関が行う範囲で，教育行政上の困難がこれを妨げぬ限り，中断されぬよう配慮するものとする。【注】

---

【注】
1922. 5. 15のジュネーブ協定第114条2項叙述に関する［ポーランド国］シロンスク県知事命令（1922. 8. 21）

　少数者学校におけるドイツ人児童の授業中断を来さぬため，本官は，1922.5.15の「ポーランド・ドイツジュネーブ協定」第114条2項の執行のため，以下の如く定める：

1. 1922/23年度開始時に，［ポーランド国］シロンスク県上シロンスク部分のすべての国民学校で，ドイツ人児童数を確定する。もし，この児童数が，ジュネーブ協定第106,10［107の誤植］条規定を満たしているならば［40名，18名――小峰］，これら児童は，ドイツ語での授業を引き続き受けることとする。但し，本授業に関し，上記協定諸条に述べられた範囲においてであるが。
2. 郡学務委員（Kreisschulrat）が，児童数に対応し，かつ学校理事会（Schulvorstand）ないし教育委員会（Deputation）との合意に基づいて，ポーランド人ないしドイツ人児童を収容すべき校舎ないし教室を決定する。
3. 協定第106, 107条に基づく教育機関［少数者学校，少数者語教育，少数者宗教教育］の編成に関しては，特別諸規程を設けることとする。

シロンスク県知事
（署名）J. リュマー

資料1

〈資料1〉「上シュレジエンに関する[独・ポ]ジュネーブ協定」(1922.5.15)[抄]

### 第三節　専門教育，継続教育

#### 第115条［専門学校，継続学校の法的地位］

　少数者所属者のための公立専門学校，継続学校の設置は，協定締約国に義務づけられてはいない。しかし，もし，少数者所属者が十分な私立専門教育，継続教育を受けたならば，彼らは，これに対応する公立専門学校，継続学校への就学義務は免除される。

### 第四節　中間学校，中等学校

#### 第116条［両政府の特段の義務］

1. 言語的少数者の中間学校・中等学校分野の要求が，住民投票地域の特殊状況に鑑み，移行期間の間に特別の方法で解決されなければならないことを考慮して，協定締約国両政府には，その可能なる全方策によって，第117条から第130条の諸原則が，権限をもつ公権力に受容されるよう努めることが義務づけられるものとする。
2. この諸権力が案件を整理し終えるまで，両政府には，［本節の］以下の諸規定を適用することが義務づけられるものとする。

#### 第117条［中間・中等教育段階の少数者教育］

§1.

　本章の意味での中間学校，中等学校に該当するものとしては，住民投票地域で，現在国家高権移行期間中に有効な諸規定が定める，全種類の中間・中等教育段階の学校，ならびに，それ以後導入される種類の同一段階の学校が挙げられる。

§2.

　中間・中等教育分野での少数者要求に対しては，以下の少数者教育機関で対応するものとする。
a) 少数者言語を授業言語とする，中間・中等学校（少数者学校 Minderheitsschulen）。
b) 国家語公立学校に設置された，少数者言語を授業言語とする並行クラス（少数者学級 Minderheitsklassen）
c) 少数者授業（Minderheitsunterricht），つまり
1. 授業科目としての少数者言語授業（少数者語教育 Minderheitssprachunterricht）
2. 少数者言語による宗教授業（少数者宗教教育 Minderheitsreligionsunterricht）

#### 第118条［教育機関］

§1.

1. 国立中等学校が現存するところでは，最低300名の生徒の教育権者が支持した1申請に基づき，1国立中等少数者学校（höhere staatliche Minderheitsschule）が設立されるものとする。
2. 国立中等学校において，少数者学級は，下級各4学年で最低30名の生徒の教育権者が支持した申請に基づき，上級各学年で最低20名の生徒の教育権者が支持した申請に基づき，これを設置するものとする。
3. 少数者語教育は，最低25名の生徒の教育権者が支持した申請に基づいてこれを実施するものとし，少数者宗教教育は，最低18名の生徒の教育権者が支持した申請に基づいてこれを実施するものとする。

§2.
申請支持権が認められるのは，住民投票地域に住み，現在中等学校に通学している，ないしは学籍登録している，言語的少数者で国籍保有生徒の教育権者とする。

### 第119条［地域的収容特例］
1. 少数者学校は，そこに就学を検討している生徒の利益と合致するならば，他の場所に設置することも可能とする。
2. 独立校舎に少数者学校を設置するときは，少数者所属校長を特別に選任するものとする。もし，少数者学校が，国家語が授業言語である他の中等学校と空間的に同一である場合には，その外的運営を国家語校の校長に委ねてもよい。しかし，教育運営全般に関しては，少数者所属の校長を任命するものとする。

### 第120条［公立中間・中等教育機関（kommunale Einrichtung）］
同一段階の公立教育機関であれば，国立の少数者教育機関に代わりうるものとする。

### 第121条［本節諸規定充足の場合の国家当局の義務］
1. 協定締約国双方の所轄国家当局は，公立中等学校が現存する市町村に，第118条，第119条に定める条件が充足された場合，同条に定める中等少数者教育機関を市町村に創設するため，その全影響力と権限とを行使する義務を負う。
2. 同様のことは，［少数者］中間教育機関の条件についても当てはまる。つまり，その設立に，最低200名の生徒の教育権者の提案を必要とする少数者中間学校，ならびに最低35名の生徒の教育権者の提案を必要とする少数者［中間］学級についてである。

### 第122条［閉校］
1. 少数者教育機関は，もし，その生徒数が，その後3年間連続して開校時に想定した生徒数を少なくとも20パーセント下回ったときには，廃止してもよいものとする。

〈資料1〉 「上シュレジエンに関する[独・ポ]ジュネーブ協定」(1922.5.15)[抄]

2. 1年間に生徒数が半数減少した場合には，その年度経過後でも，この少数者教育機関を廃止してよいものとする。

### 第123条 [少数者所属教員]

中間・中等段階の公立少数者学校，ならびに少数者学級での授業に関しては，原則として，少数者に所属し少数者言語を完全に駆使できる教員だけを任命するものとする。

### 第124条 [旧地方からの採用]

第123条に掲げられた原則を貫くために，協定締約国双方は，以下の条件の下で，[住民投票地域の] 他方で教育活動に従事している教員を引き継ぐ用意があることを表明する (erklären; déclarer)；

a) 引受け国の教職採用は，教職開始から1936/37年度終了までの期間の私的契約とする。但し，契約は，期間満了以前に，引受け国による場合は半年前に当該年度末をもって，教員による場合は4分の1年前に，いつでも解約告知し得るものとする。
b) 引受け国は，それら教員に対して，少なくとも彼らが本国で要求しうるであろう最大額の給与を保証するものとする。
c) 教員は，引受け国における国家公務員宣誓を行うよう義務づけられてはいない。しかし，彼らについては，書面により，引受け国に対し教員としての義務を誠実，忠実に果たす旨の表明 (erklären; déclarer) を求めうるものとする。
d) 引受け国は，住民投票地域内において，教員を一の少数者学校から同一段階の別の少数者学校，ないし同一段階の別の少数者学級に，異動させる権限を持つものとする。
e) 教員は，彼らの本国に対しては，教職活動を退職したものと見做され，恩給ならびに遺族援護の期待権をもつものとする。異国の教職活動を退く場合は，自力で，本国の教職活動に復帰するものとする。異国での教職活動は，その給与ならびに期待権に関し，本国での教職活動と見做されるものとする。

### 第125条 [学校委員会]

1. 特別の学校委員会 Schulausschuss (管理委員会 Kuratorium, 教育委員会 Deputation 等) が存在する場合には，少数者学校ないし少数者学級生徒の教育権者は，適切な方法で，この委員会に代表参加するものとする。
2. 公立学校の学校委員会は，学校活動の内的・外的運営に適切に関わるものとする。取り分け，学校ならびにその施設の外部状態の保全は，同委員会に任されるものとする。それに使用できる公資金の出費に際しては，学校委員会に相応の協力を委ねるものとする。

## 第 126 条［学費］

公立中間・中等少数者学校就学に当たっては，国家語を授業語とする，同等の学校就学よりも高額の学費を徴収してはならない。少数者学級，少数者授業就学に当たっては，何等特別の学費を徴収してはならない。

## 第 127 条［試験言語］

少数者学校，ならびに少数者学級における国家試験［amtliche Prüfung ＝ アビトゥーア試験等］は，少数者語で行われるものとする。

## 第 128 条［少数者私立学校における国家資格の授与］

少数者私立学校での教育が，公立中間・中等学校の基準となっている要求を満たしたとき，この少数者私立学校は，中間・中等学校としての活動が承認され，その証明書，取り分け卒業証明書は，対応する公立学校と同一価値を持つものとする。

## 第 129 条［公資金補助］

もし，一の少数者私立学校が，国家高権移行に伴って現存公立中間・中等学校と代替したならば，それらは，以下の条件の下に公資金補助の期待権をもつものとする；
a) 教育活動から見込まれる収入では，必要不可欠な支出を賄えない場合。授業料収入の算定に際しては，少なくとも，同種の公立学校授業料水準を考慮するものとする。
b) かつまた国籍保有生徒数が，少なくとも総計 150 名に達するか，または下級各 4 学年の平均が最低 30 名，その他学年が最低 20 名に達する場合。

## 第 130 条［国庫補助，市町村補助］

§1.
1. 国庫補助は，同種ないし同段階の，公立学校または私立学校に保障されていると同一の原則によって，これを保障する。
2. 補助額算定に当たっては，公立学校と私立学校の，財政負担の相違を考慮しうるものとする。

§2.
1. 市町村財源からの補助は，域内に私立学校をもつ自治体ないし自治体連合が，同一段階の公立ないし私立学校に補助金を保障しているとき，または，学費収入では費用調達ができないか十分にはできない域内同一段階諸学校に費用補助を行っているときにのみ，保障されるものとする。
2. この補助の基準の一となるのが，生徒一人当たりの平均的補助金額，または費用補助額である。補助算定に当たっては，自治体ないし自治体連合に住む，国

〈資料1〉 「上シュレジエンに関する[独・ポ]ジュネーブ協定」(1922.5.15)[抄]

籍保有私立学校生徒だけを考慮するものとする。
§3.
3. しかしながら，国，自治体ないし自治体連合が，私立学校に収容している生徒数の一部を，当地の同等ないし同格の公立少数者学校，または同種ないし同段階の公立少数者学級に受け入れる意志を表明し（erklären; déclarer），かつ現在その状況にある場合，私立学校補助額は，当該生徒数に対応する額だけ減額することとする。

### 第五節　共通規定

第131条［児童の言語決定に際して［国内］少数民族所属の自由表明（Erklärung; déclaration）権の保障［？—小峰］，当局の干渉禁止］
1. 児童または生徒の言語が何であるかは，ただ，教育権者により口頭または文書で行われた表明（Erklärung; déclaration）だけで決するものとする。この表明（Erklärung; déclaration）が，文教当局によって再審査されたり否認されたりしてはならない。
2. かつまた文教当局は，少数者学校創設提案を撤回させることを目的として，提案者らに対していかなる影響力も行使してはならない。

第132条［授業言語としての少数者言語の概念］
§1.
本章に謂う，授業言語および授業科目としての少数者言語は，正則文書ポーランド語，ないし正則文書ドイツ語とする。
§2.
本章の諸規定により，少数者言語が授業言語であるところでは，少数者言語が，全授業科目の授業言語におよぶものとする——但し，すでに住民投票地域のポーランド帰属部分で，授業教科としてポーランド語が，ドイツ帰属部分で，授業教科としてドイツ語が導入されている場合には，これらの教科を除くものとする。
§3.
本章の意味での少数者語教育（Minderheitssprachunterricht）は，授業言語としての少数者語の中でも，教えられるものとする。

第133条［授業における国民的，宗教的感情の配慮規定］
1. 協定締約国双方は，住民投票地域のそれぞれの帰属部分の，全種類の学校の授業において，少数者の国民的，ないしは宗教的感情を傷つけうる，いかなる教科書，読本，ないしは実地教材も使用しない義務を負う。

2. かつまた協定締約国双方は，学校の授業において，生徒に対して不穏当なやり方で，他方の国民的，および文化的価値を貶めないように方策を講ずるものとする。

## 第五章　言語　［第 134-146 条］

### 第 134 条　［言語使用の自由の保障］

協定締約国双方は，少数者に所属する者が，彼らの個人的，経済的および社会的諸関係の中で，自由に彼らの言語を使用することを保障する。いかなる法律，命令も，この自由を侵害することは許されないものとする。

同様のことが，報道，全種類の出版，ならびに公的ないし私的集会における，言語の自由使用に対しても当てはまる。

## 第Ⅲ款　［第 147-158 条］　訴願と上訴　［以下大要］

### 第 147 条　［連盟理事会］
● 国際連盟理事会，訴願を判定。→訴願者政府に送付→コメントし（コメントせず）理事会に戻す。

### 第 148 条　［少数者局］
● 少数者局。両政府は少数者局を設立する。

### 第 149 条　［訴願］
● 訴願。少数者は政府への訴願権をもつ。行政官庁を経由し→自国の少数者局へ。→混合委員会委員長へ。不十分な時は，連盟理事会へ上訴可能。

### 第 150 条　［少数者局］
● 訴願は少数者局へ。訴願状（Eingabe）を 3 部作成。条件＝最高行政官庁の異議申し入れ。地方権限：地方監督官庁の異議。教育：学校監督官庁作成。住民投票地域外で官庁訴え：官庁の異議と共に。→条件満たさぬと却下。

### 第 151 条　［訴願長期］
● 不当に長期→検討要求できる。

### 第 152 条　［手続］
● 少数者局に訴願者不満→混合委員会委員長に「見解表明」（Stellungnahme）督促

〈資料1〉 「上シュレジエンに関する[独・ポ]ジュネーブ協定」(1922.5.15)[抄]

可。少数者局＝国家官庁を代表。

第153条　［混合委員会 Die Gemischte Kommission, La Commission mixte］
● 混合委員長＝全情報収集権。混合委員長→訴願者，少数者局に開陳可。吟味し聴聞。→少数者局に扱い方の方向明示。「見解表明」で完全解決も，部分解決もあり。

第154条　［少数者局］
● 少数者局→関係局に混合委員長「見解表明」の方向示す。これに基づき，如何に処理するべきか。

第155条　［訴訟期間］
● 基準の訴訟期間は，混合委員長が決定。

第156条　［非公開］
● 訴訟は非公開。混合委員長が決定＝「見解表明」を訴願代表者に回答するか否か，いつ回答するか。「見解表明」を出版するか否か，いつ出版するか。

第157条　［連盟理事会］
● 少数者局に，政府仲介で，連盟理事会での訴願継続要請あったとき→連盟理事会へ。

第158条　［仲裁裁判所 Das Schiedsgericht, Le Tribunal arbitral］
● 協定解釈問題に関わる判断，決定が求められる場合→関係者召喚の下で仲裁裁判所（Schiedsgericht）裁判長に委ねる。召喚→少数者に属する個人，協定締約国他方が請求可。
● 仲裁裁判所裁判長の解釈→上シュレジエン案件に関わる理事会決議も基礎に置く。ドイツ法，ポーランド法が本協定諸規定と合致するか否かは吟味しない。

## 第六部　混合委員会と上シュレジエン仲裁裁判所
### 第Ⅰ款　［第562-576条］　機構

第562条　［混合委員会］
● 本部：カトヴィッツ（ポーランド）
　・構成(5名)
　　委員長（他国籍1）［カロンデール Calonder（スイス）］, 混合委員会委員長＝ジ

ュネーブ協定策定交渉の議長であった］
　　　ドイツ人　　（2）――上シュレジエンに生まれた者，または関与深い者
　　　ポーランド人（2）――上シュレジエンに生まれた者，または関与深い者
●混合委員会→本協定諸規定に則り決議する。

## 第563条　［仲裁裁判所］
●本部：ボイテン（ドイツ）
　・構成（3名）
　　　裁判長（1，独ポ以外の他国籍）［ケーケンベーク（ベルギー），交渉の法的問題を処理してきた］
　　　ドイツ人裁判官　　（1）――自国の裁判官又は行政裁判官資格保有。専任。兼業は法職・学問職のみ可
　　　ポーランド人裁判官（1）――自国の裁判官又は行政裁判官資格保有。専任。兼業は法職・学問職のみ可
　・任期――3年，再任可。
　・解任――任期満了前に控訴裁判官と同様の理由，形式，官庁により解職可。
●仲裁裁判官は独立。他の指示に拘束されず。決定は協定に則り，また現行法（協定に抵触しない限り）に則ってなされる。現行法との一致は，現行法が協定に明瞭に排除されていない場合にのみ検討可。

## 第564条　［選出］
●ドイツ，ポーランド両政府→共同で連盟理事会に混合委員会委員長，仲裁裁判所長任命を要請する。
●混合委員会委員（2），仲裁裁判所裁判官（1）は両国が任命。

## 第565条　［発足］
●混合委員会委員長，仲裁裁判所長→公式には，ドイツ政府全権，ポーランド政府全権の協力によって発足。
　公式には混合委員会委員長→混合委員を採用。　仲裁裁判所長→裁判官を採用。

## 第566条　［代理要求］
●ドイツ，ポーランド政府→混合委員会委員長，仲裁裁判所長が，長期にわたる業務阻害のとき，連盟理事会に代理要求できる。両政府→その者が実際に代理者たりうることを確かめた後。
●仲裁裁判所裁判官1名，混合委員会委員1名が業務阻害のとき，両政府→委員代理を指名する。
・代理者――定められた資格を有し，専任勤務。兼業は法職・学問職のみ可，弁

〈資料1〉「上シュレジエンに関する[独・ポ]ジュネーブ協定」(1922.5.15)[抄]

護士・職業法律顧問は不可。

### 第567条　［委員による業務代行］
●混合委員会委員長，仲裁裁判所長が業務阻害のとき→混合委員会業務は，1ドイツ人と1ポーランド人2名の委員で（各執務年初に政府指名），仲裁裁判所業務は2名の裁判官で行う。

### 第568条　［官吏，補助者］
●両委員会に必要な官吏，補助者［ともに複数］→各委員長が任命。独ポ同数，両政府合意で。委員会の事務局長に，ドイツ人・ポーランド人は不可。
●両委員長→業務規則を定め，官吏・補助者は委員長に服す。両委員会官吏・補助者→委員長に対し，誓約でなく握手で職務遂行意志表す。
●各委員長→ポーランド人またはドイツ人の1官吏，1補助者を，所属国政府に連絡した後，解雇しうる。
●両委員会→自ら業務規則を定める。

### 第569条　［国家代表（1名）］
●国家代表＝各政府が任命。国家利益を代表。混合委員会，仲裁裁判所で国家を代表して主張。
　両政府→指名を両委員会委員長に行政文書で通告。解職のとき→新国家代表が，同様に執務に入るまで旧代表が有効。
●国家代表に必要な報告官［複数］，助手［複数］が付く。彼らに一般的ないし特定業務を委託可。

### 第576条　［公用語］
●混合委員会，仲裁裁判所の言語は次の通り。
●討論用語
・委員長は自国語で可。その他の官吏の公用語──ドイツ語またはポーランド語。
・説明，提案，決定，判決──ドイツ語またはポーランド語に翻訳。非官吏の人間──ドイツ語またはポーランド語で議論に加わりうる。両語のいずれも知らぬ者は不可。
・翻訳──1委員長，1委員（混合委員会または仲裁裁判所裁判官の），必要なら1通訳によって行われる。
・議事録──ドイツ語とポーランド語。
●内部語
・内部語──ドイツ語またはポーランド語で可。
・通達，掲示──ドイツ語とポーランド語。

・両委員会の置かれている場所の国家公用語を第一とする。
　混合委員会［カトヴィッツ］――ポーランド語
　仲裁裁判所［ボイティン］――ドイツ語
● 外部語
・訴願――混合委員会宛または仲裁裁判所宛訴願状は，ドイツ語またはポーランド語。回答――同語で。官庁への通知等――ドイツ当局宛はドイツ語で，ポーランド当局宛はポーランド語で。

## 第Ⅱ款　［第 577-606 条］　訴訟手続，権限

### 第一章　混合委員会

#### 第 577-585 条　訴訟手続，権限

**第 577 条　［混合委員会］**
● 国家代表――請求で始動。文書訴願。訴願→指定の請求が必要。
● さらなる訴願要件。
・事実記述
・立証方法
・依拠する協定条文
● 国家代表――請求撤回可（受理前）。受理後→相手国代表の承認で撤回可。

**第 578 条　［訴願適格性吟味］**
● 混合委員会委員長――訴願適格性吟味
　① 混合委員会提出訴願が第 577 条要件を備えるか
　② 権限ある人物により提出されたものか。
　混合委員長→第 577 条要件 1，2 項（国家代表請求，文書訴願）を備えぬとき却下しうる。欠格修正期間を定め，それ以後は却下を命じうる。それ以外の第 577 条要件を備えぬ場合→訴願の瑕疵修正を命じうる。
● 受理のとき→混合委員長，直ちに正副報告官を決定する。
・正報告官――訴願国側
・副報告官――被告国側

**第 579 条　［受理後］**
● 混合委員会――訴願の正当性を口頭議論で確定する　→議論には，両国代表と他の関係者を招く（関係者は両当事者から，ないしその招待が協定に定めあるとき）。
● 弁論――非公開。はじめに正副報告官，両当事者が弁論を行う。

〈資料1〉 「上シュレジエンに関する[独・ポ]ジュネーブ協定」(1922.5.15)[抄]

●関係者――弁論可。

第580条 ［諮問］
　●混合委員会――訴願鑑定のため，次の各機関に意見を求めうる。
　・仲裁裁判所
　・裁判所［一般］
　・行政官庁
　●行政官庁――この要請に応じるものとする。

第581条 ［専門家鑑定］
　●混合委員会――訴訟のどの段階でも，全会一致で，技術的または算定的問題を，1ないし複数の専門家に質問しうる。
　●鑑定　→混合委員会へ。混合委員会→鑑定が協定諸規定の法的錯誤に立脚していないか判定（議論ぬきで）。
　●いかなる法的錯誤もなきとき→混合委員会は鑑定を確定。
　　そうでない場合→混合委員会は鑑定変更目的で差し戻し，ないし同鑑定を破棄し，自力鑑定しうる。

第582条 ［緊急解決策］
　●本協定は，2国間，2政府間での合意締結，協定諸規定の早期実施を念頭に置いている。相当なる期間をかけ，これの遅滞が生じないように→混合委員会，緊急合意が必要不可欠なら，両国に調整を提起しうる（協定逸脱は留保し）。
　●提案→1月以内に両国から異議なければ，双方受容。
　●提案受容→協定相当。両シュレジエンの官報で公刊する。
　●混合委員会の調整案→両国が合意不可欠で，混合委員会権限として同意あれば，上シュレジエン分割に発する他の問題にも調整を提起しうる。

第583条 ［混合委員会権限］
　●本章以外の部分にも――混合委員会権限定む。

第584条 ［決定実施］
　●両政府→混合委員会決定に対応する措置を直ちに実施。
　●国家代表→混合委員会に，決定実施の最新情報を提供する。

第585条 ［国家代表］
　●混合委員会委員長→協定相違あるとき，国家代表に注意を促しうる。
　●国家代表→政府に直ちに連絡。

## 第二章　仲裁裁判所

### 第 587-595 条　訴訟手続，権限

#### 第 587 条　［仲裁裁判所］
- ●両国の仲裁裁判所における代表者――弁護士または大学教授（私講師）
  営業保護に関しては――弁理士
  他の代表者――仲裁裁判所規則で定める。
- ●国が当事者のとき→国家代表が代弁。

#### 第 588 条　［協定解釈問題］
- ●上シュレジエン案件で判決，決定が本協定解釈に関わるとき→二審弁論終了まで，協定解釈問題を仲裁裁判所に提訴可。（上級審移送 Evokation）
- ●上シュレジエン案件とは次のもの，
  ①一審が住民投票地域内の
   ・全種類の裁判所（行政裁判所含む），または行政官庁（上級官庁の指揮拘束下でないもの）係属の案件
  ②一審が住民投票地域外の全種類の裁判所（行政裁判所含む），または上級官庁の指揮拘束下にない行政官庁係属案件であるが
   ・案件の発生が住民投票地域内で，これらの管轄が上記裁判所，行政官庁である案件
- ●裁判所または行政官庁が提訴拒否する場合，
  ①同所・庁が解釈問題判決・決定の係属を拒否したとき，または
  ②協定規定による上送は容れられぬと判断したとき
- ●提訴拒否しうる場合：
 ・仲裁裁判所→すでに協定解釈問題に判断を下し，それを公刊済の場合，または，明らかに遅延目的の提訴のとき
- ●前項 2 規定の不当適用→両国州裁判所または州官庁により，手続きの本質的瑕疵と見做される。
- ●仲裁裁判所解釈→一般州裁判所，行政官庁の判断を拘束する（協定に別の定めなきとき）。

#### 第 589 条　［仲裁裁判所提訴］
- ●裁判所または行政官庁→上シュレジエン案件で仲裁裁判所が管轄と考えたなら，二審判決・決定前に仲裁裁判所に判断を託しうる。
  国家代表の申請→案件は仲裁裁判所提訴とする［義務規定］。

〈資料1〉 「上シュレジエンに関する[独・ポ]ジュネーブ協定」(1922.5.15)[抄]

●仲裁裁判所が管轄と認めたとき→案件は上程状態で仲裁裁判所が引き継ぐ。

第590条　[管轄権]
●仲裁裁判所の管轄権→州裁判所・行政当局管轄権に抵触するのは，協定規定に定めあるときのみである。
●仲裁裁判所管轄権→両当事者の合意で，協定が定めた仲裁裁判管轄権範囲を拡大することはできない。
●特定案件→両当事者の合意により，仲裁裁判管轄権に代わり，州裁判所・行政当局管轄権を定めうる。

第591条　[決定の適用範囲]
●仲裁裁判所決定→両国で両当事者だけに，また，決定の下された案件だけに適用。
●仲裁裁判所による国籍決定→住民投票地域の当事者につき協定第二部ないし588条に基づき，仲裁裁判所が下した国家所属決定⇒絶対的確定力もつ。

第592条　[決定の拘束力]
●基本的決定→仲裁裁判所がドイツ語，ポーランド語の法令集で出版。
●一般裁判所，または行政官庁が，1上シュレジエン案件で，公刊された決定を外れた希望あるとき→仲裁裁判所に理由を付し申請。仲裁裁判所の判決は，一般裁判所，行政官庁を拘束。

第593条　[決定履行]
●仲裁裁判所決定→決定が実施される国の国家代表の提起により，必要な方策履行。実施方策は，当該国州当局の条件，形式，決定の範囲で。

第594条　[再審条件]
●仲裁裁判所→手続き規則を作成し，再審条件を明示する。

第595条　[訴訟費用]
●仲裁裁判→費用徴収可
●経費無料──[ドイツ]国，邦，州財務行政，ならびにポーランド国，シロンスク県財務行政
●業務規則→手数料，費用につき，額，種類等を明記する。
●第593条[決定履行]諸条項→費用決定に関し，相応の適用を行う。

## 第三章　混合委員会，仲裁裁判所に関する共通規定
### 第 596-605 条　訴訟手続法に関する原則ならびに規定

第 596 条　［訴訟手続規則］
- ●両委員会（混合委員会，仲裁裁判所）→第六部の諸原則，規定のもとに訴訟手続規則を自身で作成。
- ●訴訟手続規則→両国法令集で公刊する。公刊の 14 日後に発効。
- ●規則発効まで→両委員会が訴訟を規律する。
- ●訴訟手続規則変更→上記同様適用。

第 597 条　［裁判所，行政官庁による案件取組］
- ●両委員会委員長→両委員会招集前に，下記諸機関の案件取組状況を鑑定。
- ・仲裁調停機関，中間裁判所，第一審地方裁判所または地方当局
　疑義あるとき→委員長は申し立てを不受理。

第 598 条　［構成と決定］
- ●第六部に別の定めなきとき→両委員会は全員参加。
- ●決定→多数決。
- ●両委員長の委員会議論準備と指揮の限界──手続規則，業務規則に明示する。

第 599 条　［仮決定］
- ●混合委員会，仲裁裁判所→必要なとき仮決定可。特に，早期方策が権利擁護，損害回避に不可欠な場合。
- ●仲裁裁判所仮決定→暫定処置，現状保全の仮処置に留まる。

第 600 条　［旧ドイツ資産取得問題棚上げ］
- ●混合委員会，仲裁裁判所決定→ヴェルサイユ条約第 256 条［ポーランド帰属地の旧ドイツ資産取得］解釈に関わるとき，訴訟停止。

第 601 条　［証拠収集］
- ●混合委員会，仲裁裁判所→証拠収集可。特に住民投票地域に住む証人，専門家に宣誓尋問可。証人は自由通行権を得る。
- ●宣誓→民事裁に準ずる。宣誓違反，不正証言は協定締約国により罰せられる。自国官庁への違反行為も同様。
- ●住民投票地域の証拠→混合委員会または仲裁裁判所が，機関として，またはそ

〈資料1〉 「上シュレジエンに関する[独・ポ]ジュネーブ協定」(1922.5.15)[抄]

　　の中の委託者により，ないし国家代表によって収集しうる。
　　住民投票地域外の証拠→混合委員長または仲裁裁判所長が，国家代表に命じて管轄当局から収集する［義務規定］。
- ドイツ，ポーランド州官庁→両委員会に無料で公務援助。費用と州官庁立替金は両委員会に貸方記帳。ただし州官庁の鑑定立替金→国際裁判所から費用支払い。

第602条　［罰則］
- 欠席，不服従，証言・宣誓拒否→裁判所構成法，民事訴訟規則により処罰。
- 混合委員会または仲裁裁判所の要請→当地の区裁判所が処罰。
- 罰金刑→国の権限。国が取り立て。

第603条　［告知］
- 混合委員会または仲裁裁判所に関わる告知，送達，召喚→混合委員長または仲裁裁判所長が国家代表に要請→実行

第604条　［両委員会の管轄権］
- 両委員会→事務手続管轄権を吟味。
- 混合委員会が決定した管轄権→仲裁裁判所を拘束する。

第605条　［両委員会と国家官庁との権限］
- 混合委員会または仲裁裁判所と，国家官庁の権限をめぐり対立が生じたとき→両委員会が国家官庁に優先する。
- 本決定の法的効力→国内裁判管轄問題と同様。

## 終末規定

第606条
1. 混合委員会，仲裁裁判所，本協定に定められた調停機関→国家高権移行後15年で終了。
2. 混合委員会→この期間後，決定は行わない。
3. 仲裁裁判所→係争問題を終わらせる。
4. 決定の適用，実施→第593条の方式に準ずる。［決定→国家代表提起→州当局］
5. 両委員会の財産清算→両政府が協議し，特別告知で定める。

- 本協定→速やかに批准。批准書をオペルン（ドイツ）で交換する。

第2章　国際連盟と上シュレジエン

- ●本協定→連合国上シュレジエン統治・住民投票委員会が，協定締約国双方にヴェルサイユ条約第 88 条付録第 6 条 1，2 項に定める施政引継通牒を届けてのち，速やかに発効する。
- ●両国全権→本協定に署名，封印。
- ●1922 年 5 月 15 日ジュネーブにて斯く成立→原本 3 部作成。うち各 1 部は協定締約国双方［ドイツ，ポーランド］が保管，そして第 3 部は国際連盟事務局文書館で保管する。

## 最終議定書

上記協定署名に当たり，締約国双方は，以下につき合意する。
8. ドイツ政府は，ポーランド政府が，少数者教育機関の要請に応えられるよう十分な教員を国民学校に任官させるということを，信頼するむね表明する (sprechen; exprimer)。
ポーランド政府は，個別の事例の検討を条件として，求められる数の教員を任官させることを意図しているむね，表明する (erklären; déclarer)。
14. 締約国双方は，中間・中等学校関係に関する諸規定は，「相互性原則」(Gegenseitigkeit) の前提の下で，合意していることで一致している。
15. 本協定のいかなる規定も，第 65 条から第 72 条の諸規定［＝ポーランド条約の諸規定］を，いささかも変更するものではない。

（出所：Junckerstorff，Kaeckenbeeck）

---

＊凡　例
・［　］は小峰の補足，説明。（　）は原文綴り等を表す。条文タイトルは小峰。
・「ジュネーブ協定」の訳出にあたっては，ユンカーシュトルフの著書に収められているドイツ語テキストを基本とし（「ジュネーブ協定」の正文はフランス語であるが），ケーケンベーク著書のフランス語，英語テキスト（第三部のみ）も参照した。また，必要に応じてユンカーシュトルフのテキストが載せていない条文を後者から補った。

## 第3章
# ポーランドの国民教育建設
―「シロンスク県教育令」(1922.8.21)―

シロンスク県第6代知事
ミハウ・グラジュインスキ（Michał Grażyński, 1890-1965)
● 1920年代「シレジア蜂起」英雄
● 1926.9.6 知事就任（ピウスツキ支援下）
● シロンスク県知事時代（1926-1939）――ポーランドに帰属した旧ドイツ領上シュレジエンのドイツ人に対する報復措置苛烈。この苛烈政策は，親ドイツ的ではないポーランド人政治家［コルファンティら］からさえも厳しく批判された。
● しかし他面，工業の近代化とインフラ拡充には寄与。
● 1939年9月　情報大臣。ナチスドイツの侵攻に直面し祖国脱出。
● ロンドンへ亡命，ポーランド亡命政府の庇護を受ける。政治からは身を引き，二度と祖国へは帰らなかった。

（出所：Stauffer, S. III）

（出所：Recke, S. 139; Urban, 2004, S. 35）

## はじめに

　本章の資料は，ポーランド側の「シロンスク県教育令」(1922.8.21, 12.29, 1924.6.26) である。前章は，シロンスク問題を国際連盟の側の状況に即して述べたものであるが，本章は，これを主としてポーランド側の状況に即して考えてみようとするものである。

## 1. シロンスク県教育令まで

　「シロンスク県教育令」は，ポーランド国初代シロンスク県知事リュマーが，

第3章　ポーランドの国民教育建設

今までのドイツの学校制度に取って代わる，シロンスク県におけるポーランド教育の基本方針を定めたものである。それとともに，残存する従来のドイツ学校制度を「ジュネーブ協定」（1922.5.15）に基づいてドイツ系少数者学校として再編する，ないし新たに創設する際の基準と原則とを定めたものである。

> 第1条　［公立学校の授業言語＝ポーランド語］
> 　シロンスク県上シロンスク部分の全公立学校の授業言語は基本的にポーランド語とする。
> 　学校でのポーランド語授業［国語］およびポーランド語使用に反する全ての命令は，本令をもって廃止されるものとする。
> 第2条　［国民学校はポーランド語］
> 　国民学校においては，すべてのポーランド人児童にポーランド語で授業が行われるものとする。

　第1条で，上級学校等を含めすべての公立学校の授業言語をポーランド語とし，続く第2条で，初等教育においてはポーランド人児童には例外なくポーランド語によって授業が行われると定めた。これは，新生ポーランドにおける新しいポーランド国民教育を宣言したものである。ポーランド人の教育がポーランド語によってなされる——まことに当たり前で，一見何の変哲もない規定である。しかし，ここに至る道は，まさに茨の道だったのである。

(1) ベーメン，ボヘミア，オーストリア支配

　ヨーロッパの中央に位置するポーランド。シロンスク（ポーランド名。独名シュレジエン，英名シレジア）はその西南方，チェコとの国境付近に位置する高地である。ポーランドの東南方，現在の西ウクライナあたりがスラブ民族の原郷といわれるが，そこから原スラヴ人が分化し，ポーランド人はチェコ人，スロヴァキア人，カシューブ人などとともに西スラブ人を成している。この西スラブの西方にドイツ人，オーストリア人などのゲルマン民族が暮らしており，西スラブ民族とゲルマン民族との接触点であるポーランド，なかでもシロンスクは，両者の鬩ぎ合いの中に歴史を築いてきた。近代のポーランドはさらに，

北を強国ロシア，南をオーストリア・ハンガリー帝国（ハプスブルク家）に囲まれた。世界史の中でポーランドほど国境線の変転した国はないが，その理由は，ポーランドの位置しているこのような地理的条件，そしてまた，近代以降には，経済的ならびに政治的条件が重なり，ポーランド，シロンスクはまさに強国に翻弄されるのである。

シロンスクは，初期の時代にはメーレンとベーメンに帰属した（879-992）。次のベーメン，ポーランドとの争奪時代（900 頃-1137 まで）を経て，12 世紀にポーランド王国が成立したときから，ポーランド・ピャスト家統治下（1137-1335）。この間，1241 年のモンゴル襲来による荒廃後，ピャスト家諸侯は復興のためこの地にヨーロッパから移民を誘致する。その結果，シロンスクには，次第にドイツ人が増え，ドイツ語ドイツ文化が拡大した。14 世紀に，シロンスクはボヘミア王国帰属となる。ボヘミア王カレル 1 世が神聖ローマ帝国皇帝（カール 4 世）となり，同地はボヘミア王国に統合された。シロンスクをめぐり領有を争っていたポーランド王国は，国内発展のためボヘミア王国との争いを休止，シロンスクの神聖ローマ帝国帰属を承認した（1335-1526）。その後，ドイツ人移民は増え続け，「ポーランド人」住民も次第にドイツ語ドイツ文化に同化。16 世紀にハプスブルク家がボヘミア王位を獲得し，ここに，シロンスクはハプスブルク君主国に組み入れられたのである（1526-1742）。そして 18 世紀，マリア・テレジアの皇位継承に対する介入戦争，オーストリア継承戦争（1740-42 年）で，プロイセンのフリードリヒ 2 世（大王）がシロンスクを割譲させて以来，この地は，プロイセン領有となったのであった（1742-1918）（日本ウィキペディア，ドイツ Wikipedia 参照）。

しかし，この強国に支配されるポーランドを，ルソー（Jean-Jacques Rousseau, 1712-1778）は別の目で見ていた。ルソーは，強国に蹂躙されるポーランド国民を「受苦の民」と捉え，しかし，その中において，ポーランドは，内面的には市民の美徳と愛国心［文化，教育］，外面的には小国家化と連邦制［政治制度］に依りながら，独自の理想社会となりうることを展望したのである[1]。

※ポーランド (Poland, Polen, Pologne) とは,「平地」の意である。1989-1990年にドイツ・(西) ベルリンで在外研究を行っていた私は,中古のメルセデスを駆って,「東欧革命」の熱気冷めやらぬポーランドを短期訪問したことがある。ベルリンの南部国境を出て欧州自動車道路E40号線を東進したのだが,道路は行けども行けどもただただ平坦で,これをしも「平地の国」とはまことに言い得て妙と思ったことである。しかし,半日かけてブワツワフ (ブレスラウ) を過ぎシロンスクに入る頃には辺りは次第に山地となり,中心都市カトヴィツェ (カトヴィッツ) には涼やかな林が広がっていて,そこは日本の軽井沢を思わせるような高原都市だった。けれども,郊外にはボタ山が築かれて石炭臭が辺りを覆い,カトヴィッツはたしかに工業の街であった。その後20年を経て,このシロンスクのドイツ系住民の教育について調べることになろうとは当時は全く予想もしなかった。しかし今思い返してみると,独ポ混合委員会委員長カロンデール (元スイス大統領) はスイスからこの地に居を移して,独ポ両少数者教育実現に尽力したのだと,その情景が浮かんで来る。記憶と歴史とが交錯し感慨に堪えない。

## (2) プロイセン,ドイツ帝国における「ドイツ化」

シロンスクを領有したプロイセンは,この地の産業育成とドイツ化,プロテスタント化をすすめた。

そもそもシロンスク地方は首都ベルリンからは遠く隔たった農業地であったのだが,近代になると鉄道によって相互に結びつけられ,石炭を始めとするこの地方の豊かな資源はプロイセン,ドイツの産業発展の原動力となった。「この150年の間にドイツ文化とドイツの開拓活動は,鬱蒼とした森と沼沢に覆われ交通も最悪の貧しい土地の中から,輝かしい産業地域を生み出したのである」と『上シュレジエンとジュネーブ仲裁裁定』の一節は述べている[2]。上シュレジエンが,ドイツの産業化とともにその相貌を変えていったのは事実である。

---

1) ルソー「ポーランド統治論 (1771)」(『ルソー全集』第五巻,白水社,1979) 参照。
2) Göppert, et. al. (Hrsg.): Oberschlesien und der Genfer Schiedsspruch. Berlin : H. Sack, 1925, S. 53.

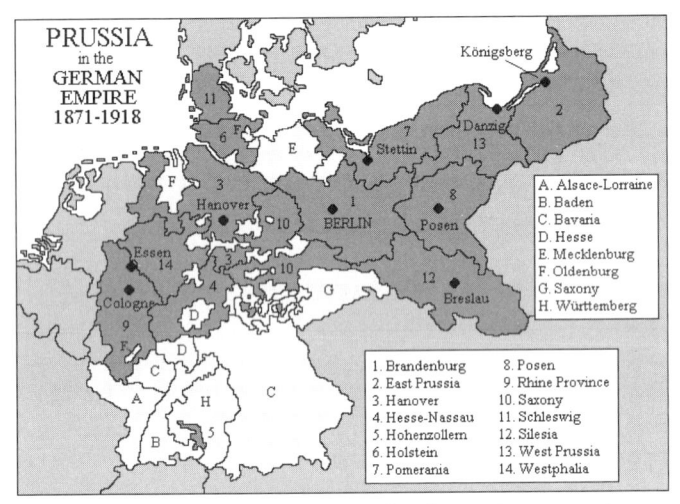

図3-1. ドイツ帝国におけるプロイセン（1871-1918）
（出所：ウィキペディア「旧ドイツ東部領土」）

①人口増

まず，人口増。対ナポレオン戦争敗北を契機に始まる「プロイセン改革」によって農奴解放が行われ，人格的自由を獲得した農民層を中心に人口が急激に増大した。19世紀中葉から20世紀初頭までの，「上シュレジエン州部分」人口に占めるドイツ人とポーランド人人口につき，約10年間隔の変化を求めると表3-1の通りである。

> ※かつてウェーバーは，1895年フライブルク大学教授就任講演「国民国家と経済政策」において，ドイツ東部（西プロイセン州）において，文化水準の高い地域からドイツ人が流出し，他方，地味劣等の地でも増大するポーランド人勢力によって新教徒ドイツ人が多数派民族（すなわちカトリックのポーランド人）に「吸収されてしまう」脅威に着目して，「自分たちよりも劣った人種」に対するには，東部国境の閉鎖，ならびに，王領地を国家が買い上げ，ここにドイツ人植民を行え，と述べたのだった[3]。ウェーバーの研究は西プロイセン州を対象としたものであるが，ポーランド人の占める割合の多い東部

---

3) ウェーバー『国民国家と経済政策』未来社，1959，27-32頁。

表3-1. 上シュレジエン州における
ドイツ人ポーランド人と増加数（1840-1910）

| 年 | ドイツ人 | 増加数 | ポーランド人 | 増加数 |
| --- | --- | --- | --- | --- |
| 1849 | 350,829 |  | 559,848 |  |
| 1861 | 409,218 | 58,389 | 665,865 | 106,017 |
| 1867 | 457,545 | 48,327 | 742,153 | 76,288 |
| 1890 | 556,523 | 147,305 | 918,728 | 252,863 |
| 1900 | 684,400 | 127,877 | 1,048,213 | 129,485 |
| 1910 | 884,045 | 199,645 | 1,169,340 | 121,127 |

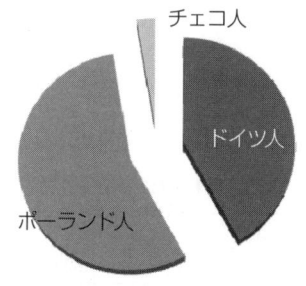

図3-2. 民族割合（1910）
（Glück, S. 435 を元に小峰作成）

4州（東プロイセン州，西プロイセン州，ポーゼン州，シュレジエン州）において，状況は似たものがある。

これらいずれにおいても，民族判定は「母語」によって行われている。したがって，上シュレジエンにおいてドイツ語母語者（＝ドイツ人）の数はポーランド語母語者（＝ポーランド人）の6-8割にしか過ぎなかったといえるのである。1840年には，ドイツ語人口［この中には相当数のポーランド人（スラブ人）も含まれると考えられる］は36.80％であるのに対し，メーレン語，ベーメン語を含むスラブ語人口合計は63.20％。つまり，ドイツ語母語者（＝ドイツ人）は総人口の4割以下であった[4]。

②教育状況

次に，教育状況を見てみよう。

コスラー『上シュレジエンにおけるプロイセン民衆学校政策 1742-1848』(1929) によると，1816-1840 年に人口は 498,130 人から 897,064 人へ約 40 万人増（増加率 80.0％）。これに対応して就学児童数も 1816 年の 62,976 名から，1840 年に 168,677 名に増加した[5]。増加率約 126.5％。だが，学校はこのとき十分な教師を調達できず，教員数は 768 名から 1,287 名へ 67.5％の増に留まっていた。その後 19 世紀の後半になって教員の増員が実現され，1864 年から 1901 年にかけて 165％の増加となっている[6]（当時の教育条件は劣悪で，1 人の教師が 100 名以上の児童の教育を行っている。ヒッペル（Hippel）は，1826 年に「教員 1 人あたりの望ましい児童数は 50 名から 80 名」と述べていた[7]）。

表 3-2. 上シュレジエンにおける教育状況 (1816-1840)

| 年 | 総人口 | 就学児童数 | 教員数 |
|---|---|---|---|
| 1816 | 498,130 | 62,976 | 768 |
| 1840 | 897,064 | 168,677 | 1,287 |
| 増減 | 約 40 万人 | 約 10 万人 | 519 |
| 増加率 | 80.00％ | 126.50％ | 67.50％ |

(Kosler, S.215 を元に小峰作成)

③宗教状況

そして最後に宗教状況。この土地の宗教状況は，1826 年の段階で図 3-3 の通りである。

「教会の絆の方が民族の絆よりも強い」（ウェーバー）。その後，プロイセン

---

4) Alois M. Kosler: Die preußische Volksschulpolitik in Oberschlesien 1742-1848. – 2. Aufl., Sigmaringen : J. Thorbecke, 1984, S. 219.
5) A. a. O., S. 215.
6) A. a. O., S. 350.
7) A. a. O., S. 215.

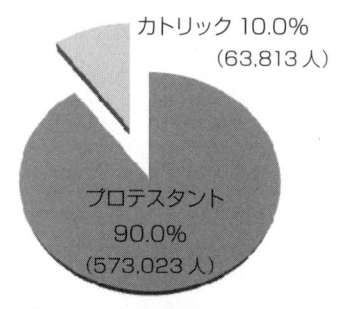

第 3 章　ポーランドの国民教育建設

図 3-3. 宗教状況（1826）
カトリック 10.0%（63,813 人）
プロテスタント 90.0%（573,023 人）
（Kosler, S. 216 を元に小峰作成）

政府は「カトリック教徒のドイツ人が民族的文化共同体から脱落してゆく」のを防ぐため，教育振興を図るとともにカトリック教会の影響力を学校・教育から排除していくのである。ドイツ帝国宰相オットー・フォン・ビスマルクによって推進された「文化闘争」(1871-1878) は，東部諸州でとりわけ苛烈な文化政策，言語政策による「ドイツ化」運動として展開された。その結果，教育・学校領域においてはカトリック聖職者の学校監督が排除されて，ここに教育・学校は教会の営みから国家の営みへと転換するのである（教育の国家化）[8]。

④同化教育

『ドイツ教育史ハンドブック』は，今日標準的なドイツ教育史通史であるが，それの，第 3 巻 1800-1870 は，ドイツ教育の「近代化」を扱っている。その中の記述で特に注目されるのが，プロイセン邦の 19 世紀後半における就学督励策である。プロイセンは，ナポレオン戦争後の 1816 年に，就学義務児童中，

---

[8] 梅根悟「二重言語学校問題」『近代国家と民衆教育——プロイセン民衆教育政策史——』（誠文堂新光社，1967），遠藤孝夫『近代ドイツ公教育体制の再編過程』（創文社，1996），割田聖史「〈境界地域〉を叙述する——オストマルク協会編『ドイツのオストマルク』(1913 年) を読む——」(『群馬大学国際教育・研究センター論集 9』, 2010) ほか参照。

邦全体で平均して僅か 54.1％しか初等学校（Elementarschule）に就学していなかった。このとき，西南のカトリック諸邦の就学率は遥かに高く，ザクセン邦の初等学校就学率は 80％以上であった。プロイセンの場合，比較的高いライン州で約 50％，西プロイセン州は 40％，ポーゼン州はさらに低かった。その原因は，州内の非ドイツ人比率の高さであった。そのためプロイセンは，「特にポーランド人の多い東部で就学振興をはかり，その結果，1871 年には就学率がプロイセン総計で 86.3％にまで達するのであった」[9]。参考までに，1871 年におけるプロイセンの「非識字」の状況を見ると次のごとくであった。

プロイセンの就学督励は，特に東部 4 州のポーランド人の同化政策であった。

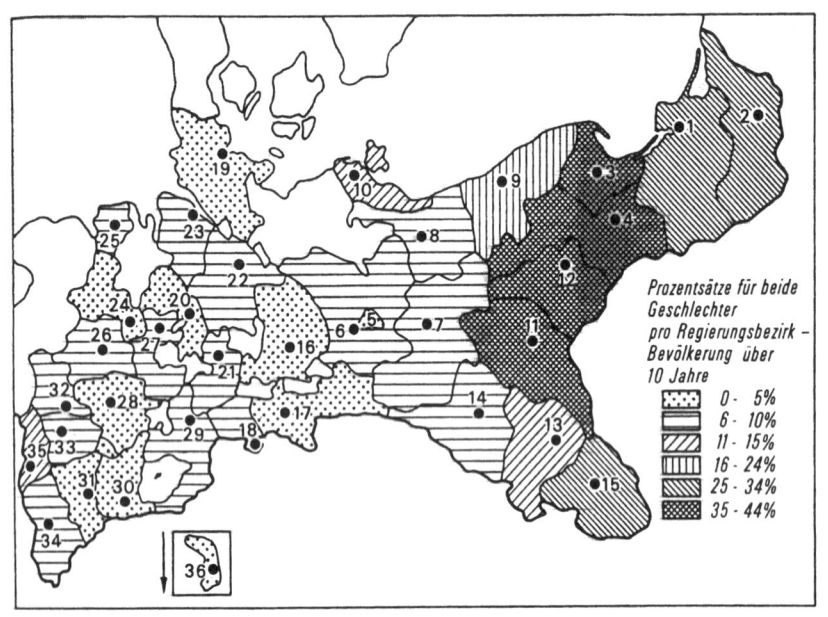

図 3-4. プロイセンの 10 歳以上男女の地域別非識字率（1871 年）
(出所：Jeismann/Lungreen, S. 129)

---

9) Jeismann/Lungreen（Hrsg.）: Handbuch der deutschen Bildungsgeschichte. Bd. III, München, 1987, S. 127.

第3章 ポーランドの国民教育建設

表3-3. プロイセンの10歳以上男女の非識字人口割合（1871年）

| 州 | 番号 | 州名，県名 | 全人口（人） 州 | 全人口（人） 県 | 非識字者割合（%） 男子 | 非識字者割合（%） 女子 | 非識字者割合（%） 合計 |
|---|---|---|---|---|---|---|---|
| I | | プロイセン州： | 3,137,545 | | 29 | 35.7 | 32.5 |
| | 1 | ケーニヒスベルク | | 1,080,210 | 23 | 29.3 | 26.3 |
| | 2 | グンビネン | | 742,724 | 27.4 | 34.8 | 31.3 |
| | 3 | ダンチヒ | | 525,012 | 32.4 | 39.4 | 36 |
| | 4 | マリエンヴェルダー | | 789,599 | 36.4 | 43.3 | 40 |
| II | | ブランデンブルク州： | 2,863,229 | | 4.6 | 9.1 | 6.8 |
| | 5 | ベルリン | | 826,341 | 2 | 3.2 | 2.6 |
| | 6 | ポツダム | | 1,002,368 | 4.8 | 9.6 | 7.2 |
| | 7 | フランクフルト（オーデル） | | 1,034,520 | 6.3 | 13.4 | 10.2 |
| III | | ポンメルン州： | 1,431,633 | | 9.6 | 16.7 | 13.3 |
| | 8 | シュテッティン | | 671,029 | 6.6 | 12.6 | 9.7 |
| | 9 | ケスリン | | 552,263 | 12.8 | 20.2 | 16.7 |
| | 10 | シュトラールズント | | 208,341 | 11.2 | 20.1 | 15.9 |
| IV | | ポーゼン州： | 1,583,843 | | 34.2 | 43.9 | 39.2 |
| | 11 | ポーゼン | | 1,017,194 | 32.6 | 41.4 | 37.2 |
| | 12 | ブロンベルク | | 566,649 | 37 | 49.8 | 42.9 |
| V | | シュレジエン州： | 3,707,166 | | 12 | 18.3 | 15.3 |
| | 13 | ブレスラウ | | 1,414,583 | 8.1 | 13.6 | 11 |
| | 14 | リグニッツ | | 983,020 | 5.8 | 10 | 8 |
| | 15 | オペルン | | 1,309,563 | 21.4 | 30.5 | 26.2 |
| VI | | ザクセン州： | 2,103,174 | | 3.3 | 6.6 | 5 |
| | 16 | マクデブルク | | 854,591 | 3.4 | 6.4 | 4.9 |
| | 17 | メルゼブルク | | 879,230 | 3.1 | 6 | 4.6 |
| | 18 | エルフルト | | 369,353 | 3.5 | 8.3 | 6 |
| VII | 19 | シュレスヴィヒ・ホルシュタイン州： | 995,873 | 995,873 | 3.8 | 6 | 4.9 |
| VIII | | ハノーヴァー州： | 1,960,747 | | 5.2 | 9.7 | 7.5 |
| | 20 | ハノーヴァー | | 404,968 | 4.3 | 7.2 | 5.7 |
| | 21 | ヒルデスハイム | | 406,895 | 6.4 | 14.7 | 0.7 |
| | 22 | リューネブルク | | 384,205 | 4.5 | 8.5 | 6.5 |
| | 23 | シュターデ | | 302,801 | 5.6 | 9.9 | 7.8 |
| | 24 | オスナブリュック | | 268,665 | 4.1 | 6.2 | 5.2 |
| | 25 | アウリヒ | | 193,213 | 6.9 | 10.8 | 8.9 |
| IX | | ヴェストファーレン州： | 1,775,175 | | 5.1 | 8.1 | 6.6 |
| | 26 | ミュンスター | | 435,805 | 5.2 | 7.6 | 6.4 |
| | 27 | ミンデン | | 473,555 | 6.6 | 10.3 | 8.5 |
| | 28 | アルンスベルク | | 865,815 | 4.3 | 7.1 | 5.6 |
| X | | ヘッセン=ナッサウ州： | 1,400,370 | | 3.5 | 7.1 | 5.4 |
| | 29 | カッセル | | 767,362 | 4.6 | 10 | 7.5 |
| | 30 | ヴィースバーデン | | 633,008 | 2.1 | 3.5 | 2.8 |

| | | | | | | | |
|---|---|---|---|---|---|---|---|
| XI | | ラインラント州： | 3,579,347 | | 6.1 | 11.4 | 8.8 |
| | 31 | コブレンツ | | 555,194 | 3.5 | 6.9 | 5.2 |
| | 32 | デュッセルドルフ | | 1,328,324 | 6.4 | 11.6 | 8.9 |
| | 33 | ケルン | | 613,457 | 6 | 11.5 | 8.8 |
| | 34 | トリア | | 591,562 | 5.1 | 10.3 | 7.7 |
| | 35 | アーヘン | | 490,810 | 9.9 | 17.4 | 13.6 |
| | 36 | ジグマリゲン | 66,558 | 66,558 | 1.9 | 3.6 | 2.8 |
| | | プロイセン合計 | 24,604,660 | 24,604,660 | 10.8 | 16.4 | 13.7 |

(出所：Jeismann/Lungreen, S.128)

　先に述べたように，プロイセンの東部4州の「ドイツ化」が，「植民政策」，「文化闘争」によって推進されたのである。

　しかしここでプロイセンの「ドイツ化」運動は大きな困難に遭会することになる。ポーランド人の抵抗運動である。ポーランド分割を行った3国のうち（ロシア，ドイツ，オーストリア），オーストリアはその後諸民族の共存を実現し，憲法（1867）で「自己の民族言語で教育を受けられ」ることを保障したことが知られている[10]。だがロシア，ドイツが苛烈な同化政策をとったことが，逆に，ポーランド知識層（インテリゲンチャ）による「民族意識」覚醒運動を広めさせることにもなった[11]。ポーゼン州（1793年の第二次ポーランド分割でプロイセンが「獲得」）では，小学校でのドイツ語，ドイツ語による宗教教育強制に対して広汎な反対運動（学校ストライキ）が起こっていた[12]。これを年表に整理すると表3-4のようになる。

　ポーランド人の中に強固に育ったこのような「民族意識」は，やがてポーランド再興と結びつくのであった。

---

10) 大津留厚『ハプスブルクの実験』中公新書，1995
11) 伊東孝之『ポーランド現代史』山川出版社，1988，46頁
12) 小峰総一郎『ベルリン新教育の研究』風間書房，2002，425頁参照。

表3-4. ポーランド「学校ストライキ」(1901, 1906)

| 年 | 事　　　項 |
|---|---|
| 1873 | ・ポーゼン州知事通達（授業にドイツ語強制） |
| 1886 | ・「植民法」（土地のゲルマン化） |
| 1887 | ・「言語令」（宗教を除き学校の授業でポーランド語を一律禁止） |
| 1901 | ・宗教科でもドイツ語強制 |
|  | ・ヴレッシェンで「学校ストライキ」 |
| 1906 | 　　　　　（宗教科の授業ボイコット＝「ヴレッシェン事件」） |
| ｜ | ・ポーゼン州全土で「学校ストライキ」 |
| 1907 | 　　　　　（950校7万人以上の児童が参加＝全児童の約3割） |
| 1908 | ・当局による逮捕，弾圧 |
|  | ・「土地収用法」（ポーランド人の土地の収用） |
|  | ・「帝国結社法」（ドイツ語の徹底化） |

(Glück: Die preußisch-polnische Sprachenpolitik, 1979; Korth: Die preußische Schulpolitik und die polnischen Schulstreiks, 1963; 伊藤定良「ドイツ第二帝制期におけるポーランド人問題」『世紀転換期の世界』1989等を元に小峰作成)

## 2. シロンスク県とその教育

### (1) ポーランド再興

　第一次世界大戦さ中の1916年11月5日，ドイツ皇帝とオーストリア皇帝は，ポーランド人を同盟国の味方につけようとの戦略から，「ポーランド王国」の創設を宣言した。翌1917年1月臨時国家会議（国会）招集，ユゼフ・ピウスツキが軍事部門を主宰した。そして1918年1月8日，アメリカ大統領ウィルソンが「14ヵ条」宣言で「海への自由な出口をもつ」ポーランドの独立を主張，ポーランド人悲願の国家復興がヴェルサイユ条約で実現することとなった。だが，再建ポーランドは，概念上では形成されたが国の正確な版図は確定していなかった[13]。ピウスツキは，かつてのヤギウェオ朝「大ポーランド」イメージのもと，16世紀に最大版図を有した「ポーランド＝リトアニア連合」を理想

---

13) 伊東孝之『ポーランド現代史』山川出版社, 1988, 61頁参照。

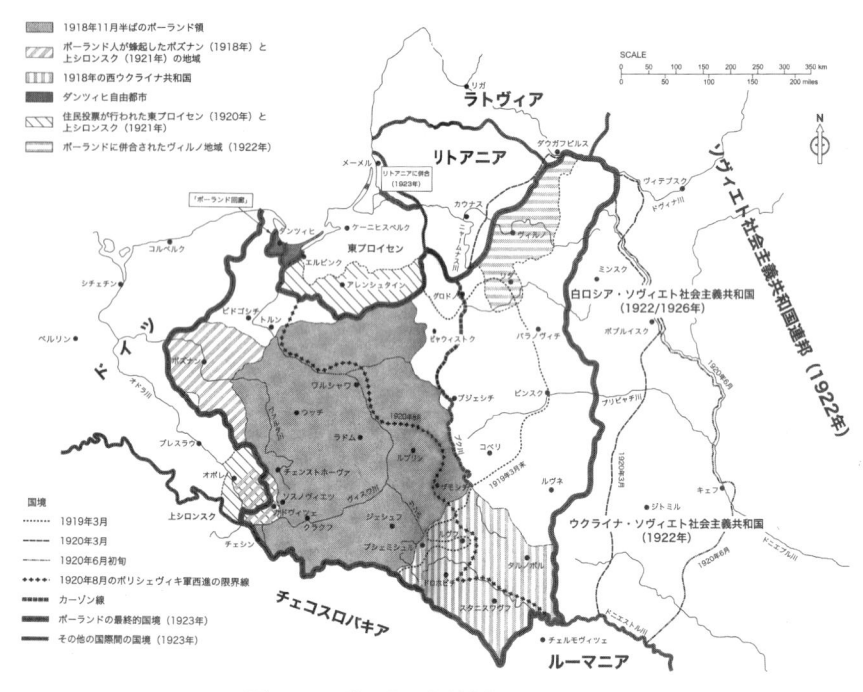

図 3-5．ポーランド地図（1918-1923）
（出所：ルコフスキ，J．・ザヴァツキ，H．著，河野肇訳『ポーランドの歴史』創土社，2007，274-5 頁）

とするポーランド国家を構想した。これに対して，のちのポーランド外相（国民民主党党首）ドモフスキは，ポーランド初期のピアスト朝版図を基本とした「小ポーランド」を版図とし，新生ポーランドは，プロイセンによって征服された失地の回復だけを考えた[14]。この「二つのポーランド」構想が，ポーランドならびにシロンスクの，その後の形成にも影響を及ぼすのである。すなわち，1918 年 11 月 9 日のドイツ革命に伴いポーランドではピウスツキが権力を掌握，1919 年ピアニストのパデレフスキが組閣して，パリ講和会議に，シュレジエン全体をポーランド領とする領土要求を掲げた。これに対してドモフスキ側は，

---

14) Urban（2000），S. 30.

第3章　ポーランドの国民教育建設

パリ講和会議に「ドモフスキ覚書」を届けて，シュレジエンについてはポーランド人の多い上シュレジエンと，下シュレジエンの一部だけの領土要求をしたのである（その他には西プロイセン，ポンメルン，ダンチヒ，マズールエルム，メーメルの返還を要求）[15]。国際連盟のポーランド問題委員会は，はじめ，このワルシャワ使節のドモフスキ覚書要求（「小ポーランド」）を受け入れた。しかし直後にドイツで反対デモが組織され（王政主義者から共産主義者まで），その結果，独ポ両住民の混在する土地の帰属に関しては住民投票によって決定すべしとする英首相ロイド・ジョージの提起に至るわけである（このとき想定されていた住民投票地域は西プロイセン，東プロイセン，上シュレジエン）。

ヴェルサイユ条約会議前の1918年12月にポズナニで起こったポーランド人蜂起（「ヴェルコポルスカ蜂起」1918.12.27-1919.2.16）の成功が翌年のヴェルサイユ条約（1918.6.28）でポーランドが西プロイセンとともにポズナニを獲得することにつながった[16]。この成功が，住民投票地シロンスクにおける3度の蜂起を招来したという点は否めない。この間の事情を，やや長くなるが，キェニェーヴィチ『ポーランド史2』から引用してみよう。

> 　11月革命後すぐに，ポーランド人とドイツ人の労働者・兵士評議会（レーテ）が権力をにぎり，それとともにポーランド人の評議会もできて，この地域の権力をにぎるため人民最高会議を確立していた。…1918年12月にポズナニでドイツ軍と衝突がおこり，事態は急速にポズナニ地方全域の解放をもたらした。…［中略］イギリスは，フランスの主導権とソヴェト・ロシアに対抗して，大陸でも自己の力を維持するためにドイツを支持していた。…このため上シロンスク（上シレジア）は，ポーランドに与えられなかった。そのかわり，東プロイセンのマズールィやヴァルミアとおなじように住民投票をおこなうよう決定された。…[17]。

住民投票は，この地に生まれたが現住しない者の投票を認めていたため[18]，

---

15) A. a. O., S. 31.
16) A. a. O., S. 32.
17) キェニェーヴィチ編，加藤一夫他訳『ポーランド史2』恒文社，1986，261-265頁。

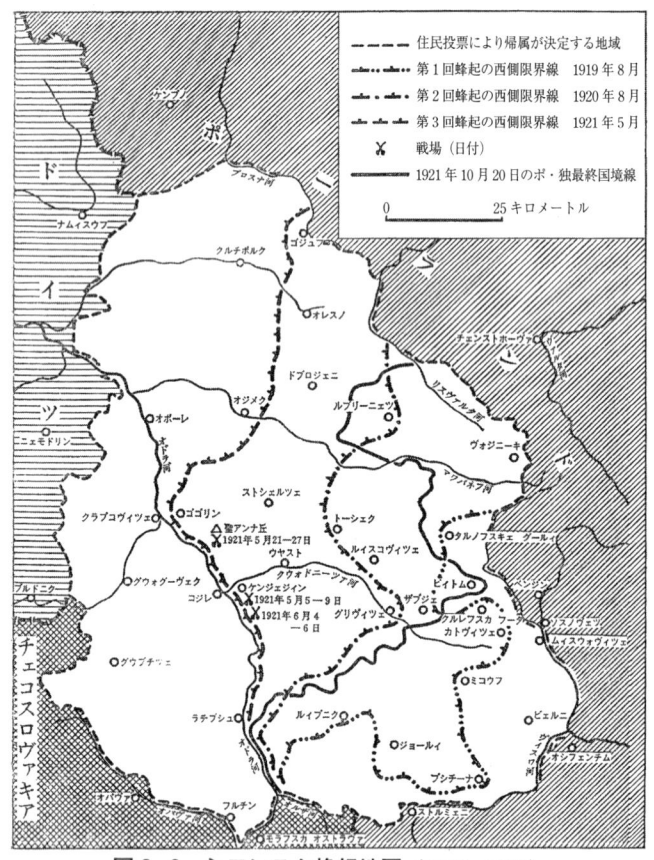

図 3-6. シロンスク蜂起地図（1919-1921）
（出所：キェニェーヴィチ編，加藤一夫・水島孝生訳『ポーランド史2』恒文社，1986，262頁）

独ポ両本国で激しい「帰還投票」宣伝が展開された。取り分けシロンスク内部

18)「投票権ハ男女ノ別ナク左記ニ該當スル一切ノ者ニ之ヲ附與ス　（イ）人民一般投票施行ノ年ノ一月一日ニ於テ滿二十歳以上ニシテ　（ロ）人民一般投票區域内ニ出生シタル者，千九百十九年一月一日前ニ於テ委員会ノ決定スヘキ日以来同區域内ニ住所ヲ有スル者又ハ獨逸国官憲ニヨリ追放セラレ右地域ニ住所ヲ有セザル者」(「同盟及聯合國ト獨逸國トノ平和條約竝ニ議定書」第八款 波蘭國 第八十八條 附屬書四，外務省，1919，91頁。)

第3章 ポーランドの国民教育建設

表3-5. 上シュレジエン住民投票（1921.3.20）

| 投票区 | | 投票権者 | | | | 投票結果 | | | |
|---|---|---|---|---|---|---|---|---|---|
| | 郡 | 同地出生者 | | 同地非出生者 | 計 | 投票数 | ポーランド票 | ドイツ票 | 無効 |
| | | 現住者 | 非現住者 | | | | | | |
| 1 | Kr. Beuthen | 133,581 | 13,288 | 5,869 | 152,739 | 147,214 | 73,122 | 73,567 | 525 |
| 2 | Kr. Cosel | 39,705 | 9,252 | 1,086 | 50,343 | 49,350 | 12,340 | 36,873 | 137 |
| 3 | Kr. Gleiwitz-Tost | 74,542 | 11,119 | 4,212 | 89,873 | 87,909 | 35,637 | 51,990 | 252 |
| 4 | Kr. Gr. Strehlitz | 38,361 | 7,512 | 768 | 46,484 | 45,581 | 23,046 | 22,412 | 128 |
| 5 | Kr. Hindenburg | 79,934 | 8,008 | 2,851 | 90,793 | 89,152 | 43,261 | 45,219 | 672 |
| 6 | Kr. Kattowitz | 129,880 | 14,474 | 6,816 | 150,873 | 146,173 | 70,019 | 75,666 | 478 |
| 7 | Kr. Königshütte | 37,436 | 4,674 | 1,942 | 44,052 | 42,758 | 10,764 | 31,864 | 130 |
| 8 | Kr. Kreuzburg | 23,471 | 15,495 | 1,636 | 40,602 | 39,703 | 1,652 | 37,957 | 76 |
| 9 | Kr. Leobschütz | 42,686 | 22,090 | 1,921 | 66,697 | 65,428 | 259 | 65,128 | 41 |
| 10 | Kr. Lublinitz | 24,749 | 4,551 | 421 | 29,721 | 28,993 | 13,573 | 15,358 | 62 |
| 11 | Kr. Namslau (NS) | 2,444 | 2,788 | 374 | 5,606 | 5,493 | 133 | 5,348 | 12 |
| 12 | Kr. Neustadt | 25,635 | 11,181 | 1,012 | 37,858 | 37,065 | 4,377 | 32,603 | 85 |
| 13 | Kr. Oppeln | 76,628 | 23,172 | 4,158 | 103,958 | 101,516 | 25,157 | 76,118 | 277 |
| 14 | Kr. Pless | 65,987 | 6,502 | 1,254 | 73,745 | 72,277 | 53,378 | 18,676 | 224 |
| 15 | Kr. Ratibor | 54,565 | 13,560 | 2,972 | 70,997 | 69,728 | 20,745 | 48,640 | 343 |
| 16 | Kr. Rosenberg | 26,189 | 9,158 | 620 | 35,976 | 35,108 | 11,150 | 23,857 | 101 |
| 17 | Kr. Rybnik | 69,938 | 10,058 | 1,984 | 81,980 | 80,438 | 52,347 | 27,919 | 172 |
| 18 | Kr. Tarnowitz | 40,123 | 4,362 | 1,076 | 45,561 | 44,739 | 27,466 | 17,078 | 148 |
| | 合計 | 985,854 | 191,244 | 40,972 | 1,217,858 | 1,188,625 | 478,426 | 706,273 | 3,863 |
| | ［比］ | | | | | ［100.0％］ | ［40.3％］ | ［59.4％］ | |

（出所：ドイツ Wikipedia「Die Volksabstimmung in Oberschlesien 1921」）

においては，町や村，集落で，投票宣伝のみならず激しい切り崩しが行われ，職場・友人・家族関係にぬぐいきれぬ亀裂をもたらしたのである。

(2) シロンスク県の教育

さて，以上のまことに長い苦難の歴史を経て（一部前後するが），1920年7月15日，ポーランド立憲国会（セイム）は「シロンスク県設置定款」（Statut Organiczny Województwa Śląskiego）を可決した。ここに「自治県シロンスク」が誕生したのである。「定款」は48名から成る議会（シロンスク議会）を組織すると定め，これが執行機関たる県評議会（Woiwodschaftsrat）を任命する。シ

ロンスク議会は一定の立法権を有するが、外交と軍事の権限はなく中央のワルシャワ国会に服する[19]。「定款」はまた、シロンスク県にポーランドの県としての権利・義務のみならず幅広い自治を認めている。これは特に、同県が複数民族から成る二重言語地域であることに鑑み、その行政・教育行政に関して特別の権限を付与したわけである[20]。

① 建国初期の教育──ポズナニ（ポーゼン）

ポーランドに帰属したシロンスク県は、まずはドイツ教育を停止、ポーランド語によるポーランド教育を開始する（ここではまことに粗いものであるが、筆者の可能な限りで初期のポーランド教育実施過程を跡づけてみたい）。

1922.8.21の「シロンスク県教育令」は、シロンスク県で初めての教育法である。それ以前の時期には、「ポーランド」の東部国境も、また西部国境も定まってはいなかった（表3-6参照）。ドイツ革命（1918.11.9）後、旧プロイセン領教育の脱ドイツ化の企図は、まず、蜂起の成功したポズナニで行われた。（ポズナニ：ドイツ名ポーゼン。ポーランド西部の都市。中世ポーランド王国最初の首都。第2章、図2-4参照）

1919年1月25日、ポズナニ長官は、ドイツ人教員の教育活動を停止させ、「全児童にポーランド語で」教育を行うよう命じた。これは旧プロイセン地域南部における最初のポーランド化指令といえるものである。

この時期の教育は、①ドイツ教育を脱してポーランド語教育を築くこと、②宗派共同学校を廃止して宗派学校化すること、とりわけカトリック学校の復活、

---

19) Gründungsstatut der Woiwodschaft Schlesien
 (http://de.wikipedia.org/wiki/Gr%C3%BCndungsstatut_der_Woiwodschaft_Schlesien)
 最終更新：2. Oktober 2011 um 23:17.
20) ポーランド語とドイツ語を行政用語として使用する領域における立法（ustawodawstwo w zakresie stosowania języka polskiego i niemieckiego jako języków urzędowych）や、教育関係の立法（ustawodawstwo dotyczące szkolnictwa）が、本稿と関わって重要である。（http://pl.wikipedia.org/wiki/Statut_Organiczny_Wojew%C3%B3dztwa_%C5%9Al%C4%85skiego)、最終更新：19:03, 13 paź 2011.）

第3章 ポーランドの国民教育建設

表3-6. シロンスク県成立前後の教育令 (1919-1922)

| ポーランド政治・シロンスク政治 | | 教育令 | |
|---|---|---|---|
| 1918.11.9<br>12.27 (-1919.2.16) | ・ドイツ ワイマール革命<br>・ポズナニ蜂起（成功） | 1918 | |
| 1919.6.28<br><br>8.16 (-24) | ・ヴェルサイユ条約，ポーランド条約<br>（＝「ポーランド共和国」承認）<br>・第一次シロンスク蜂起（失敗） | 1919.1.25 | ・ポズナニ長官命令 |
| <br><br>1920.6.15<br>8.19 (-24) | <br><br>・シロンスク県「設置」<br>・第二次シロンスク蜂起（失敗） | 1920.1.10<br>3.10 | ・北部地域教育令<br>・ポズナニ ポーランド分省命令 |
| 1921.3.17<br>3.18<br><br>3.20<br>5.2-7.5<br>10.20 | ・憲法（「3月憲法」）制定<br>・ソヴィエト ロシアとリガ条約<br>［東部国境画定］<br>・シロンスク住民投票（敗北）<br>・第三次シロンスク蜂起（成功）<br>・シロンスク分割［西部国境画定］ | 1921 | |
| 1922.5.15 | ・「ジュネーブ協定」(1922.5.15) | 1922.8.21 | 「シロンスク県教育令」 |

(Dobbermann等を参考に小峰作成)

③ヴェルサイユ条約・ポーランド条約に則り「ドイツ系少数者」のドイツ語教育の保障，が主要教育課題であったといえる[21]。

　ポズナニ長官命令（1919年1月25日）から半年後の6月3日には，文部省教育局長スホヴィアク（Suchowiak）の命令が出されて，全学校で授業はポーランド語で行うとし，公立私立ドイツ学校がポーランド語母語生徒を受け入れてはならないと定めた。他方，ドイツ人生徒がやむを得ずポーランド学校に受入を願う場合には，クラス人数が50人以上にならない，ポーランド語教育を受け入れる，ポーランド校はこれらドイツ人生徒の感情や宗教（福音派）を顧慮

---

21) Dobbermann, Paul: Die deutsche Schule im ehemals preußischen Teilgebiet Polens. Posen, 1925, S. 4-9.

しない，以上に同意する旨の認証を必要とした。また学校の実態調査を年2回行って，学校と授業のポーランド化を確かめると通達したのであった[22]。

　1920年1月10日，国境線の北部拡大後は，当地でも授業はすでに民族別に行われることが指示された。そして1920年3月10日，ポーランド・ポズナニ分省（das Polnische Posener Teilministerium）は，通達を発した。それは，少数者条約（「ポーランド条約」）第9条に立脚し[23]，ドイツ人生徒を分離すること，宗派を分離して教育を行うべきこと，宗派混合学校（Simultanschule）はこれを解体して，宗派別とすべきと定めた。これはすなわち福音派＝ドイツ系生徒，カトリック派＝ポーランド系生徒を別にするということである。さらに，ポーランド国籍を有するドイツ系少数者父母40名が，ドイツ語教育を望んだときには，公費でドイツ校1校（ないし1級）を設けるべきことも定めている[24]。ポーランド人セイダ（Seyda）文相署名のこの命令は，すでに，のちの「ジュネーブ協定」（1922.5.15）の少数者学校の諸規定を先取りしている。ポズナニはすでにポーランドの施政が確立していることを窺わせる。

### ②　シロンスクの教育建設

　ポズナニではポーランド人蜂起が成功裡に展開されたこともあり，教育の脱ドイツ化，ポーランド化は比較的容易であったといえる。それに対してシロンスク（シュレジエン）は，長い間のドイツ支配でドイツ語ドイツ文化の教育が

---

22) A. a. O., S. 96-97.
23) 第九條　　波蘭國ハ波蘭語ニ非サル言語ヲ用ヰル波蘭國民ノ大多数居住スル都市及地方ノ教育制度ヲ定ムルニ當リ右波蘭國民ノ児童ニ對スル小学教育カ其ノ言語ヲ以テ施サルヘキコトヲ確保スル為相當ノ便宜ヲ供與スヘシ但シ波蘭國政府カ右小学教育ニ於テ波蘭語ヲ必須科目トシテ課スルコトヲ妨ケス
　　　種族，宗教又ハ言語上少数ニ属スル波蘭國民カ大多数ヲ占ムル都市及地方ニ於テ右波蘭國民ハ，地方団体其ノ他ノ予算ニ基ク公共基金ニシテ教育，宗教又ハ慈善ノ目的ヲ有スル経費中ヨリ金額ノ支給又ハ割當ヲ受クルニ付衡平ナル配分ヲ確保セラルヘシ
　　　獨逸語ヲ用ヰル波蘭國民ニ本條ノ規定ヲ適用スルハ千九百十四年八月一日ニ於テ獨逸國領土タリシ波蘭國ノ地方ニ限ル　（外務省訳，1919年）
24) Dobermann, S. 95-96.

## 第3章　ポーランドの国民教育建設

強固に根を下ろしていたため，これを否定して教育のポーランド化を実現するのは困難であった。のちに，知事グラジュインスキの強権的なドイツ系少数者学校攻撃が展開されるのも，そのような状況を考慮する必要があろう。

そのシロンスクでも，ドイツ敗戦直後の1918年12月21日，未だドイツであったが，親が希望する児童に対してはポーランド語の読み書き・宗教教育が開始された。だが，これに参加した児童はわずか22％にしか過ぎなかった[25]。これは，シロンスクを支配していた当時の政治状況に対応するもので，ポーランド国籍を持っている者はまだ少なく，親の「ポーランド人」としての意識も熟してはいなかったのである。実は，このように，教育を困難にさせる状況は，シレジア蜂起，住民投票期の全体を通じていえることであった。シロンスクでは，ポーランドの他地域にも増して民族間の激しい敵対，学校の権威低下，またその中で多くの若者のモラル低下が見られ，これら全体が教育・学校にとって不利な状況の原因となったのであった[26]。

さて，1921年10月20日，国際連盟でシロンスクの分割が決定して，ポーランドの西部国境が画定するとともにシロンスク県の範囲も定まった。そして翌1922年5月15日，ドイツとの間で「ジュネーブ協定」締約。シロンスク県は，教育の整備に立ち向かうのである。

シロンスク県の初代知事はユゼフ・リュマー（Józef Rymer, 1882-1922）。シロンスクの貧家に生まれ，ドイツ本土（ウェストファーレン）で坑夫として働きながらポーランド独立運動の闘士となった。その40年の短い生涯は，ポーランドとシロンスクに捧げたものであった。リュマーの人物像を以下に，その後のシロンスク県知事一覧を表3-7に掲げる。最後の第6代知事がミハウ・グラジュインスキ。ナチスドイツのポーランド侵攻までの13年間在任，その間

---

25) Falęcki, Tomasz: Niemieckie szkolnictwo mniejszościowe na Górnym Śląsku w latach 1922-1939. Katowice 1970, s. 29.
26) Tamże, s. 30.

| シロンスク県初代知事，ユゼフ・リュマー（Józef Rymer, 1882-1922） |
|---|
| ●ポーランド，シロンスク県初代知事（1922.6.16 –1922.12.5）<br>●シロンスクの貧家生，16 歳（1898）でドイツウェストファーレンの坑夫。同地で体操連盟ソクウ（Sokół），民衆文庫，労働運動参加。のちデルウィヒにソクウ設立し代表。国際労働者会議のポーランド坑夫代表。<br>● 1913 シロンスクに戻り体操連盟代表，政治運動。1918 ポズナニ最高人民評議会で活動。国民労働者党副代表。シロンスク最高人民評議会設立し指導者となる。パリ講和会議出席 2 回，シロンスク住民投票提案に反対。1919 ポーランド国会議員。1920 第二次シロンスク蜂起にはドイツ フライコールにより強制入院。射殺計画あり。1921 のシロンスク住民投票委員会ポーランド代表。同年第三次シロンスク蜂起には市民管理者として参加。<br>● 1922.6.16 シロンスク自治県初代知事。同年 12 月 5 日脳卒中で死去[27]。 | 中央リュマー。向って右はシロンスク蜂起を指導したコルファンティ<br>（写真出所：Borodziej/ Endres/Lachauer, S. 88.） |

表 3-7. シロンスク県知事（1922.6.16 – 1939.9.5）

| 歴代 | 氏名 | 在任期間 |
|---|---|---|
| 1 | Józef Rymer | 16 June 1922 – 5 December 1922 |
| 2 | Zygmunt Żurawski | 15 December 1922 – 1 February 1923（acting） |
| 3 | Antoni Schultis | 1 February 1923 – 3 March 1924 |
| 4 | Tadeusz Koncki | 15 October 1923 – 2 May 1924（acting till 3 March 1924） |
| 5 | Mieczysław Bilski | 6 May 1924 – 3 September 1926 |
| 6 | Michał Grażyński | 6 September 1926 – 5 September 1939 |

（出所：英 Wikipedia）

ドイツ系児童の少数者学校学籍登録の大量却下事件を惹起している（後述）。県の教育行政は次のような体制であった。

---

27) 英 Wikipedia（最終更新：19 January 2011），独 Wikipedia（16. Juni 2011），波 Wikipedia（14 paź 2011）参照。

第3章　ポーランドの国民教育建設

・最高権力——シロンスク県公教育局（Wydział Oświecenia Publicznego Urzędu Wojewódzkiego Śląskiego）
・決議機関——暫定県評議会（Tymczasowa Rada Wojewódzka）
この暫定県評議会が，1922年7月13日，特別の学校委員会を選出した。
・メンバー：クレメンス・ボリス（Klemens Borys）
　　　　　：テオドル・クビナ（Ks. dr. Teodor Kubina）〔神父・博士〕
　　　　　：エウゲニウシュ・ブジュスカ（Ks. Eugeniusz Brzuska）〔神父〕
　　　　　：ヤン・ピプレク（dr. Jan Piprek）〔博士〕
　　　　　：フランチシェク・ポピオウェク（dr. Franciszek Popiołek）〔博士〕
　　　　　：テオフィル・ゴモワ（Teofil Gomoła）
　　　　　：ベルンハルト・ヤンコフスキ（Bernhard Jankowski，カトリック人民党）〔ドイツ人代議士・実業家〕

このメンバーから成る特別学校委員会が，シロンスク議会（Sejm Śląski）から権限を委ねられて実質的にシロンスクの教育整備に取り組むのである。シロンスクは14教区から成っていた。この14教区（＝学校監督区）の教育の内容を指導するのは「視学（inspektor）」と「郡学校委員会（Powiatowy Urząd Szkolny）」である。

ポーランド教育行政の第一の課題は，何と言ってもポーランド教育制度の確立・強化であったが，大戦後の混乱の中の国家再興，政治・経済不安の中で，それは極めて困難であった。ポーランド教育は，学校制度の土台からすべて建設しなければならなかったのである。それに加えてドイツ系少数者教育とジュネーヴ協定からの義務履行も課されていたのであった。地域によって教育格差が大きく，前代のプロイセン時代の教育が一定水準であったところでは，ポーランド教育への移行も比較的容易であった[28]。

シロンスクのドイツ系少数者教育は，以上のようなポーランド教育建設のま

---

28) Tamże.

えに立ちふさがる「負の遺産」であった。1922年8月21日のシロンスク教育令は,「ジュネーブ協定」に盛られたドイツ人教育の「継続」義務を, 辛うじて果たすことに限定した。しかし, 具体的方法を定めた本令の以下の諸点が, 以後の学校紛争の原因ともなるのであった。

　①生徒数確認——毎年の生徒数確認。その基準をめぐって。
　②ドイツ系少数者学校設立条件——ドイツ系少数者学校・学級・ドイツ系少数者宗教教育設立の書面提出。その手続き, 既設と新設のちがい, それを「ジュネーブ協定」に基づきどのように判定するか。
　③申請書作成上の義務規定——各申請書には, 子の合法養育義務者名を記すとされた。「教育権者」をどう認めるのか。寡婦等の場合はどうか。子どもの言語がドイツ語であることを書面で表明する。この「言語」の範囲をめぐって判断が困難である。母語か日常語か。
　④署名認証——書類には郡長 (starosta) 等の権力機関の認証と印璽が必要である。また, 認証は一部有料とした。
　　知事はまた, ①言語表明〔母語〕, ②少数者学校申請書を定型形式で作成することを命じた。これに反する場合は, 認可されない可能性がある。
　⑤自筆——本用紙は, 子の養育者, ふつう父親が自筆すると定めた[29]。

## 3. ドイツ系少数者とシロンスク県教育令, その背景

**(1) ドイツ系少数者とシロンスク県教育令**

　本令は, 後のプロイセン「ポーランド系少数者学校令 (1928.12.31)」が, 民族所属を「主観基準」によるとしたのに対し (第4章参照), 少数者学校への就学が認められるのは母語をドイツ語とする者に限るとし (「客観基準」), ドイツ系父母は学籍登録に当たってはその旨を文書で表明し公権力の署名認証を付す

---

29) Tamże, s. 30.

第3章　ポーランドの国民教育建設

こと（有料），また，申告内容に対してポーランド行政当局がその真偽を審査しうるとしたところが最大のポイントである。そしてこの原理は「ジュネーブ協定」に反するとして，ドイツ人側が強力な反対運動を展開するわけである。

---

第5条　［入学申請（Antrag）］
…申請書は，児童の正当な教育権者が自筆で（eigenhändig），かつ定められた書式に則って執筆しなければならない。（書式には次の一文を特に目立つようにしなければならない，すなわち，「私はここに，上記児童の母語（Muttersprache）がドイツ語であることを表明します」と。第5条への添付書式ａ1,2参照）
　自筆の署名は，郡長（Starosta），戸籍役場（Standesamt），村役場（Gemeindeamt），郡学校当局（Kreisschulbehörde），警察署長（Polizeidirektion），裁判所，公証人（Notar）または都市教区庁（Stadtpfarramt）によって認証されなければならない。裁判所，公証役場（Notariatsamt）を例外として，他の官庁が上記人物の署名を認証する場合，手数料を徴収してはならない。
　少数者教育機関はジュネーブ協定第105条，106条に則り，また以下の諸条件，すなわち少数者教育機関に入学申請した児童が，
　［ポーランド］国籍を有する，
　学校組合［Schulverband］に所属する，
　教育義務年齢にある，国民学校就学を定められている，
との条件の下にこれを開設するものとする。**この諸条件は官庁が審査することができるものとする。**

---

　ドイツ人側は，ポーランド当局がこの規定に基づいて行う学籍登録却下処分の取消を混合委員会に訴願，その主張の多くを容れた混合委員長見解に従わないポーランド行政当局の措置を，最終的に国際司法裁判所で争うことになる。親の言語表明を疑って，行政がこれを再審査することはたしかにジュネーブ協定に反する。それについて常設国際司法裁判所判決はドイツ人側の主張を認めた。しかし，ドイツ側が主張するように，ジュネーブ協定は親が自由意志で「民族」を決定でき・民族学校就学を無条件に認めるものなのか，「言語の表明」が「民族所属表明」を意味するのか，また協定に謂う「言語」とは授業語か民族語か──。それらについて司法裁はドイツ側の主張を退け，ポーランド側の主張を認めたのである（第1章参照）。

### (2) 文相グラプスキー――ワルシャワ政府

シロンスク県のポーランド教育確立・脱ドイツ化の政策は，ワルシャワ中央政府の強固な後ろ盾のもとに展開されている。

特に民族教育政策については**スタニスワフ・グラプスキ文相**（Stanisław Grabski, 1871-1949）の位置と役割が格別に重要である。ウルバンの研究によれば，彼は文相（3度，1923，1925-26）として「異国要素を1.5％に」と主張，東ポーランドで多くのウクライナ校，ロシア校，リトアニア校を閉鎖して教育の脱ロシア化を推進している。その後西部ポーランド，シロンスクでグラジュインスキ知事の行ったドイツ校閉鎖，ポーランド教育の脱ドイツ化政策は，グラプスキ政策の西部版といえるものであった。

> ※ちなみにスタニスワフ・グラプスキは，首相ウワディスワフ・グラプスキ（Władysław Grabski, 1874-1938）の兄である。ウワディスワフは経済学者，国民民主党（ND）政治家。1920年代にポーランドの財政改革責任者（蔵相）としてポーランド通貨ズウォティを導入し，首相を2度つとめた。さらに，妹のゾフィヤも，チェコ・シロンスクでポーランド民族運動を展開している。会議王国ポーランド（実質ロシア領）に生まれたグラプスキきょうだいは，再建ポーランドの象徴的存在といってよいであろう。

やがて1924年，スタニスワフ（兄）は教育法「グラプスキ法」（Lex Grabski）をまとめる。ウワディスワフ首相（弟）は，「ポーランド人児童も非ポーランド人児童も，互いの民族的特性を相互に尊重する中でよき国家公民が育てられる共同学校（gemeinsame Schule）」の実現を謳った。かつてのオーストリア帝国における民族共存教育を想起させる定式で，憲法とポーランド条約の定着が目指されたのである。だが現実は逆であった。グラプスキ文相（スタニスワフ（兄））は遅れた東部の識字率向上に着手，ウクライナ語学校を「両語学校」（utraquistische Schule，ポーランド語とウクライナ語の学校）化する中で，事実上ウクライナ語（ロシア語）を学校から排除したのである[30]。

いま，ワルシャワ政府（ポーランド）とシロンスク県との関係を一覧にすると表3-8のようになる。

第3章　ポーランドの国民教育建設

| ポーランド文相，スタニスワフ・グラプスキ（Stanisław Grabski, 1871-1949） ||
|---|---|
| ●ポーランドの政治家，経済学者。国民民主党（ND）と共同。文相（3度。1923, 1925-26）。ウワディスワフ・グラプスキ（首相・蔵相）の兄。妹（ゾフィヤ）も民族活動家。<br>●民族的に純粋なポーランド国家の建設を目指す。**1924教育法**（「**グラプスキ法**」）立案。ウクライナ語を弾圧し学校のポーランド化を推進。ナチ期には他の知識人とともにソビエトにより逮捕される。ロンドンへ逃れ，亡命ポーランド政府に加わる。大戦後ポーランド民族国家のためスターリンに接近。のちワルシャワ大学教授。<br>（英 Wikipedia）<br>●文相。「異国要素を1.5％に」と主張。**本計画実施の中心人物**。<br>とりわけ，東ポーランドで多くのウクライナ校，ロシア校，リトアニア校を閉鎖した。<br>　　　　　↓<br>●西部（シロンスク），グラジュインスキ知事ドイツ校閉鎖「ワルシャワの背面支援の下に」<br>（Urban, 2000, S.39-40） | （写真出所：波 Wikipedia） |

　不十分ながら叙述はひとまずここで終える。以上に述べたのは，シロンスク教育令を理解するためのシロンスク県成立期の教育事情の一端である。その後このシロンスク教育令をめぐり，ドイツ人の反対運動が，シロンスクで，ドイツ本国で（特に外務省と関わる動きを重視する必要がある），また国際連盟を舞台として展開されるわけである（第1, 5, 6章参照）。

　　※同令は2度改定されている。しかし，今回その3令の異同については十分に確かめられなかったので，この後に掲載する資料では目次タイトルの標記は初めのものとした。ただ，母語条項（第5条）は，カロンデール混合委員会委員長の修正要求にもかかわらず修正されなかったことは記しておく。

---

30）Birodziej, Władzimierz: Geschichte Polens im 20. Jahrhundert. München 2010, S. 158.

表 3-8. ポーランド政府とシロンスク県関係（1919.12-1939.9）

| 首相 | 在任 | 首相<br>（ウワディ スワフ・グラブ スキ（弟）） | 蔵相<br>（ウワディ スワフ・グラブ スキ（弟）） | 文相<br>（スタニスワ フ・グラブス キ（兄）） | シロンスク県知事，注記 |
|---|---|---|---|---|---|
| Leopold Skulski（スクルスキ） | 1919.12-1920.06 | | ◎ | | |
| Władysław Grabski（第一次グラブスキ） | 1920.06-1920.07 | ◎ | ◎ | | シロンスク県設置（1920.7.15） |
| Wincenty Witos（第一次ヴィトス） | 1920.07-1921.09 | | ◎ | | |
| Antoni Ponikowski | 1921.09-1922.06 | | | | ジュネーブ協定（1922.5.15） |
| Artur Śliwiński | 1922.06-1922.07 | | | | 初代知事リュマー（1922.6.16 -12.5） |
| Julian Nowak | 1922.07-1922.12 | | | | シロンスク教育令（1922.8.21） |
| Władysław Sikorski | 1922.12-1923.05 | | | | |
| Wincenty Witos（第二次ヴィトス） | 1923.05-1923.12 | | | ◆（途中入閣 10.27-12.14） | |
| Władysław Grabski（第二次グラブスキ） | 1923.12-1925.11 | ◎ | | (1923 第二次グラブスキ内閣文相ミクラシェフスキ Bolesław Miklaszewski) ウィキペディア | 教育法「グラブスキ法」(1924.7.31) |
| Aleksander Skrzyński（スクジインスキ） | 1925.11-1926.05 | | | ◆ | |
| Wincenty Witos（第三次ヴィトス） | 1926.5.10-5.14 | | | ◆ | |
| Kazimierz Bartel | 1926.05-1926.09 | | | | |

第3章　ポーランドの国民教育建設

| | | | | | |
|---|---|---|---|---|---|
| Józef Piłsudski（ピウスツキ） | 1926.10-1928.10 | | | | 6代知事　グラジュインスキ（在任 1927-1939） |
| Kazimierz Bartel | 1928.06-1929.06 | | | | グラジュインスキ |
| Kazimierz Świtalski | 1929.04-1929.12 | | | | グラジュインスキ |
| Kazimierz Bartel | 1929.12-1930.03 | | | | グラジュインスキ |
| Walery Sławek | 1930.03-1930.08 | | | | グラジュインスキ |
| Józef Piłsudski | 1930.08-1930.12 | | | | グラジュインスキ |
| Walery Sławek | 1930.12-1931.05 | | | | グラジュインスキ |
| Aleksander Prystor | 1931.05-1933.05 | | | | グラジュインスキ |
| Janusz Jędrzejewicz | 1933.05-1934.05 | | | | グラジュインスキ |
| Leon Kozłowski | 1934.05-1935.03 | | | | グラジュインスキ |
| Walery Sławek | 1935.03-1935.10 | | | | グラジュインスキ |
| Marian Zyndram-Kościałkowski | 1935.10-1936.05 | | | | グラジュインスキ |
| Felicjan Sławoj Składkowski | 1936.05-1939.09 | | | | グラジュインスキ |

◎→ウワディスワフ在任
◆→スタニスワフ在任
（ポーランド Wikipedia ほかを元に小峰作成）

〈資料2〉

# 「シロンスク県教育令」(1922.8.21)

「シロンスク県知事教育規定。
シロンスク県上シロンスク部分国民学校制度編成命令
1922年8月21日,1922年12月29日,1924年6月26日」
(Schulbestimmungen des Woiwoden von Schlesien.Verordnungen vom 21. August 1922, 29. Dezember 1922 und 26. Juni 1924 über die Gestaltung des Volksschulwesens in dem oberschlesischen Teile der Wojewodschaft Schlesien.)

第1条　[公立学校の授業言語＝ポーランド語]
　シロンスク県上シロンスク部分の全公立学校の授業言語は基本的にポーランド語とする。学校でのポーランド語授業［国語］およびポーランド語使用に反するすべての命令は、本令をもって廃止されるものとする。

第2条　[国民学校はポーランド語]
　国民学校においては、すべてのポーランド人児童にポーランド語で授業が行われるものとする。

第3条　[ドイツ系少数者教育態勢]
　公立国民学校教育分野におけるドイツ系少数者の要求に対しては、ジュネーブ協定第105条第2項が想定する少数者教育施設［少数者学校、少数者語コース、少数者語宗教教育］を充てるものとする。

第4条　[ドイツ語による授業、授業言語表明]
　少数者教育態勢の最終的発効までは郡学校視学官 (Kreisschulinspektor) が、［ジュネーブ］協定第114条*の定めに合致して、ドイツ人児童が彼らの言語による授業を妨げなく享受できるよう措置を取るものとする——但し、それは教育行政上の理由により不可能でない限りのことである——。
　移行期間の間においても、児童の授業言語は教育権者の表明だけで決するものとする。

第3章　ポーランドの国民教育建設

＊【小峰注】
第114条［経過規定―両国の義務，ド国・ポーランド学校設立，ポ国・ドイツ語教育継続］
1. ドイツ政府は，住民投票地域のドイツ帰属部分で，1922/23年度内に，本章の想定する少数者教育機関を創出するため，必要な諸方策を取るものとする。
2. ポーランド政府は，住民投票地域のポーランド帰属部分で，ドイツ人児童になされているドイツ語による授業が，本章の想定する少数者教育機関が行う範囲で，教育行政上の困難がこれを妨げぬ限り，中断されぬよう配慮するものとする【注】

【注】
**1922.5.15のジュネーブ協定第114条２項叙述に関する
［ポーランド国］シロンスク県知事命令（1922.8.21）**
　少数者学校におけるドイツ人児童の授業中断を来さぬため，本官は，1922.5.15の「ポーランド・ドイツジュネーブ協定」第114条２項の執行のため，以下の如く定める：
1. 1922/23年度開始時に，［ポーランド国］シロンスク県上シロンスク部分のすべての国民学校で，ドイツ人児童数を確定する。もし，この児童数が，ジュネーブ協定第106, 10［107の誤植］条規定を満たしているならば［40名，18名――小峰］，これら児童は，ドイツ語での授業を引き続き受けることとする。但し，本授業に関し，上記協定諸条に述べられた範囲においてであるが。
2. 郡学務委員（Kreisschulrat）が，児童数に対応し，かつ学校理事会（Schulvorstand）ないし教育委員会（Deputation）との合意に基づいて，ポーランド人ないしドイツ人児童を収容すべき校舎ないし教室を決定する。
3. 協定第106, 107条に基づく教育機関［少数者学校，少数者語教育，少数者宗教教育］の編成に関しては，特別諸規程を設けることとする。

　　　　　　　　　　　　　　　　　　　　シロンスク県知事
　　　　　　　　　　　　　　　　　　　　（署名）J. リュマー

（「上シュレジエンに関する独ポジュネーブ協定」（1922.5.15））

資料2

〈資料2〉 「シロンスク県教育令」(1922.8.21)

**第5条　[入学申請（Antrag）]**
　正当な教育権者が［教育費を］保証し，遅くとも年度開始9ヵ月前までに提出されたポーランド国籍者の入学申請に基づき，ジュネーブ協定第106条と合致して，少数者学校，少数者学級，［少数者］語コースおよび［少数者］宗教コースが，遅くとも申請書提出に続く年度開始までに開設されるものとする。[1922.12.29改正で申請期限条項を追加—小峰注]
　この申請期限の後に提出された入学申請は，その翌年度の開始に当たり顧慮されるものとする。
　しかし少数者学校開設の条件を欠くためにこれの開設ができないところでは，入学申請は少数者学級用に有効である。
　なお，少数者学校設立の条件も欠く場合は，本申請は［少数者］語コース，ないし［少数者］宗教コース設置に有効と言えるであろう。
　入学申請は郡または県学校当局（Kreis- oder Wojewodschaftsschulbehörde）に書面ないし口頭で提出するものとする。
　申請書は，児童の正当な教育権者が自筆で（eigenhändig），かつ定められた書式に則って執筆しなければならない。
　（書式には次の一文を特に目立つようにしなければならない，すなわち，「私は，…［上記児童の母語（Muttersprache）が］ドイツ語であることを表明します」と。第5条への添付書式a1, 2参照）
　自筆の署名は，郡長（Starosta），戸籍役場（Standesamt），村役場（Gemeindeamt），郡学校当局（Kreisschulbehörde），警察署長（Polizeidirektion），裁判所，公証人（Notar）または都市教区庁（Stadtpfarramt）によって認証されなければならない。
　裁判所，公証役場（Notariatsamt）を例外として，他の官庁が上記人物の署名を認証する場合，手数料を徴収してはならない。
　少数者教育機関はジュネーブ協定第105条，106条に則り，また以下の諸条件，すなわち少数者教育機関に入学申請した児童が

　　　［ポーランド］国籍を有する，
　　　学校組合［Schulverband］に所属する，
　　　教育義務年齢にある，
　　　国民学校就学を定められている，

の条件の下にこれを開設するものとする。この諸条件は官庁が審査することができるものとする。

第3章　ポーランドの国民教育建設

---

**ドイツ系少数者学校・学級設置に関する申請書**

　私こと，学校組合＿＿＿＿＿＿＿内にドイツ系少数者学校の設置を申請します。つきましては，当校に私の後見する下記児童を入学させて下さいますようお願いします。

記

1. 氏名 ＿＿＿＿＿＿，生年月日 ＿＿＿＿＿，出生地 ＿＿＿＿＿

2. 氏名 ＿＿＿＿＿＿，生年月日 ＿＿＿＿＿，出生地 ＿＿＿＿＿

私はここに，上記児童の母語（Muttersprache）がドイツ語であることを表明します。

　場所 ＿＿＿＿＿＿＿＿＿　，日付　192（　）年　　月　　日
　　　　　　　　　　　　署名 ＿＿＿＿＿＿＿＿＿

＊＊＊＊＊＊＊＊＊＊＊＊＊＊＊＊＊＊＊＊＊＊＊＊＊＊＊＊＊＊＊＊＊＊＊＊＊＊＊＊＊＊＊

本官は，＿＿＿＿＿＿＿＿氏の署名［内容］が正当であることを認証する。

　場所 ＿＿＿＿＿＿＿＿＿　，日付　192（　）年　　月　　日

　　　　　　　　　　（印璽）　署名 ＿＿＿＿＿＿＿＿＿
　　　　　　（公庁すなわちポーランド共和国−県当局者の署名とする）

---

**第6条　［少数者学校の設置手続］**

　入学申請が本令第5条を満たしているかどうか，また，［少数者教育機関］設置申請児童数がジュネーブ協定第106条，107条の規定に対応しているかどうかを郡学務委員（Kreisschulrat）が確認し，その上でこれを確定する。
　郡学務委員はそれを学校理事会（Schulvorstand）の席上で検討し，その上で見解と会議議事録，さらにこれの実現につきどう処置すべきかについての提言も付して，

〈資料2〉「シロンスク県教育令」(1922.8.21)

申請書を県学校局 (Schulabteilung der Wojewodschaft) に送付するものとする。
　提言には，少数者のための学校ないし学級を設置すべきか否か，その学校ないし学級は1つの宗派の児童だけを就学させるのか［宗派学校］，或いはこれを宗派共同 (simultan) 性格の学校・学級とするのか［宗派共同学校］（ジュネーブ協定第106条1項2)，およびこの学校をどのように［教育行政上］位置づける予定であるか，について示すものとする。

> 【小峰注】
> 第106条 ［少数者学校の設置］
>   §1.
>   1. 少数者児童が就学年齢にあり，国民学校就学が定められていて，彼らが同一学校組合 (Schulverband) に所属するとき，これら言語的少数者所属で国籍所有児童 (Kinder) 最低40名，の教育権者が支持する1国籍所有者提案に基づいて，1少数者学校 (Minderheitsschule) が設立されるものとする。
>   2. これら児童の最低40名が，同一の宗派ないし宗教に所属するとき，提案に基づいて，彼らにふさわしい宗派ないし宗教的性格を備えた1少数者学校を設立するものとする。
>   3. 事情により，1少数者学校の設立が適当でない場合は，少なくとも，少数者学級［複数］を設立するものとする。
>   §2.
> 第1項1，2に述べた提案には，可及的速やかに――但し，それが新学年開始最低9ヵ月前に提出された場合であるが――，提案に続く新学期開始に向け対応するものとする。
>
> 第107条 ［少数者語教育，少数者宗教教育の人数］
>   1. 1国籍所有者提案が，言語的少数者所属で国籍所有国民学校生徒 (Schüler) 最低18名，の教育権者に支持されたとき，これら生徒のために，速やかに少数者語教育が行われるものとする。
>   2. これら生徒の最低12名が，同一宗派ないし同一宗教に属するとき，提案に基づいて，彼らは少数者宗教教育を受けるものとする。
>                         （「上シュレジエンに関する独ポジュネーブ協定」(1922.5.15)）

第7条 ［学校委員会，学校理事会］
　無事少数者学校が設立された暁には，そのための学校委員会 (Schulkommission) を

任命しなければならない。（ジュネーブ協定第 111 条）。
　まずはじめに学務委員の提案に学校理事会（Schulvorstand）が合意し，これに基づき選ばれた学校委員会メンバーを，［県］学校当局（Schulabteilung）が承認するものとする。

> 【小峰注】
> 第 111 条 【学校委員会】
> 1. 教育行政へ参加するために，各少数者学校，少数者学級に 1 学校委員会（Schulkommission）を編成する。この委員会メンバーの半数以上は，少数者学校，少数者学級生徒の教育権者により選出されるものとする。
> 2. 1 学校組合内に同一宗派・宗教に属するいくつかの少数者学校がある場合，それらに対して，1 合同学校委員会（eine gemeinsame Schulkommission）を設立することが可能である。
> 3. 1 学校組合内に，その少数者の諸学校だけが存在する場合は，学校委員会の編成は省略できる。この場合，学校理事会（Schulvorstand）または教育委員会（Schuldeputation）が，学校委員会の課題を引き受けるものとする。
>
> （同上）

### 第 8 条　［学校維持費の公立学校同格］

　少数者学校は，他の公立国民学校全てと同様の原則に則って維持されるものとする。
　この学校の維持に関する特別規定は，ジュネーブ協定第 109 条，110 条に見られる通りである。

### 第 9 条　［生徒数確認］

　郡学校局（Kreisschulamt）は，1 年に 1 回すなわち毎年 5 月 1 日——但し初年は 1923 年 7 月 15 日——少数者学校・学級・コースがジュネーブ協定第 106 条，107 条の定める児童数に合致しているか否か，その児童は本令諸条項に定められた条件を満たしているか否かを確認するものとする。
　同局はこの統計を［県］学校当局に送付するものとする。

シロンスク県知事

（出所：Junckerstorff, Kurt: Das Schulrecht der deutschen Minderheiten in Polnisch-Oberschlesien nach dem Genfer Abkommen. Berlin 1930, S. 54-56）

**第4章**

# ドイツの国内少数民族政策
── ①「ポーランド語使用令」(1918.12.31),
②「ポーランド系少数者学校令」(1928.12.31)

マズール人（1932）
（出所：Kossert, S.292）

マズール地方の学校と教師家族（1912）
（出所：Kossert, S.129）

　民族のアイデンティティーは，ドイツの中のポーランド人にとって重要であった。だが，それはドイツ（プロイセン邦）においてどのように認識されていたのであろうか。ここでは，プロイセンの少数民族政策を，ポーランド語教育に即して一瞥したい。

## 1. 「ポーランド語使用令」(1918.12.31) について

　プロイセンでは，「ポーランド語使用令」(1918.12.31) に至るまでにも，たびたび，邦内の少数民族児童の母語教育を認める言語令を発していた。いま，それらをクナーベ (Knabe, 2000) から紹介すると表4-1のようになる。
　これらはいかなるものであるのか。民族的な教育権を実現するというようなものであるのかどうか。それらについて，かつて梅根悟が断片的に言及しているので，それを引いて基本特徴を知ることにしたい。

120

第 4 章　ドイツの国内少数民族政策

表 4-1. 19 世紀プロイセンの少数者言語令（1871-1873）

| 日付 | 発令者 | タイトル |
| --- | --- | --- |
| 1871.8.17 | シュレスヴィヒ県 | ・デンマーク語を授業言語とする北シュレスヴィヒ学校におけるドイツ語授業活動通達<br>（教育中央報 1871, S. 618-623） |
| 1872.9.20 | オペルン県 | ・二重言語学校（utraquistische Schulen）における授業言語について<br>（教育中央報 1872, S. 761 f.） |
| 1873.7.24 | プロイセン州長官 | ・プロイセン州内ポーランド語リトアニア語児童通学学校におけるドイツ語授業規程<br>（教育中央報 1873, S. 486-490） |
| 1873.10.27 | ポーゼン州長官 | ・ポーゼン州内ポーランド語児童通学学校における言語教育規程<br>（教育中央報 1873, S. 723-725） |

（出所：Knabe, S.94）

「二重言語学校問題

　このような視学の世俗化の断行につづいて今度は言語教授や教授用語についての措置が行われなければならなかった。それは各州ごとに逐次措置された。例えば上部シュレジエンについては 72 年 9 月 20 日付で州庁の通牒が発せられ，
　一，下級の宗教教授は母語（ドイツ語以外の）で行う。宗教上の暗記教授については初めからドイツ語を補助的に併用すること。中級では宗教教授はドイツ語で行うこと。但し必要に応じ母語を補助語として使ってもよい。上級ではドイツ語だけを用いるものとする。
　二，読み方，書き方は下級からすべてドイツ語で教え，ドイツ語で練習させること。子供が読んだり書いたりしている文字文章の意味の理解を助けるのに必要な場合にだけ母語を補助的に使ってもよい。
　三，直観教授も初めからドイツ語の計画的な教えこみのために利用すること。
　四，唱歌のテキストはドイツ語で書くこと。
　五，計算及び祖国科，自然科の授業はドイツ語だけを使って行うこと。
　以上の規定に背馳する在来の諸規定はすべてこれを廃止し，そしてドイツ語を単に教材として用いるのみでなく，すべての教科における義務的な教授手段としなければならないことをここに明示する…。
　というように指示された。これはポーランド人だけの学校およびポーランド人が主で，それにドイツ人のまじっている学校についての規定である。このようにして学校からポーランド語を駆逐し，ポーランド人にドイツ語を教授用語

とした教育を強行することになったのである。

ポーゼン州については 73 年 10 月 27 日付の州庁通牒で次のような指示が行われている。
　ポーゼン州内のポーランド語児童の入学する民衆学校の言語教授に関する規定
　一，宗教と教会唱歌以外の全教科の教授用語はドイツ語とする。ポーランド語は教材の意味を理解させるのに必要な限りにおいてのみ補助的に使うことができる。
　二，ポーランド語を語る児童の宗教及び宗教唱歌の授業は母語で行うものとする。但しこの児童たちがドイツ語に熟達し，ドイツ語での授業によっても正しい理解が得られるようになったら，中級，上級に於ては州庁の同意を得て，これらの科目もドイツ語で教えるべきである。
　………………
　四，ポーランド語はポーランド語児童に対しては一つの教科として存置する。但し政庁は適当と思われる場合にはこれに反した規定をすることができる。
　ドイツ人児童がこのポーランド語科の授業を受けるのには郡視学の許可をうけなければならない。………………
　五，ポーランド語を教科として課する学校の教科課程は次の通りとする。

### ポーゼン州ポーランド語児童言語教授規定
（1873.10.27，州庁通牒）

|  | 単級学校 | | |
|---|---|---|---|
|  | 下級 | 中級 | 上級 |
| 宗教 | 4 | 5 | 5 |
| ドイツ語 | 11 | 10 | 8 |
| ポーランド語 | 5 | 3 | 3 |
| 計算と図形 | 4 | 4 | 5 |
| 図画 |  | 1 | 1 |
| 実科 |  | 5 | 6 |
| 唱歌 |  | 2 | 2 |
| 教練（または手技） | 1 | 2 | 2 |
| 多級学校（略） | | | |

　このポーゼンのものは前記シュレジエンのものとは若干ちがっているが，根本方針に変わりはない。一方でポーランド語をできるだけ学校から駆逐して，

ポーランド人児童のドイツ語化をねらうと共に,他方ドイツ人児童のポーランド語学習をも拘束して,ドイツ人のポーランド化防止とポーランド人のドイツ化促進とを表裏の関係において,学校の言語教授操作を通じて達成しようというのが,これらの規定のねらいであった。」[1]

　梅根はさきにビスマルクの文化闘争の教育政策を跡づけ,それを突き動かす要因が,プロイセンの東部諸州における「ポーランド化」現象であったことを突いている。すなわち,東部諸州でドイツ人農業労働者が都市に流出し,その空隙に,ポーランド人下層民が勢いを増して入り込む中で,教会を中心としてカトリックのドイツ人がドイツの民族文化共同体から脱落し,その結果「かくれたポーランド王国」の出現事態となっていた。この民族問題が,ビスマルクの反カトリック教会政策を加速化させたのであった。上シュレジエン,ポーゼン等の諸言語令は,いずれも,邦内ポーランド系少数民族の文化権を一定程度認めながら,しかし大局においては彼らを「プロイセン」に繋ぎ止めるための方策であった(そしてデンマーク系少数者のためのシュレスヴィヒ言語令も)。

　梅根はこの同化策のはらむ問題を次のように述べる。

「プロイセンにおける二重言語学校 (Utraquistische Schule) の問題,特にかつてポーランド領であり,ポーランド人の居住地であったものが相次いでプロイセン領土化され,そしてドイツ人の移住政策によって,そこにドイツ人農民が移植され,ドイツ人とポーランド人との混住地帯となった諸地方におけるこの問題はこのビスマルクの政策以来,長く困難な問題として尾をひくようになるものであり,ポーランド人の,時として隠密な,時として大っぴらな抵抗をかもしながら20世紀に至り,特にこの世紀の初めにはポーランド人の学校ボイコット運動,ドイツ語拒否運動がポーゼン,上部シュレジエン,西プロイセン諸州に広汎に勃発するという事件をひき起こすに至るのである。少数民族の母語抑圧問題,母語教育抑制政策は,そのような少数民族を内包している近代国家には広く存在する事態であるが,ビスマルク政権はこの問題について一つの

---

1) 梅根悟『近代国家と民衆教育—プロイセン民衆教育政策史』誠文堂新光社,1967,342-344頁。

典型的な政策をうち出したものと言うことができよう」[2]。

　さて，いま，ワイマール革命後のプロイセンでは，国内ポーランド系少数者のための言語令「ポーランド語使用令」（1918.12.31）が発せられた。「ジュネーブ協定」（1922.5.15）以前のプロイセン少数者言語令は，それまでの基本政策に沿って，基本的には，同化主義政策の枠内で公布されたのだった。
　この「ポーランド語使用令」（1918.12.31）は，次の，民族決定の「主観基準」原則を謳ったポーランド系少数者学校令（1928.12.31）とは異なる。文字通り，「ポーランド語で話す児童［ポーランド語母語者］＝ポーランド人」と規定した客観基準に基づくもので，彼らのために「母語」の教育，「母語」による宗教教育を部分的に認める少数者言語令であって，「母語による授業」そのものではない。
　だから，学校協会が，独自の費用で「ポーランド人」教師を雇って入門のポーランド語教育を施すというものである。
　革命直後のこの少数者令には，実は，問わねばならない問題がいくつかある。
　第一に，革命直後の，まだ国境線も定まっていない時期に，「ポーランド人」に阿(おもね)って少数者言語令を発した。これは，多分に，第一次世界大戦敗戦後のポーランド国再興を見据えて，それの国境線をドイツ有利に決定しようとする戦略の中で，着想発令されたものである[3]。
　それは，帝政時代の言語令の枠内踏襲という形式がいみじくもその内容を表している。
　第二に，しかしながら，そこにはこれまでと違った新しい特徴が見られる。

---

2) 同書，344頁。ドイツを一度も訪れたことがなく，今ほど〈民族〉の問題が注目されることも少なかった時代に，梅根は，東京教育大学教授ならびに学部長をつとめ，民間教育運動（コア連・日生連）にたずさわり，かつ和光大学を創設・運営するという状況の中で，もっぱら文献学的にドイツ教育史研究を進めた。その中でこのような結論に立ち至っている，その慧眼に驚かされる。
3) Knabe, S.195.

①ポーランド語教授を，旧来の「宗教」との抱き合せ（「ポーランド語による宗教教育」とのセット）から解消，②独自の「ポーランド語」読方・書方授業，開設可。③ポーランド語をドイツ語に代えること可（Ersatz für den Deutschunterricht）[4]。

第三に，実施過程の問題である。条文に，「本目的にかなう適切な教員団が存在する，ないし調達しうる範囲内でのみ実施されるものとする」，「経費は，学校維持経費に含めるものとし，それ故，学校維持義務を有する者［個人，学校共同体，学校協会］に負担させるものとする」とあり，プロイセンの各州政府は，ポーランド語教員不足問題，経費問題を根拠に，ポーランド系少数者教育の実施を阻んだのである[5]。

※これとの関連で，**プロイセン文相ヘーニッシュ**（Konrad Haenisch, 1876-1925）は，西プロイセンでポーランド語師範学校の設立を企図したという。しかしその計画は挫折した由である［Knabe, S. 201］。ヘーニッシュは「社会主義教育政策家」として名高いが，その後，ヴィースバーデン県知事（1921-1925＝没年）となり，独仏和解に努力した。また，左派急進派・右派の議会主義破壊を憂慮して，1921年，共和国同盟に加盟している。（のち黒赤金同盟へ。同設立者）［ドイツWikipediaによる］。その発想と行動は大いに魅力的である。ポーランド語師範学校構想など，調べてみたいと思っている。

## 2. ポーランド人のアイデンティティーを求めて

近年，わが国の歴史学においても当時の「ドイツの中のポーランド人」の研究が行われるようになった[6]。

「ドイツの中のポーランド人」は「ポラッケ」（Polacke ポーランド野郎）と蔑称されドイツ人から二級市民と差別されていたが，彼らはポーランド人としての誇りと自覚をもち，ポーランド語とポーランド文化を保持し続けた。その彼らの拠り所が，教会（カトリック教会），**体操組織**「**ソクウ**」（Sokół：「隼（はや

---

4) A. a. O., S. 197.
5) Knabe, S. 201-202.

ぶさ)」の意)[7]，また「ポーランド系少数者学校」等の団体であった。圧倒的な経済力，文化力，軍事・政治力をもつドイツの中で，彼ら「ポーランド人」は，それら団体，なかでも「少数者学校」に集いながら，自分たちの言語と文化，アイデンティティーを保持しようとしたのであった。そのような事例を，ザクセン州（Provinz Sachsen）の一例から探ってみたい。

　ヨハネス・フラツコヴィアク（Johannes Frackowiak）は，祖父，父，本人三代の移住ポーランド人のアイデンティティー研究を行っている[8]。フラツコヴィアクの著書によれば，一家（もちろん筆者フラツコヴィアクはまだ生まれていないが）は，プロイセン東部のポーゼンからザクセンのビターフェルト郡ザンダースドルフ村（Bitterfeld 郡 Sandersdorf 村＝「荒野郡砂地村」というほどの意。厳しい自然環境であったのだろう）へ働きに来た。当地はライプチヒの北方30 kmのところで，ウィーン会議（1815）の結果ザクセン王国の一部とともにプロイセン帰属となり，その後1816年の地方再編でザクセン州メルゼブルク県となった。ここは19世紀中葉までは森林と農業地であったのだが，この地に泥

---

6) 伊藤定良『新しい世界史8　異郷と故郷―ドイツ帝国主義とルール・ポーランド人』（東京大学出版会，1987）は，ルール地方のポーランド人の民族文化運動，民族教育運動を現地の文書館資料を駆使して究明している。このテーマの研究の開拓的業績である。今野元『多民族国家プロイセンの夢―「青の国際派」とヨーロッパ秩序』（名古屋大出版会，2009）は，ポーランド人貴族であるが，プロイセン愛国主義の立場でドイツ人とポーランド人との共生の道を探ったフッテン・チャプスキ伯爵（1851-1937）の研究である。強大なプロイセンの中で生きるポーランド人の，親ドイツ的で多民族共存の生き方――著者はこれを「青の国際派」（青は貴族を象徴する色）と命名している――を描く。

7) 伊藤定良は，体操組織「ソクウ」に注目して，それが教育運動，宗教運動，婦人運動とともにポーランド民族主義運動の基軸を成して，ポーランド人のアイデンティティー保全に大きな役割を果たしたことを述べる（伊藤，前掲書，「第2章　ポーランド人の結集と民族運動」参照）。フランスのソクウとポーランド人運動については，中村年延「第6章　移民と母語教育の条件―20世紀初頭フランス・ポーランド人炭坑移民の場合」（望田幸男・橋本伸也編『叢書・比較教育社会史2　ネイションとナショナリズムの教育社会史』（昭和堂，2004）6 参照。

8) Frackowiak, Johannes: Wanderer im nationalen Niemandsland. Polnische Ethnizität in Mitteldeutschland von 1880 bis zur Gegenwart. Paderborn: Schöningh, 2011.

第 4 章　ドイツの国内少数民族政策

炭が発掘されヨハン・シュミット (Johann David Schmidt) なる工場主が泥炭を利用し蒸気機関による織布工業を成功させて，工業化の口火を切った。やがて鉄道開通，坑の発展で出炭量が拡大し，泥炭の露天掘りに多くの労働者を必要とするに至った。この地にやって来た労働者（1880-1914 の間，ビターフェルトに計 1,356 人）の多くが，ポーゼン州出のポーランド人だった[9]。

　ここでは，特に，ポーランド人の体操組織ソクウが盛んであった。フラツコヴィアクの祖父 (Johann Frackowiak) は，ソクウ最後の書記をつとめた人物である（この祖父が，ナチ時代にソクウ関連文書を保存していたために，今日，それらからかつてのポーランド人とその生活を知ることができた）。それとともに，ソクウのよき指導者の存在，献身的なポーランド人教師の活動，またそれらを支援する在ライプチヒ，ポーランド領事館の援助とが重なって，この地では貴重なポーランド人教育活動が実現したのであった。以下その軌跡をたどってみよう。

### (1) 母語権とポーランド語少数者学校運動

　ワイマール共和国憲法（1919）の第 113 条に「母語 (Muttersprache)」規定が定められた。また，プロイセン邦憲法にも，外国語を話す民族部分 (fremdsprachige Volksteile) の「授業言語」(Unterrichtssprache) 規定が盛られた。

●ワイマール憲法（1919 年）第 113 条
ライヒの外国語を話す民族部分 (die fremdsprachigen Volksteile des Reichs) は，立法および行政によって，彼らの自由な民族性の発展 (volkstümliche Entwicklung) を妨げられてはならず，取り分け，教育ならびに国内行政および司法における彼らの母語 (Muttersprache) の使用を妨げられてはならない。[10]
　　　　　　　　　　　　　　　　　　　　　　　　　　　　　　　　　　[小峰訳]

---

9) A. a. O., S. 23-35.
10) Boldt, Hans (Hrsg.): Reich und Länder: Texte zur deutschen Verfassungsgeschichte im 19. und 20. Jahrhundert. München: Deutscher Taschenbuch Verlag, 1987, S. 511-512.

●プロイセン邦憲法（1920年）第73条
州議会は，州法によって，ドイツ語とともに以下の言語を許可することができるものとする。
　a）外国語を話す民族部分のための他の1授業言語（eine andere Unterrichtssprache）——その場合，ドイツ系諸少数者の保護が図られるものとする——。
　b）混合言語地域において他の1公用語（Amtssprache）。[11]

[小峰訳]

　ワイマール憲法の母語条項の成立によって，ポーランド系少数者は，ドイツの中でポーランド語教育を実現しようとした。それを推進する運動団体が，**「ドイツ国国内少数者連盟」**（Verband der nationalen Minderheiten im Deutschen Reich, 1925）だった。「連盟」は，デンマーク人，フリースランド人，リトアニア人，ゾルブ人，そして最大グループのポーランド人を糾合して，彼らの公教育学校での母語教育を求めたのである。「連盟」設立を促したのが，上部団体の**「ポーランド人同盟」**（Polenbund：ZPwN, 1922）である。すでにワイマール憲法制定の時点で，ライヒレベルの統一的少数者学校制度創出を謳うことができなかったので，全国一律の少数者学校制度を実現するのは不可能だった。運動は，可能なところで——公立学校のみならず，私立学校の場でも——ポーランド語教育を実施することであった。

　ルール地方では，ポーランド人が私立ポーランド語コースを設立しており，大戦終了直後には約20,000人が学んでいた。だが，1923年になると，ポーランドならびにその庇護国フランスの方針転換によって，ルール地方のポーランド語校はほとんど解体。その結果，「ポーランド人同盟」は，新しいポーランド語教育展開のあり方を探ることとなった。

　この結果として生み出されたのが，1923年以降の，私学協会中心のポーランド語教育運動であった。ドイツ国として残ったドイツの旧領土（上シュレジ

---

11）A. a. O., S. 543.

エン，国境州ポーゼン＝西プロイセン）に暮らす Autochthone 土着人［＝二重言語者］は，運動が実って，公立学校でのポーランド語教育の道が開かれた［上シュレジエンでは「ジュネーブ協定」（1922.5.15）による］。これらは成功例といえた。

## (2) ポーランド語プチ学校——私立ポーランド語学校

　国境地に対して，ドイツの中心地方のポーランド語教育につき，「ポーランド人同盟」は，私学方針を取るに至った（これを推進したのがオペルン・カトリック学校連盟議長ナピエラルスキ（Adam Napieralski）であった）。「シコーワ・ポルスカ」»szkóła polska« = polnische Kleinschule，ポーランド語プチ学校」（私立ポーランド語学校）は，さきの1918年「ポーランド語令」の枠内で発展することになった[12]。これの担い手は，**ポーランド学校協会** »towarzystwo szkolne« だった。1924年，ライプチヒに在ドイツ・ポーランド社会党によりプチ校 »szkóła« が設立された。しかし，この学校を維持するには，大きな問題があった。①財政，②教員である。

　この窮状を救ったのが本国からの援助であった。すなわち，1920年の末に，ポーランド領事館が財政と教師支援に乗り出したのだった。

　このような動きの中に，ザンダースドルフのポーランド語学校運動も位置づいていた。ここでは，ポーランド人の民族運動が，**体操組織ソクウ**を軸に展開されていたのである。先見性あるソクウ議長ツヴォイヂンスキ（Cwojdzinski）は，当地に学校協会を設立して私立学校でのポーランド語教育を推進した。ここで注目されるのが，**教師スヘトキ**（Suchedki）の役割である。この教師は，ダンチヒ近郊 ヴヂェシュチ（Wrzeszcz（独 Langfuhr））に生まれ，1928-34の間，ライプチヒのポーランド領事館雇となっている。この教師がザクセンやチ

---

12) 1918年の「ポーランド語使用令」は，その後関係諸州に適用拡大される。Vgl. Krüger-Potratz, Marianne（Hrsg.）: Fremdsprachige Volksteile und deutsche Schule. Schulpolitik für die Kinder der autochthonen Minderheiten in der Weimarer Republik. Münster: Waxmann, 1998, S. 239.

ューリンゲンで教育活動を展開したのであった。しかし，そのポーランド語教育活動のゆえに，のちに，ナチス政権下でシュトゥットホーフ強制収容所（ダンチヒの東36キロ。反独ポーランド人の強制収容所として有名）にて虐殺されている。

### (3) 少数者学校のネットワーク

　こうしたポーランド語教育はザクセン州および近隣に広がり，1930代にプチ校はライプチヒ管区に14校（1931）となっている。内訳はザクセン6，チューリンゲン5，メルゼブルク2，＋α（スヘトキの教授プラン有り）。近隣のポーランド人多数の町ホルツヴァイシヒなどにプチ校が無いのに対し，ザンダースドルフに1校ポーランド語少数者学校が存在していたのも，ソクウ組織，なかでも議長ツヴォイヂンスキの存在が大きい。

　それとともに，在ライプチヒ・**ポーランド領事館**の存在が重要であった。**領事ブシェジインスキ**（Dr. Tadeusz Brzeziński，在任1931-35）は，教師スヘトキを雇い入れてポーランド語少数者教育を援助し，また，学校協会とソクウにも財政援助を行ったのだった。この領事ブシェジインスキの子が，時代を下って第二次大戦後，米国カーター大統領の国際問題担当補佐官，ズビグネフ・カジミエシュ・ブレジンスキー（Zbigniew Kazimierz Brzeziński, 1928 -）である。

　ザンダースドルフのポーランド人少数者学校は，そこにつどう教師スヘトキ，これを支援する体操組織ソクウとその指導者ツヴォイヂンスキ，ならびにライプチヒ領事館と領事ブシェジインスキ，その子ブレジンスキー——と，まことに劇的な歴史展開の舞台となっているのであった[13]。

　以上に一瞥したように，ドイツに暮らすポーランド人にとっては，ポーランド語で語り交わる少数者学校が，学童のみならず，それの背後のポーランド人

---

13) Frackowiak, S. 120-123.

父母，ポーランド人社会にとって民族的自覚の拠り所となっている。その際，特に，体操組織「ソクウ」がポーランド民族運動に重要な役割を果たした。この点，地域は飛ぶが，戦前の植民地朝鮮において，スポーツ活動が民族主義運動と結合したことが想起される。スポーツの文化，社会的意義があらためて注目されるのである[14]。

## 3. 「ポーランド系少数者学校令」（1928.12.31）について

　本令（本稿では「ポーランド系少数者学校令」と表現）は，第一次世界大戦後にドイツ＝プロイセンが，邦内のポーランド系少数民族の教育権を定めたもの。これは，第二次世界大戦後，ドイツ＝シュレスヴィヒ・ホルシュタイン州のデンマーク系少数者が，州政府に対して少数者権を主張した際に拠り所とした民族の自己決定原理（自由表明主義＝「主観基準」，「主観原理」Das subjektive Prinzip）の起点をなすものである。彼らは，州政府との交渉において，第一次世界大戦後の「改正デンマーク系少数者教育令」（1928.12.31）に盛られた「主観基準」に基づいて，自分たちはドイツ人ではなくデンマーク人であると主張し，同州シュレスヴィヒ部分のデンマーク「復帰」と国内少数民族の権利を求めたのだった[15]。

　「改正デンマーク系少数者教育令」は，実は，同日制定された「ポーランド系少数者学校令」（1928.12.31）を準用するとしているので，プロイセンの少数

---

14) 西尾達雄「植民地支配と身体教育——朝鮮の場合——」（望田幸男・田村栄子編『身体と医療の教育社会史』〈叢書・比較教育社会史 [1]〉（昭和堂，2003）参照。管見のかぎりであるが，体操組織ソクウは，日本体育学会監修『最新スポーツ科学事典』（平凡社，2006）には言及がない。本テーマは，体育・スポーツ史研究においてさらに多角的に研究されてよいと考える。

15) デンマーク系少数者教育問題については，小峰（2006/7）；同（2007）参照。そこに「「客観基準」客観理論（objektive Theorie）」に基づく旧法令の「デンマーク系少数者教育令」（内務省令 1926.2.9）と「主観基準」に基づく「改正デンマーク系少数者教育令」を訳出しておいた。

者政策は「ポーランド系少数者学校令」の成立経緯の中にこそ求められなくてはならないと考えて，筆者は先の論考［第1章］を執筆したのである。

　本「ポーランド系少数者学校令」は，プロイセン一般のポーランド系少数者に適用されたものである（独領上シュレジエン［旧上シュレジエンの残余3分の2のドイツ残留部分］には「ジュネーブ協定」(1922.5.15) が適用された）。本令は，まずはじめに民族の自己決定（主観基準）を謳い（第1条1），その表明を当局が疑ったり再審査したりすることを禁じている（第1条2）。そして，少数者学校に子どもを学籍登録することは，自らがポーランド人であることを表明したとみなされるとする（同項）。少数者教育施設は，私立国民学校（小学校）を基本とし，これを学校組合が維持・管理する（第2条）。学校組合方式は，元来人口粗なるプロイセン東部の伝統的な農村学校維持方式であった。これが，人口稠密な地域では，公立学校に転換しうる（第6条1項）。上級学校の設置も可能である（第3条）。授業はポーランド語で行われるが，ドイツ国のカリキュラムを基本とする（第7条）。したがって，ドイツ語の授業を欠くことはできない。そこの教員は十分なポーランド語能力が求められる（第2条）。また，少数者学校に対して60％の国庫補助を定め，主として教員給与に充てる（第5条）。

　これらが「ポーランド系少数者学校令」の大要である。民族所属は「主観基準」に基づくとし，その表明を当局が疑って，何らかの客観指標で再判定（言語テストのような）することを禁じている。また，子どもを少数者学校に登録することは，彼らが少数者であること（すなわち「ポーランド人」）の表明を意味する，という点に画期的な意味がある。このことは，上シュレジエン学校紛争において，ポーランド当局が「母語」を明記させ，「ポーランド語を母語とする」ドイツ系住民は「ポーランド人である」と「判定」して彼らのドイツ系少数者学校就学を排除したこととは対極に位置する民族判定である。

　しかし，ポーランド系子弟に対して，ポーランド語で授業を行うとするが，少数者学校のカリキュラムは基本的にドイツの公立学校カリキュラムと定めている。したがってドイツ語の授業は欠かせない。つまり，ポーランド人児童に

対して，特別に「国語としてのポーランド語」の授業時間を設け，ポーランドの歴史や文化を詳しく扱うことは，可能ではあるが，必ずしも推奨されているわけではない。

やはり，ホスト国がゲストに一定の文化的アイデンティティーを認めたもの，という評価にならざるを得ないであろう。もちろん，このような法令が出されたこと自体，プロイセンの従来の同化主義的教育とは対極に位置するものである。筆者は今後，本令の成立経緯を他の言語令とも比較して調べてみたいと思っている（これについては文化自治を扱った本書第5章を参照されたい）。

なお，プロイセンの教育行政システムに関しては，遠藤孝夫『近代ドイツ公教育体制の再編過程』（創文社，1996）に教えられた。謝意を表したい（但し，拙訳の訳語は必ずしも同書と同じというわけではない）。

〈資料3〉

## ①「ポーランド語使用令」（1918.12.31）
## ②「ポーランド系少数者学校令」（1928.12.31）

①「ポーランド語使用令」（1918.12.31）［＝小峰略称］
「プロイセン文部省令 1918.12.31」（Erlaß vom 31. Dezember 1918--UIII A 1420-）［正式名称］
　　　　［ヴェンド語使用文部省令〈1920年12月29日〉所収＝拡充適用］

[　告　示　]

　本令をもって本官は，以下に印刷した1918年12月31日付上シュレジエン，西プロイセンポーランド語児童学校省令（UIII A1420）の該当諸規定を，リグニッツ県ならびにフランクフルト（オーデル）県のヴェンド語児童が通学する［原文「通学した」――過去形］学校にも，準用適用することを命じる。

　　　　　　　　　　　　　　　　ベルリン，1920年12月29日
　　　　　　　　　　　　　　　　文部大臣（代理）ベッカー
　　　　　　　　　　　　　　　　　（文部省令）UIII A 2094 I, II.

――――――――――

　ダンチヒ県，マリエンヴェルダー県，オペルン県の学校におけるポーランド語使用に関する従来の命令を，次のように拡大するものとする。すなわち，ポーランド語を話す児童（die polnisch sprechende Kinder）には，全宗教授業がポーランド語で行われ，また，児童の親が望むならば，ポーランド語の書き方，読み方授業が行われる，と。
　後者［書き方，読み方］の授業は，中級，上級においては週3時間まで行われる。
　しかしながら，各県当局には，諸般の事情ならびにポーランド人住民の要望に配慮して，これを［ポーランド語書き方，読み方授業］を，早くも下級から開始させること，ならびにその授業数を週4-6時間充てさせることを許すものとする。
　ポーランド人児童の他の授業は――彼らに割り当てられたポーランド語授業数に応じて――，これら児童の負担過重を避けるため，軽減しなければならない。
　ドイツ人児童の授業は，これまで通りのやり方で継続するものとする。
　明示された諸命令は直ちに発効する。
　それらは，当然のことながら，本目的にかなう適切な教員団が存在する，ないし

第4章　ドイツの国内少数民族政策

調達しうる範囲内でのみ実施されるものとする。
　ポーランド語宗教授業ならびにポーランド語授業創設により発生する経費は，学校維持経費に含めるものとし，それ故，学校維持義務を有する者［個人，学校共同体，学校協会］に負担させるものとする。

ベルリン，1918年12月31日<br>文部大臣　　ヘーニッシュ

ダンチヒ県　　　　　　　　殿
マリエンヴェルダー県　　　殿
オペルン県　　　　　　　　殿

（文部省令）UIII A1420

（出所：Zentralblatt, Jg. 63, H.2, 1921）＊

---

＊【小峰注】Zentralblatt für die gesamte Unterrichts-Verwaltung in Preußen, Jahrgang 63, H. 2, Berlin: Weidmannsche Buchhandlung, 1921. 1. 20, S. 42.
　なお，筆者は1918年の「ポーランド語使用令」をプロイセン文部省報『教育中央報』（Zentralblatt für die gesamte Unterrichts-Verwaltung in Preußen）で探したのだが，直近の1919年報には掲載されておらず，それからはるかに隔たった1921年のものの中に漸く発見することができた。文書主義の徹底しているドイツで，なぜこのようなことが起こるのか不思議に思っていた。それが，その後Knabeの研究を読んで氷解した。それは，同令はその後ヴェンド語（カシューブ語）にも適用拡大が行われ，かつ適用地域拡大も行われたのである。しかし，現実には，1919年のヴェルサィユ講和条約会議でポーランドとの国境が画定し，当初想定していた地域が「ポーランド国」，国際連盟管轄下「ダンチヒ自由都市」となったため，本令は一部空文となるに至ったのであった。
　Vgl. Knabe, Ferdinande: Sprachliche Minderheiten und nationale Schule in Preussen zwischen 1871 und 1933. Eine bildungspolitische Analyse. Münster: Waxmann, 2000 (Internationale Hochschulschriften, Band 325), S. 202.

## ②「ポーランド系少数者学校令」(1928.12.31)

「ポーランド系少数者学校制度規整令」(„Ordnung zur Regelung des Schulwesens für die polnische Minderheit [1928.12.31]."）[正式名称]

[送り状]

謹んで，同封のごとく，プロイセン内務省命令（Verordnung）複写をお送りいたします。

1928年12月31日プロイセン内務省命令（Verordnung）：
「ポーランド系少数者学校制度規整令」
-- ST. M. I. 15514/28, AIII O 3662/28 --

本法令を，内務省報次号にて，ご公刊下さいますよう謹んでお願いいたします。
本官は，本法施行に関する詳細省令を，留保しております。

文部大臣
ベッカー

プロイセン内務大臣　殿

（文部省令）AIII O50, UIII D. 1./29.

---

「ポーランド系少数者学校制度規整令」(„Ordnung zur Regelung des Schulwesens für die polnische Minderheit [1928. 12. 31]."

### 第1条 [本法令の目的]
#### §1. [少数者]
以下の諸規定（Bestimmungen）の意味での少数者とは，自らをポーランド民族のもとにあると自覚している共和国国民部分（diejenige Volksteile des Reiches, die sich zum polnischen Volkstum bekennen）のことをいう。

#### §2. [少数者所属表明の再審査禁止]
少数者に所属することの告白（Bekenntnis）が，再審査されたり否認されたりする

第4章　ドイツの国内少数民族政策

ことがあってはならない。

　教育権者が，少数者学校設置申請書提出に伴い，これに児童の名前を記載すること，ないしは［既存の］少数者学校へ児童を学籍登録することは，この児童が少数者に属していることを十分に告白（Bekenntnis）したものと考えられる。

## 第2条［少数者国民学校］
### §1.［ポーランド系私立少数者国民学校］

　ドイツ国籍児童（reichsdeutsche Kinder）で，ポーランド系少数者に所属する就学義務児童——彼らは同じ学校組合［Schulverband］に居住するか，定期的通学が可能と見做しうる地域に居住する児童——のために，ポーランド語を授業言語とする私立少数者国民学校の設立要求は承認されるものとする。但し，公立または私立少数者国民学校によって，少数者所属児童の就学がすでに十分に配慮されている場合を除くものとする。

### §2.［ドイツ国籍未保持者］

　ドイツ国籍でない児童（nichtreichsdeutsche Kinder）の場合は，出自または言語（Abstammung oder Sprache）によって，彼らがポーランド民族の下にあると証明されたとき，私立少数者国民学校通学が許可され得る。

### §3.［就学義務］

　少数者の児童は，私立少数者国民学校へ法定通り通学することによってでも，就学義務を満たし得るものとする。

### §4.［校長，教員］

　私立少数者国民学校の設立，および運営の承認を得るためには，この人間——人間［校長。法人ではない］に承認が与えられる訳であるが——が，プロイセン邦教職就任資格［die Befähigung zur Anstellung im preußischen Schuldienst = 免許状］を有していることが必要である。

　承認はまた，これに照応するポーランド国教職資格［entsprechende Befähigung im polnischen Schuldienst = 免許状］を有し，いかなる懸念，取り分け技術的ないし倫理的懸念のない一教員（男女）にも，与えられ得るものとする。

　かかる一教員（男女）［ポーランド国免許状を有する］を任用するに当たっては，それ以上の学術的能力証明は不要である。これは言語の観点についても同様である。

　校長（Leiter）の他に，さらに業務に携わる教員（男女［複数］）に対しては，校長と同一の教育資格諸規程（Vorschriften）が適用されるものとする。

〈資料3〉 ②「ポーランド系少数者学校令」(1918.12.31)

### §5.［教室］

　教室は，安価な要求に対応しなければならない。その際には，被教育者数も考慮に入れるものとする。公立学校と同等の要求は，一般的には求めないこととする。
　学校の開校前に，必要最低限の教材は用意しておかなければならない。

### §6.［資金証明］

　教育活動に必要な資金証明は，まず何よりも，最低100名のドイツ国籍会員（reichsdeutsche Mitglieder）を有する社団法人（rechtsfähiger Verein）がその保証を引き受けたとき，すでになされたと見做すこととする。
　この場合，社団法人が保証する少数者学校常勤教員（男女）［複数］数が，社団法人会員の5％以上に達するときは，それ以上の証明が求められるものとする。

### §7.［カリキュラム，授業言語＝ポーランド語］

　授業の中で，ポーランド民族に関する知識を教育するのに欠かせないと判断される場合は，その範囲内において，ドイツの公立国民学校カリキュラムを逸脱することが許される。
　授業言語は，ポーランド語がドイツ語に取って代わるものとする。
　ドイツ語は，教科として十分な時間数を取って教育しなければならない。
　休暇は，公立国民学校と同一でなければならない。

## 第3条［上級学校，国家資格］

### §1.［上級学校］

　ポーランド語を授業言語とし，国民学校以上の教育目的を有する私立［上級］学校を設立するに当たっては，その種の［上級］私立学校設立一般と同一の諸規程が適用されるものとする。
　［本法令］第2条§2から§6の諸条項（Vorschrift）も，準用適用されるものとする。

### §2.［国家資格］

　国家資格が授与される諸試験［アビトゥーア資格等］の承認認定は，それら少数者学校において十分なドイツ語教育が行われる限り，他の私立学校と同一の諸原則が適用されるものとする。

## 第4条［教員再教育機関］

　私立少数者諸学校教員を，少数者学校問題のさらなる特別課題へと導き入れ，これらの学校の教育に寄与する特別の才能を育成するために，ドイツ国に拠点をもつ団体，または個人のドイツ国籍者（einzelne Reichsangehörige）により，独自の費用で，

特別機関ないしは講習会——常設コース形態も含む——を設立し得るものとする。

だが，学校監督の観点からは，この種の機関への参加を少数者学校の校長（男女），教員（男女）としての活動の前提，ないし条件として求めてはならない。

## 第5条　［国庫補助］

### §1.　［国民学校補助］

住民 20,000 人未満の 1 学校組合が，私立少数者国民学校に通学する義務就学児童が最低 40 名のとき，また住民 20,000 人以上 50,000 人未満の 1 学校組合が，義務就学児童が最低 80 名のとき，また住民 50,000 人以上 100,000 人未満の 1 学校組合が，義務就学児童が最低 120 名のとき，また住民 100,000 人以上の 1 学校組合が，義務就学児童が最低 240 名のとき，これらの私立国民学校維持に対して，国庫補助が保障されるものとする。

年度途中での生徒数の変動は，これを考慮しないものとする。

国庫補助は，通例，常勤教員（男女）俸給支給額の 60％ とする。

国または学校組合が，少数者学校用に教室を無料で提供する場合には，教室賃料は現金補助の一部と見做すことができるものとする。

本条諸規定の意味での学校組合として，現存学校協会（学校共同体）（Schulsozietäten〈Schulgemeinden〉）も含むものとする。

### §2.　［上級学校補助］

国民学校以上の教育目的を有する，私立［上級］少数者学校の補助に関しては，プロイセンの他の同種学校と同一の諸規定が，適用されるものとする。

### §3.　［公立学校教室使用の認可権限］

公立学校の教室を，私立少数者学校の授業に使用することを認めるかどうかは，学校監督当局の権限である。

## 第6条　［公立少数者国民学校］

### §1.　［公立少数者国民学校への転換］

私立少数者学校において，当校に通学する国民学校就学義務児童数が，本法令第5条§1に定める国庫補助受給の前提条件を過去3年間にわたって満たしかつ現在なお継続している場合には，国民学校就学義務を有し，当校に通学している児童の教育権者最低 40 名の申請に基づき，当校を，ポーランド語を授業言語とする公立国民学校に転換することとする。

この国民学校の維持，教員採用，俸給支給に関しては，他のプロイセンの公立国民学校と同一の諸規程が準用されるものとする。

〈資料3〉 ②「ポーランド系少数者学校令」(1918.12.31)

　しかしながら，公立学校転換に反対する教育権者の数が，申請者の数よりも多数に達したときは，転換は行われてはならないものとする。
　1934年4月1日までは，1学校組合内において，国民学校就学義務を有し当校通学児童の教育権者最低40名の申請に基づき，ポーランド語を授業言語とする公立国民学校［複数］を設立すること，または私立少数者国民学校［複数］を公立校に転換することは，申請に定められている当該学校組合内の国民学校就学義務児童数が，学期開始時点において，全児童の最低5%に達したときに行われるものとする。
　本条諸規定の意味での学校組合としては，現存学校協会（学校共同体）も含むものとする。

§2.［教員，教科書要求］
　当該学校へ教員を採用する前に，この学校の父母評議会に提案の機会が与えられるものとする。また同様に，特別教科書の採用前に，父母評議会に意見を聴くものとする。

§3.［ポーランド語教育，ポーランド語宗教教育］
　ポーランド語の書き方，読み方，宗教教育の開設に関しては，現行の諸規定を適用するものとする。

第7条［除外地域］
　本法令第1条から第6条の諸条項は，ジュネーブ協定発効地域には適用されない。なぜなら，オペルン県全体［ドイツ領上シュレジエン州］には，ジュネーブ協定の諸規定に加えて，1918年12月31日文部省令──── UIII A 1420 ────が施行されているからである。

　　ベルリン，1928年12月31日

　　　　　　　　　　　　　　　　　　　　プロイセン内閣
　　　　　　　　　　　　　　　　　　　　［首相］　ブラウン
　　　　　　　　　　　　　　　　　　　　［文相］　ベッカー
　　　　　　　　　　　　　　　　　　　　［内相］　グルツェジンスキ

プロイセン内務省令　I 15514/28
プロイセン文部省令　AIIIO 3662/28.1.

（出所：Zentralblatt für die gesamte Unterrichts-Verwaltung in Preußen, Jahrgang 71, H. 3, Berlin: Weidmannsche Buchhandlung, 1929. 2. 5, S. 39-40.）　［　］は小峰補足。

第5章

# 国境を越える「文化自治」
── C. G. ブルンス:「少数民族文化自治ライヒ法草案」
(1926.3.15) ──

**ドイツ系少数者運動支援者**
**カール・ゲオルク・ブルンス**
(Carl Georg Bruns, 1890-1931)

国際法学者,少数民族問題専門家
- 1890 学者の家庭生まれ(父,キール大学教授,祖父,ベルリン大学学長)。キール大,ボン大卒(博士)
- 大戦に身体障害で参戦できず。戦時補給所,ポーランドのドイツ民族評議会運動に参加。
- 以後外地のドイツ人支援活動に従事。「欧州ドイツ人連合」法律顧問,ベルリン支部長。「少数民族文化自治草案」執筆。シュトレーゼマン外相と親交。

(Vgl. Eser; Kaufmann; Krüger-Potratz ほか)

(出所:John Hiden/Martyn Housden, S. 26)

## はじめに

　本章では,カール・ゲオルク・ブルンス(Dr. Carl Georg Bruns)の「ドイツ国内諸少数民族学校制度規整ライヒ法草案」(1926.3.15)(〈資料4〉p.179～)を取り上げる。

　民族の自己決定原理=「主観基準」の主唱者ブルンスは,ライヒ=ドイツ国にこの原理の法律化を求め,それのモデルとなるべく本案を起草した。この「主観基準」は,その後1928年4月26日,上シュレジエン学校紛争をめぐる常設国際司法裁判所判決で部分的に認められ,そののち,ドイツ国のプロイセン邦に「ポーランド系少数者学校令」(1928.12.31)(「ポーランド系少数者学校制度規整令」Ordnung zur Regelung des Schulwesens für die polnische Minderheit

141

[1928.12.31]）として制定されるのである。「ポーランド系少数者学校令」は，前章で取り上げた。

　これまで述べたように，近代ドイツは周辺国併合・領土拡大とともに，国内に多くの非ドイツ民族を抱え込んだ（特にプロイセン邦）。ドイツはこれら国内少数民族に対して，同化主義「国民統合」をはかったのである（その点はオーストリア＝ハンガリー帝国と異なる）。しかし，第一次世界大戦敗北後のヴェルサイユ条約による領土決定，特にポーランドの「再興」により，北部の北シュレスヴィヒ，西部のエルザス・ロートリンゲン，そして東部のポーゼン，西プロイセン，東プロイセン，メーメル，上シュレジエン等において領土割譲（一部は住民投票による領土決定）が行われ，近代になってドイツが「獲得」した地域は，一部は隣国に割譲，また一部は「民族自決」に基づく新たな独立国等の領土となった（ポーランド，チェコ・スロヴァキア，リトアニア，自由都市ダンチヒ）。

　このヴェルサイユ条約による新国境線につき，ドイツ人の国民感情としては，西部の対フランス，ベルギー国境についてはやむを得ぬとしたのであるが，喪失領土の大部分を占める東部の対ポーランド国境線については，受け容れ難かった。特に，ポーランドと自由都市ダンチヒの創設によって，プロイセンの故地東プロイセンがドイツ本国と切り離されるという事態に，国民は党派を超えて反発した[1]。

　ブルンスは，ドイツ国が，国内少数民族に民族を自己決定しそれを表明した者たちが，子弟の教育を自分たちで運営する「文化自治」をドイツの民族的少数者（主にポーランド系少数者を念頭に置く）に認め，ドイツが民主的国家であることを国際連盟の内外にアピールして，ポーランド国にも同様の文化自治を認めさせようとしたのである。

---

1) Urban, Thomas: Deutsche in Polen. München 2000, S. 31.

第 5 章　国境を越える「文化自治」

## 1. カール・ゲオルク・ブルンスの生涯

### (1) 出　自

　このカール・ゲオルク・ブルンス（Dr. Carl Georg Bruns, 1890-1931）という人物は，ワイマール共和国時代のドイツという政治社会状況と不可分の存在である[2]。彼は特に，ドイツの旧領土であったポーランドや欧州に居住するドイツ系少数者（Reichsdeutsche［旧ドイツ帝国人＝失地東方居住のドイツ国籍所有者］）[3]の問題に取り組んだ人物である。

　今，カウフマンの叙述をベースに，若干私の補足も入れて彼の略歴を整理してみると次のようになる[4]。

| | カール・ゲオルク・ブルンス（Dr. Carl Georg Bruns, 1890-1931）<br>国際法学者，法律家，少数民族問題専門家 |
|---|---|
| 1890 | ・12.8 キール生まれ<br>父 Ivo Bruns はキール大学教授（古典文献学専攻）。祖父はベルリン大学ローマ法教授，学長（Prof. Dr. Karl Eduard Georg Bruns, 1816-1880）<br>・キールの人文ギムナジウム卒。キール大学，ボン大学に学ぶ，学問職めざす |
| 1914 | ・大戦時ケーニヒスベルク。身体の障害［脊髄強直］のため参戦できず |
| 1918 | ・戦時補給所へ |
| 1919 | ・学問を最終的に断念 |
| 1920 | ・Hedwig Bradrück と結婚。法律家。子ども（娘3人），音楽愛好<br>国籍法に取り組む（学位論文「ヴェルサイユ講和条約における国籍変更と国籍選択」1920（公刊 Leipzig 1921）。ドイツ系少数者団体の法律顧問。国際法雑誌"Nation und Staat : Deutsche Zeitschrift für das europäische Minoritätenproblem, Wien : W. Braumüller, 1927-1944" 創刊 |
| 1924 | ・11.17「少数民族文化自治」覚書。12.9　同案を外務省送付 |
| 1926 | ・2.25 ドイツ首相［ルター］と会談。「少数民族文化自治草案」外務省に提出。欧州少数民族会議に「主観原理」強調 |
| 1928 | ・4.26 上シュレジエンのドイツ系少数者学校に関わる常設国際司法裁判所判決で「主観原理」部分的に認められる。12.31「ポーランド系少数者学校令」；「改正デンマーク系少数者教育令」 |
| 1931 | ・2.27 死去。享年 40 歳 |

　これに，本資料が依拠したクリューガー＝ポトラッツの注の記述を加えてみると，少数民族の文化自治を推進したブルンスの像がさらに鮮明になる[5]。

143

カール・ゲオルク・ブルンス（Dr. Carl Georg Bruns, 1890-1931）
●ベルリンで弁護士として活動。特に，新国境画定により生じた Reichsdeutsche ［旧ドイツ帝国人＝失地東方居住のドイツ国籍所有者］の助言と代表。
● 1920　学位，ケーニヒスベルク大学にて。Erich Kaufmann 教授下。題目「ヴェルサイユ講和条約における国籍変更と国籍選択」。
●「欧州ドイツ人連合」（Verband der deutschen Volksgruppen in Europa）法律顧問。1922-同連合ベルリン支部長。
● 1927-1931（死の年）ブルンスらにより 1927 年共同設立の同連合雑誌『民族と国家』（Nation und Staat）主筆。
●ブルンスは――もちろん個人的関係も含め―各種少数者問題管轄部局，特に外務省およびシュトレーゼマン外相と緊密な関係を有す。
(Vgl. Kaufmann 1930/31, Schot, 1988)

　ブルンスの家は学者の家系である。祖父はベルリン大学のローマ法教授でベルリン大学学長（Rektor），父もキール大学教授。祖父のカール・エドゥアルト・ゲオルク・ブルンスの著作はもとより，父の古典文献学者イヴォ・ブルンスの著作も，我が国の大学図書館に多数所蔵されている。そのような家の出身のカールは，当然のことながら学者を志した。しかし第一次世界大戦の勃発が，

---

2) 私は，2005 年のドイツ・ベルリンにおける在外研究（2005/4-2006/3）において，デンマーク系少数者問題を調べる過程でブルンスに行き当たった（小峰総一郎「ニュダールとデンマーク系少数者教育問題」『中京大学教養論叢』第 47 巻第 1 号（2006/7), p. 43)。その後帰国して邦文文献を参照すると，ブルンスに関し歴史学研究者による詳細な研究が積み重ねられていることに気づかされた（川手圭一「第一次世界大戦後ドイツの東部国境と「マイノリティ問題」」『歴史評論』665, 2005/9; 進藤修一「『新しいヨーロッパ』はどう構想されたか――「アウトサイダー」たちのヨーロッパ――」大津留厚編『中央ヨーロッパの可能性』昭和堂 2006/2，など）。これらの研究に学ぶところが大きい。心より感謝する。
3) 松原正毅，NIRA 編『新訂増補　世界民族問題事典』平凡社，2002, 761, 764 頁，参照。
4) Vgl. Erich Kaufmann: Carl Georg Bruns als Persönlichkeit und Vorkämpfer der deutschen Minderheiten, in: Max Hildebert Boehm (hrsg.): Gesammelte Schriften zur Minderheitenfrage von Carl Georg Bruns. Berlin: Carl Heymanns Verlag, 1933, S. 1ff.
5) Vgl. Marianne Krüger-Potratz, Dirk Jasper, Ferdinande Knabe: Fremdsprachige Volksteile und deutsche Schule. Schulpolitik für die Kinder der autochthonen Minderheiten in der Weimarer Republik - ein Quellen- und Arbeitsbuch (Interkulturelle Bildungsforschung, Band 2), Münster: Waxmann, 1998, S. 306, Anm. 1.

この青年の人生を別の方向に導いてしまったのである。祖国の危機に直面するも自身の身体的障害で参戦できず，やがて祖国から切り離された東部のドイツ系少数者の権利を実現するため，国際法の理論化と欧州少数民族の保護活動を展開することになる。40年という短い生涯であったが，彼は現実から問題を見出し，それを理論化するという思考方法であった。ブルンスの博士論文指導者エーリヒ・カウフマン（ケーニヒスベルク大学国際法教授）は，それを大要次のように述べている。

> …ブルンスは，国家と民族とを分けて考える。「国家」は「国家意識」に支えられ，「民族」は「民族意識（自覚）」に依っている。したがってドイツ文化は国境の外であっても「ドイツ民族」によって栄えることができる。それを励ますのは国のしごとである。ドイツが，国内の少数者を保護すれば，それはやがて外国に居住するドイツ人の保護に結びつく。国家の多数者に，領土的，人的自治の限界と可能性を知らしめ，ドイツ人少数者の文化的自由，経済的要求を実現させることが重要である…。
> …ブルンスは意志の人，理想の人であり，12年間タフでエネルギッシュに少数者問題に打ち込んだ。今日なお「国際的少数者権」というものは確立されていない。そのため彼は，少数者政策の立案にエネルギーを傾注し，少数者権の実質的な確立に努めたのである…[6]。

### (2) 少数民族保護運動

彼はベルリンで法律事務所を開いて法律家として仕事をする傍ら，ポーランド等のドイツの旧領土に暮らすドイツ系少数者の権利実現の実際活動に取り組むのである。すなわち「**欧州ドイツ人連合**」(Verband der deutschen Volksgruppen in Europa) の法律顧問・ベルリン支部長をつとめ，またドイツ系少数者と同じような運命をかかえた欧州少数者国際会合「**欧州少数民族会議**」(Der Europäische Nationalitäten-Kongreß, 1925-1939/40) に参加して主観原理を推進，その内容を「欧州ドイツ人連合」機関誌『民族と国家』で人々に知らしめた。

---

6) Kaufmann: ebenda, S. 3-10.

『民族と国家』は，「欧州少数民族会議」の大会報告，欧州各地の少数者の状況報告，論文，判決，判例批評等が掲載されている[7]。またブルンスは，異郷ドイツ人の権利を実現するためドイツ政府，ドイツ外務省と接触，他方で彼らへの財政支援を「ドイツ財団」に訴えるのである。このようにしてブルンスは，アカデミズムとは一歩離れて，少数者政策の実現をはかる国際法学者，「ロビイスト」，また編集者として現実活動を展開したのである。

　この彼の異郷ドイツ人の文化的自由論が，少数民族の「文化自治」，特に，民族学校を自ら設立・運営する「文化自治」論であった。ブルンスの少数民族文化自治草案は，それを次のように述べている。

> 第1条　［少数者学校，自由表明主義］
> 　ライヒの外国人民族部分（fremdnationaler Volksteil）は，自らの民族性（Volkstum）とその言語を自由に発達させうるような自分たちの学校を設立し運営する権利を有する。かかる学校への就学は，その教育権者が自らを当該民族部分の下にあると表明するすべての児童に開かれているものとする。外国人民族部分に所属することを官庁が審査したり疑ったりしてはならない。［以下略］
> 第2条　［学校連盟］
> 　この学校の運営は，特別の連盟に義務づけられる。本連盟が当該民族部分所属者の普通選挙によって構成されるよう，各邦の法律で定めるものとする。これらの連盟には，邦の法律により，課税権が認められるものとする。

　この主観原理に基づく少数民族文化自治草案は，当初想定していたような全ドイツ的な実施には至らなかった。しかし本草案をもとに，1928年12月31日，プロイセン邦の「ポーランド系少数者学校令」が制定されたのである。それを受けて，「客観原理」の旧デンマーク系少数者令が，同日「主観原理」に変更されたことは，第4章で述べた通りである。

---

7) Nation und Staat : deutsche Zeitschrift für das europäische Minoritätenproblem. 1. Jahrg., Heft 1（1927)-17. Jahrg., Heft 11/12（1944）. Wien : W. Braumüller, 1927-1944. 同誌はこの時代の欧州少数者問題を知ることのできる貴重な資料である。

## 2. エストニアの文化自治

ブルンスの文化自治論は，すでに民族決定の「主観原理」を確立していたエストニアのものをモデルにしている。そこで，このエストニアとその文化自治について見ておこう[8]。

### (1) エストニアのドイツ人

エストニアは，古くからドイツ人（ドイツ騎士団）が入植してドイツ文化を発展させてきたところである。彼ら（バルト・ドイツ人）は次第に経済的社会的に上層をなしてきたので，ドイツ語とその文化，教育が尊重されることに強い意欲をもっていた。この時代に行われた国勢調査によるとエストニアの人口ならびに民族は表5-1の通りである。

表5-1．エストニアの人口と民族（1922, 1934）

| [民族＼国勢調査年] | 1922 | | 1934 | |
| --- | --- | --- | --- | --- |
| | 数 | 比（%） | 数 | 比（%） |
| エストニア人 | 969,976 | 87.7 | 992,520 | 88.2 |
| ロシア人 | 91,109 | 8.2 | 92,656 | 8.2 |
| ドイツ人 | 18,319 | 1.7 | 16,346 | 1.5 |
| スウェーデン人 | 7,850 | 0.7 | 7,641 | 0.7 |
| ユダヤ人 | 4,566 | 0.4 | 4,434 | 0.4 |
| ラトヴィア人 | 5,345 | 0.5 | | |
| ポーランド人 | 1,608 | | | |
| フィンランド人 | 1,374 | | | |
| その他 | 15,239 | 1.3 | 4,489 | |
| 合計 | 1,107,059 | 100 | 1,126,413 | 100 |

（出所：Gassanow, 2009, S. 11.）

---

[8] エストニアの文化自治については，小森宏美「バルト・ドイツ人の再移住―国民国家形成期のエストニア人とバルト・ドイツ人の関係」（大津留厚編『中央ヨーロッパの可能性』昭和堂，2006）参照。

ここから分かるのは，まず，エストニアは人口 100 万人ほどの小さな国だということである。また，人口の 90％近くがエストニア人で占められていたのである（他民族は 12％ほど）。この小さな国の中で，文化自治が認められた要因の一つは，「少数者」がまさに少数であり，エストニア人の脅威とはなり得ないということが挙げられる[9]。

> ※この点はポーランド・ドイツ関係の違いとして注目すべきところである。新生ポーランドにおいては人口の約 3 割が異民族で，うちドイツ人は，比率的には約 4％に過ぎなかったが（1921 年），かつての支配者として大きな影響力をもち，かつドイツの東部国境を修正させたいと願っていた。ポーランドのドイツ人がエストニアのような「文化自治」を求めたが，ポーランドにこれを却下された要因として，文部行政的にはポーランドの目指す平等・中央集権の学校制度創出に背馳するということが挙げられるが，内務行政的にはポーランドの国家的独立と政治的統合を脅かす恐れがあったことを挙げなければならない。

　参考までに，図 5-2 に 1932 年の段階における東欧の「民族ドイツ人（Volksdeutsche）[＝ドイツ語を母語とするが外国国籍をもつドイツ人]」の分布を示しておこう。

　これによると，「民族ドイツ人」が点在するエストニアに対し，ポーランドの旧上シュレジエン，旧ポーゼン，旧西プロイセンでは「民族ドイツ人」が面をなして多数存在している。これに加えてドイツ国籍のままの旧「帝国ドイツ人（Reichsdeutsche）」も多数居住している。エストニアに「文化自治」が認められているならば，ポーランドにおいても，ドイツ人の文化自治を要求する根拠はあったといえる。

---

[9]「エストニア人が約 9 割近くを占める民族的に均質な国であったことも内政安定の一因であった。」（小森広美「エストニア」伊東孝之・井内敏夫・中井和夫編『ポーランド・ウクライナ・バルト史』山川出版社，1998，298 頁）。

第 5 章　国境を越える「文化自治」

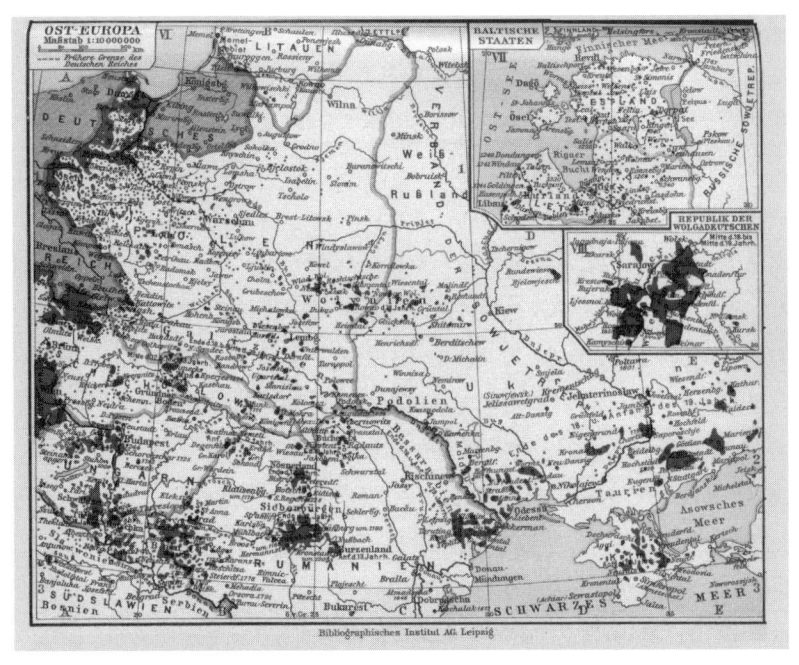

図 5-2．東欧の「民族ドイツ人」(1932 年)
(出所：Die Volksdeutschen in Osteuropa, 1932, 出所：http://de.wikipedia.org/wiki/Volksdeutsche)


(2) エストニアの「文化自治法」

エストニアでは，すでに 1920 年 6 月 15 日の「憲法」で，主観基準と文化自治を定めていた。

> ●エストニア憲法 (1920.6.15)
> 第 20 条　すべてのエストニア市民は，自らの民族決定 (Bestimmung seiner Nationalität) は自由とする。
> 　　　　　個人による決定が不可能の場合には，法の定める規定によりこれを行うこととする。
> 第 21 条　エストニア国境内に住み民族的少数者に属する者は，国家利益に反しない範囲で，自らの民族文化ならびに福祉 (Fürsorge) 利益を保障するのにふさわしい自治的諸機関 (autonome Institutionen) を創設しうるものとする[10]。　　　　　　　　　　　　　　[小峰訳]

憲法では，上記規定以外に，少数者の母語権（第12条），地方自治（第22条），商用語・裁判用語（第23条）の権利も定めている。そうした基礎の上に，ドイツ人子弟の教育をドイツ人の自治団体に委ね，文化財保護や文化振興といった文化行政も，それら自治団体による自治的運営と規定している[11]。上記第21条を補完する「**文化自治法**」は，1925年2月2日，前年末の急進共産主義者クーデター失敗の余韻のなか，エストニア議会において圧倒的多数で承認された。そこでは，ドイツ人，ロシア人，スウェーデン人，また3,000人以上の少数者に，広汎な文化権を定めている（第8条）。まず民族は自由に表明（記述）すると定め，少数者の提起で，国家政府は少数者代表による「文化評議会」（Kulturrat）を選出させて，これが文化行政を行う（第21条）。この「文化評議会」およびその中から選ばれた「文化行政局」（Kulturverwaltung）が，首都の少数者文化行政機関である。地方では「文化管理委員会」（Kulturkuratorium）が地方的文化問題の対処に当たる（第5条）。文化自治の領域は，まずは学校教育の組織化と行政，監督であり，加えて図書館，劇場，博物館等の少数者文化振興である（第2条）。これに対し福祉行政は特別法に委ねる。注目されるのは，文化自治のために，少数者に独自の課税権を認めていることである（第6条d）。少数者の教育・文化振興の財源として，法に定める国家補助金と並んで，寄付，カンパ，そして文化評議会により少数者に課せられる税金を考えているのである。このような広汎な文化自治は，文化評議会が多数決で自治停止を決定したとき，ないしは少数者所属者が3,000人を割ったときには終息するとしている（第15条）[12]

　「文化自治法」（1925年2月2日）から時を置かず，同年11月1日，ドイツ

---

10) Garleff, Michael: Die kulturelle Selbstverwaltung der nationalen Minderheiten in den baltischen Staaten, in: Bris Meissner hrsg.: Die baltischen Nationen: Estland, Lettland, Litauen, 2. Aufl., Köln 1991（Nationalitäten- und Regionalprobleme Osteuropa. 4), S. 94.
11) Garleff: ebenda.
12) Ebenda, S. 94-95.

第5章　国境を越える「文化自治」

人は「文化評議会」を選出（11人），11月4日，「ドイツ人文化自治宣言」を発してエストニア国内での少数者文化自治に取り組むことになる。

　学校教育関係では，1926年9月1日，公立ドイツ語学校でドイツ語による教育が開始され，1930年段階で，15公立校，9私立学校が，ドイツ人文化自治になる教育展開であった。またユダヤ人も，1926年5月，27人から成る「文化評議会」を選出して，エストニア国内ユダヤ人にイディッシュ語とヘブライ語の教育（1校はロシア語を授業言語とする）を展開，1930年段階で初等学校4校，中等学校2校（ギムナジウム）が，ユダヤ文化の民族学校として運営されるのである。彼らは，政治と文化を分離し，課税権も備えて，独自の文化関与を確立した。しかし国家の監督権は尊重し，エストニア国家と共同して文化，教育活動を積極的に推進したのである[13]。

　国内異民族のうちで，特にドイツ人，ユダヤ人が文化自治に積極的であった（ロシア人，スウェーデン人は消極的であった。ロシア人の文化自治への消極姿勢は，欧州少数民族会議でも批判された）。

　文化自治は，エストニアの国の発展にとってもプラスであった。そのため「当時ラトビアと同様に寛容な少数者立法を定めていたエストニアは，経済的ならびに文化的繁栄を享受した」といわれる所以である[14]。

　「**欧州少数民族会議**」（1925-1939/40）は，エストニアの文化自治法を基本見地とし，これの達成を追い風として出発した[15]。ブルンスを始めとする失地の東方ドイツ人支援者は，エストニアの文化自治法を共通の理想としたのであった[16]。

---

13) Ebenda, S. 99-101. なお，エストニアの教育制度については，小森 宏美「両大戦間期エストニアにおける教育制度の変遷：権威主義体制分析の視座として」『史觀』157, 2007/9, 参照。
14) http://de.wikipedia.org/wiki/Geschichte_Estlands
15) Eser, Ingo: »Volk, Staat, Gott!« : Die deutsche Minderheit in Polen und ihr Schulwesen 1918-1939. Wiesbaden : Harrassowitz Verlag, 2010, S. 238-9. Ingo Eserと本書については注26参照。

## *3.* 「少数民族文化自治ライヒ法草案」(1926.3.15) の成立とその影響

　さてブルンスは，「少数民族文化自治ライヒ法草案」を起草してドイツの旧領土に暮らすドイツ系少数民族の保護運動を展開する。以下では，この草案の成立プロセスとその内容，またそれの影響につき，特にポーランドとの関係に留意していくつかの点を述べることにしたい。

### (1)「少数民族文化自治ライヒ法草案」成立史

　1924年11月17日，ブルンスは「欧州ドイツ人連合」の求めに応じて，まず，「少数民族文化自治覚書」を執筆した。正式タイトルは「ドイツ国内諸少数民族文化権実施形態問題覚書」(Denkschrift zur Frage der praktischen Ausgestaltung kultureller Rechte für die Nationalitäten in Deutschland, 1924.11.17)である[17]。ブルンスはこの覚書を推敲してドイツ外務省に送り，その後さらに，ドイツ首相ルターとの会談（1926.2.25）を経て完成版としたのが，資料4に訳出した「**少数民族文化自治ライヒ法草案**」(「ライヒ法草案」とも略称）である。

　「覚書」（1924.11.17）の成立は，エストニアの文化自治法（1925年2月2日）よりも時間的には若干早い。しかしこの時期には，後述する在ポーランドドイツ人団体ならびに「欧州少数民族会議」との情報交換が活発に行われており，ブルンス「覚書」とその推敲，エストニアの文化自治法，「ライヒ法草案」（1926.3.15）とは，相互に深く関係しながら進行したのである。

---

16) 欧州少数民族会議については，前掲，進藤修一「『新しいヨーロッパ』はどう構想されたか―「アウトサイダー」たちのヨーロッパ」，参照。

17) Vgl. 連邦文書館ベルリン（旧ポツダム）資料 B Arch, B, 61 Sti – 1/1363, Deutsche Stiftung, S. 364-373, in: Krüger-Potratz (1998), S. 295. なお，クリューガー＝ポトラッツの本書には「覚書」のみの完全テキストは収められていない。「覚書」推敲の最終結果たる「ライヒ法草案」（第三草案）を知り得るのみである。

第5章　国境を越える「文化自治」

※なお,「ライヒ法草案」の成案日付は, タイトルによれば 1926 年 3 月 15 日 (15. März 1926) である。しかし以下の法案成立史にあるように,「ライヒ法草案」最終版の第三草案は, 1926 年 2 月 25 日に行われたブルンスとドイツ首相［ルター］との会談後, 同日に外務省所管局長 F. ハイルブロン (Heilbron, E.) に送られている。3 月 5 日の, 首相とブルンスとの会談に関する首相府次官議事録には, 第三草案よりもやや古いように見える第二草案（予め会談前に送っておいたものであろう）が付されていたというから,「ライヒ法草案」の成立日時は「1926 年 2 月 25 日」とすべきであろう。しかし 2 月 25 日の会談に関する首相府次官議事録（3 月 5 日付）には, 第三草案よりもやや古いように見える第二草案（予め会談前に送っておいたものであろう）が付されていた。ここには, 官庁の文書処理上の慣例があるのだろう。つまり, 議事録や公文書は, 一定の認証を経て正式文書として発効するものなのであろう。「ライヒ法草案」は, 2 月 25 日に成立していたが, これが最終的に首相府において認証されたのが「3 月 15 日」と解釈すべきだろう。拙訳では以上のように考えて, ブルンス「少数民族文化自治ライヒ法草案」の成立日付はタイトル通り「1926 年 3 月 15 日」とした。）

「覚書」(1924.11.17) 成立後, ブルンスは同年 12 月, これを推敲した「**第一草案**」をドイツ外務省に送り, 東部の失地ドイツ人の少数者権を認めさせるべく関係方面との折衝を開始する。特に外相シュトレーゼマンとの間には一定のパイプが存在していて, ブルンスはこれを通してエストニアに見られるような「文化自治」をドイツ国（ライヒ）に実現させようと働きかけるわけである。

※しかしブルンスは, 祖父が高名な学者であるとはいえ一介の市井の法律家である。それがクリューガー＝ポトラッツの研究によれば, ブルンスは最終的にはドイツのルター首相に面会して, 自身の少数民族文化自治草案をもとに, これの全ドイツレベルでの法律化を進言している。このパイプが一体どのような経緯で築かれたものなのか, 筆者には今のところ不明である。しかし, 後述するように, ブルンスは東方ドイツ人の財政支援組織「**ドイツ財団**」のクラーマー＝メレンベルク (Erich Krahmer-Möllenberg, 1882-1942)[18] と書簡を交わす関係にあった。「ロビイスト」のブルンスには, それらを含め, 恐らく複数の有力なパイプがあったのであろう。

追記：その後私は, ブルンスの博士論文指導者エーリヒ・カウフマン (Erich

Kaufmann, 1880-1972, ケーニヒスベルク大学国際法教授。その後ベルリン大学，ボン大学教授）が「東方被追放者連盟」の Web 人名録に掲載されているのを発見した。その中の記述に「カウフマンは 1920 年以来ドイツ外務省とコンタクトをもった」とある[19]。1920 年代，ブルンスが失地ドイツ人の文化自治を求めて活発に活動する時期である。ブルンスとドイツ外務省，またシュトレーゼマンとの交流は，まずはカウフマンの紹介から始まったものかもしれない，と現在私は考えている［【補遺】参照］。

とまれ，いま，クリューガー＝ポトラッツの研究により，ブルンスの少数民族文化自治草案の起草過程を整理すると次の表 5-2 のようになろう[20]。

### 表 5-2. ブルンス「少数民族文化自治ライヒ法草案」成立史

● 1924.11.17 ——「少数民族文化自治覚書」を「欧州ドイツ人連合」の求めに応じて起草（連邦文書館ベルリン（旧ポツダム）資料 B Arch, B, 61 Sti – 1/1363, Deutsche Stiftung, S. 364-373）

●（1924.12.9）——第一草案（E1 と略記）——彼が外務省に送ったもの。書状で草案成立につき，次のように述べている。
本案は，多くの人士，またヨーロッパのドイツ系少数者代表との幅広い合意の中で作られたものである。かかる要望が起案されれば，然るべき時に，プロイセンで詳細施行案もできるだろう，と。草案には，各条文への詳細な説明を付した 9 ページの草稿が付されている。（連邦文書館コブレンツ資料 B Arch, KO, R43 I/560, Bl. 46-54）

---

18) クラーマー＝メレンベルク—ドイツ財団総裁。法律官吏。ゴスラー（ニーダーザクセン）生。キール大卒。区裁判所，キール農業会議所，ベルリン国家保険庁勤務。1915 ブロンベルク行政官，法律顧問。1918 プロイセン内務省副報告官。大戦後ドイツ停戦委員会のポーランド報告官。1919 解職，1920 帝国議会超党派東方問題委員会事務局長。ドイツ財団を設立し（1920 秋），20 年間指導。財団は ZAG を財政支援。1940 中央信託所「東」（Haupttreuhandstelle Ost）代理所長。ダンチヒ工科大学名誉博士。1940 フルシュカーゴラ（セルビア）で飛行機墜落事故死。出所：（ドイツ Wikipedia）「Erich Krahmer-Möllenberg」

19) http://www.ostdeutsche-biographie.de/kaufer75.htm （東方被追放者連盟「東方ドイツ人人名録」）

20) Vgl. Krüger-Potratz (1998), S. 306, Anm. 2.

第 5 章　国境を越える「文化自治」

- （1926.2.25）──ブルンスは，首相［第二次ルター。このとき外相はシュトレーゼマン］と会談。「ドイツ国内外国人少数民族に備わる文化的諸権利問題規整」（Regelung der Frage der den ausländischen Minderheiten in Deutschland bestehenden kulturellen Rechte）につき。ここにおいてブルンスは，草案の基礎に立ち，ライヒ法の骨格につき彼の意見への賛意を得ようとしたのである。
上に［クリューガー・ポトラッツのテクストに］印刷した新草案（E3 と略記）は，同日［2.25］外務省所管局長 F. ハイルブロン（Heilbron, E）に送られたもの。（ドイツ外務省政治文書館（ボン）資料 PAAA, R 60575, ページなし）
送り状でブルンスは，本案を「最終版」，「直近の会談で更に出されたすべての視点への考慮を加えたもの」と述べている。

- （1926.3.5）──ブルンスとの会談（2.25）に関する首相府次官議事録には，第三草案（見たところ［E3 より］少し前のもののように見える）が付される（連邦文書館コブレンツ資料 B Arch, KO, R43 I/560, Bl. 229–231）。これを第二草案（E2）と略記。第二草案では，［民族］簿問題が，まだ公然と論じられている。以下の注では［本書資料4の注］，先に述べた 1924 年 11 月 17 日のブルンスの覚書（連邦文書館ベルリン（旧ポツダム）資料 B Arch, B, 61, 61 Sti – 1/1363, Deutsche Stiftung, S. 364-373），および第一草案（E1），第二草案（E2）と比較ないし補足しながらこれを論じることにする。

［● （1926.3.15）──新草案（E3）のタイトル日付。小峰］

（出所：Krüger-Potratz, 1998, S. 306, Anm. 2）

1920 年代の「文化自治」をめぐる議論は複雑である。ここでは草案の変容と，適用実施に関わる次の2点だけを指摘しておきたい。

①ライヒ（ドイツ国）とラント（プロイセン邦）
　ブルンスとドイツ外務省は，国内少数民族の文化権については，少数者の権利を広汎に認めてその実施を彼らに委ねる文化自治方向での解決を求めた。この段階では，ドイツ外務省は，ドイツ国内少数民族処遇方策についてはブルンスの主張と基本的に一致し，少数民族文化権は邦ではなくドイツ国（ライヒ）として解決するスタンスであった。少数者問題に関し，国際的に意義のある解決を行うことによって，ドイツは世界の支持を得ることができ，これによって外国（特にポーランド）に暮らすドイツ人の利益も保障されると考えたのである。

これに対してプロイセン邦は，少数民族問題をより具体的に考察していた。すなわち，少数者保護を二重言語者［つまりポーランド国境，デンマーク国境の二重言語者］のみに認めるのか・国内文化民族［つまりユダヤ人やフランス人等ということであろう］も含む少数者一般か。地域的には国家政策係争地［つまり住民投票地域＝上シュレジエンやシュレスヴィヒ，東プロイセン等ということであろう］の少数者のみか・ドイツ本国の少数者（ユダヤ人やチェコ人，そしてライン地方のポーランド人等）も含めてか。その際は「民族簿」が大きな問題になる。また，少数者権は「国家」から独立して［つまり属人主義原理として］認めるのか・邦に関わるものとして［属地主義原理として］認めるのか。個別少数者に別々の処遇を考えるのか［デンマーク人，ポーランド人，ユダヤ人ごとに］・全少数者一律か。当該国でドイツ人が受けている処遇との相互性の考慮は必要ないか［たとえばポーランドが文化自治を拒絶したことなどを念頭に置くか］。さらに今後検討すべき項目として，少数者権をめぐるライヒと邦の関連，さらに「**ジュネーブ協定**」（1922.5.15）をどの程度モデルとするべきであるか，──等々。**プロイセン政府**は，少数者問題に関するこれらの問題（言語，学校，教会，裁判制度に及ぶ）に関し基本方針を定めるべく，**1924 年 4 月 7 日**，招待状を発して関係者を集め，**意見を徴している**のである[21]。

　国内少数民族問題に関わるライヒとプロイセン邦との関係は，プロイセン邦が「客観基準」の「デンマーク系少数者学校令」（旧法，1926 年 2 月 9 日）を定めた 1926 年に，それまでのライヒ主導ないしライヒ・プロイセン邦一体から，プロイセン邦主導に転換する。その大きな理由は，プロイセン邦内のスラブ系少数民族問題，特にマズール人問題であった。

　**マズール人**[22]（Masuren；ポーランド語：Mazury）は 15 世紀以降にポーラン

---

21) Vgl. ebenda, S. 295-296.
22)「マズール人」は 15 世紀以降に東プロイセンに移住してきたポーランド系住民。言葉はマズール語（ポーランド語方言）。彼らの多くはルター派新教徒になってはいたが，ポーランドとの国境地で「ポーランド」という「祖国」と接して暮らしていた。

第5章 国境を越える「文化自治」

ドから東プロイセンに移住してきた民族である。プロイセン邦の故地にあたる東プロイセン州は，長くこのスラブ系のマズール人のドイツ化に苦慮していた。加えて，ダンチヒを中心とする西プロイセン（多くが新生ポーランドに領土割譲）に，さらにヴェンド人[23)](Wenden；ポーランド語 Wendowie)（＝カシューブ人 Kaschuben；ポーランド語 Kaszubi；カシューブ語 Kaszëbi）も抱えていた。デンマーク系少数者は，ドイツ民族と同じゲルマン系で言語的にもゲルマン語派に

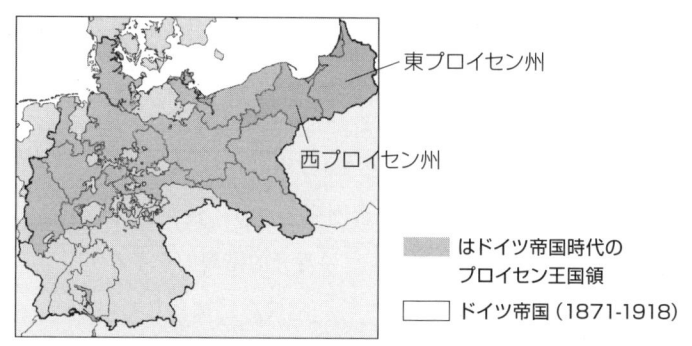

ドイツ帝国時代の東プロイセン州（右）と西プロイセン州（左）
（出所：ドイツ Wikipedia「西プロイセン」）

西プロイセン州　　　　　　　　　　　東プロイセン州

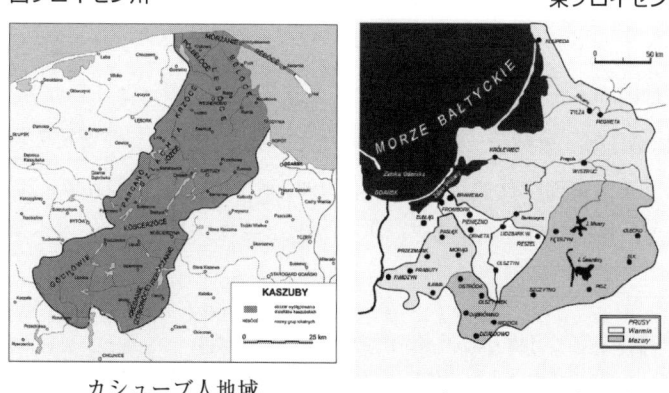

カシューブ人地域　　　　　　　　マズール人地域（右下）
（出所：同「カシューブ人」）　　　（出所：同「マズール人」）

図5-3．東西プロイセン州とマズール人，カシューブ人地域

属する。宗教も福音派である（福音デンマーク教会）。

これに対し、スラブ民族のマズール人は、多くがすでにドイツ人と同じ福音ルター派に改宗してはいたが、「マズール人」としての民族的アイデンティティーも一定程度保持していた。

1910年の統計では、アレンシュタイン県（1905年に旧来のケーニヒスベルク県とグムビンネン県からマズール人の多い同県を創設）の人口約55.5万人のうち、ポーランド語（≒マズール語）を母語とする者は約24.5万人、比率では約44％と半数近くに上っていた（図5-4）。だが、1920年の住民投票では、福音派教会ならびに「在独マズール人エルムラント人同盟」の大宣伝の下、ドイツ残留票は、約98％と圧倒的多数を獲得した（図5-6参照）。

彼らの農村の生活状況は必ずしも恵まれたものではない（多くが湖沼地帯に暮らす）。国境を挟んだポーランドが新国家となり、民主的社会を目指していた。また教育制度も、それまでのドイツの身分的階層的なギムナジウム中心の複線型学校制度から、平等で民主的な統一学校を目標としている。「ドイツの中のマズール人」が、「マズール人（＝ポーランド人）」告白をして、ポーランド語・ポーランド文化の学習を行う「文化自治」は、これをドイツ人為政者の側から見た場合、きわめて危険な火種といえた。

また、ドイツをめぐる国際関係についてであるが、ドイツは1925年、第一次大戦連合国のイギリス・フランス・イタリア・ベルギーと「ロカルノ条約」（1925年12月1日）を締結することにより、国境と「西方」の安定を実現した。その結果ドイツは国際社会に復帰する（1926年9月8日、国際連盟に加盟）。しかしドイツの東部に目を転ずると、ドイツとポーランド、ソ連、リトアニア等

---

23)「ヴェンド人（＝カシューブ人）」は、バルト海沿岸に住む西スラブ民族。言葉はポーランド語とはかなり異なるヴェンド語（＝カシューブ語）であるが、独自の表記法をもたない。プロイセン支配時代に、西ポモージェ地方では次第にドイツ化し、宗教的にはルター派新教徒となったが、グダンスク・ポモージェ地方のカシューブ人は、ある程度民族的独自性を保った。宗教的にはカトリック派。伊東孝之「カシューブ［人］」『新訂増補 世界民族問題事典』285頁参照）。

第 5 章　国境を越える「文化自治」

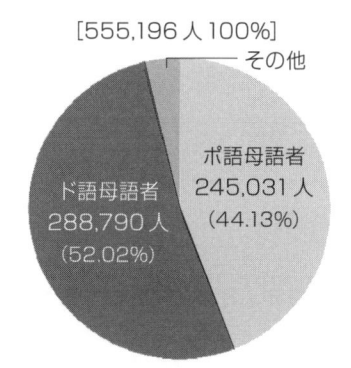

**図 5-4. アレンシュタイン県人口と母語（1910）**
[555,196 人 100%]
- その他
- ポ語母語者 245,031 人（44.13%）
- ド語母語者 288,790 人（52.02%）

（Abstimmungsgebiet Allenstein　http://de.wikipedia.org/wiki/Abstimmungsgebiet_Allenstein に基づき小峰作成）

**図 5-5. アレンシュタイン県住民投票地域（1920.7.20）**
（Regierungsbezirk Allenstein http://de.wikipedia.org/wiki/Regierungsbezirk_Allenstein に基づき小峰作成）

**図 5-6. 住民投票結果（1920.7.20）**
全 371,083 票（100%）
- ポ国票 7,924（2.14%）
- ド国票 363,159（97.86%）

（図 5-4 に同じ）

との国境・国際関係は不安定であった。

　そして，ドイツの旧領土に暮らすドイツ人は，今は「外国ドイツ人」となってホスト国とホスト国民から差別視され，その状況は劣悪であった。そうした状況を改善するためには，国内の外国人少数民族保護政策に積極的に取り組んで隣国の信頼を回復することが必要である。それはドイツならびに「外国ドイツ人」にとって喫緊の課題である。ドイツ外相シュトレーゼマンは，状況をそのように捉えていた。

少数民族文化自治問題は，このようなドイツの国内状況，ならびに国際関係とともに考察されるべきものである。ブロシャートの研究をもとに，「文化自治」をめぐるライヒとラント（プロイセン邦）との関係を整理してみると次のようになる[24]。

**主観基準決定**

●プロイセン政府が「主観基準」を決定したのは1928年4月28日のプロイセン閣議に於いてであった。その間の経過を要点のみ記すと以下の通りである。

・1926年2月10日──ドイツ外務省における国内少数民族問題会議（議長・シュトレーゼマン）。前日プロイセン邦で客観基準のデンマーク令（旧法）議決。シュトレーゼマンは，他の少数民族諸令は進歩的な文化自治を希望。しかし東プロイセン州当局はこれに強く反対。この席でプロイセン文相ベッカーも，マズール人に文化自治が与えられると「一つのドイツ」を危うくするとこれを憂慮した（マズール人問題）。
・1926年5月31日──プロイセン内務省の要請により開かれた東プロイセン州関係者会議。ここに招待された「**在独マズール人エルムラント人同盟**」（Deutscher Masuren- und Ermländerbund）のヴォルギツキ（Worgitzky）議長は，マズール人の文化自治は東プロイセンにカタストロフィーを齎すだろうと指摘した。
　会議では，少数民族文化自治問題を慎重に検討すべく「**調査検討委員会**」（Studienkommission）の設置を決定。議長ギュリヒ（Gürich, 枢密官・プロイセン文部省），委員ラテナウ（Rathenau, 参事官・ライヒ外務省），ティーディエ（Tiedje, 参事官・ライヒ内務省），ツェヘリン（Zechlin, 報告参事官・外務省）およびポデヴィルス伯（Podewils, 報告参事官・外務省）。ライヒならびにプロイセン邦官僚合計5名から成る委員会に，文化自治によって生じ得べきあらゆる問題の精査と法案原案の起草とが託された。ここにおいて，イニシアチブは最終的にプロイセン邦に移行するとともに，その後成案に至るまでに長い時間を要することとなった。

---

24) Vgl. Broszat, Martin: "Außen- und innenpolitische Aspekte der preußisch-deutschen Minderheitenpolitik in der Ära Stresemann". in: Kurt Kluxen/Wolfgang J. Mommsen (hrsg.) : Politische Ideologien und nationalstaatliche Ordnung, München : R. Oldenbourg, 1968, S. 404-435.

・そして 1928 年 4 月 28 日――2 年間に及ぶ慎重検討ののちに,民族決定の「**主観基準**」とそれの**再審査禁止**をうたったポーランド令草案が**プロイセン邦政府**において閣議決定されたのである。法案は当初,ヴェンド人(=カシューブ人)も適用対象としていた。

●東プロイセン地方当局は,ポーランド系住民のイレデンタ運動(Irredenta, ポーランド国編入運動=マズール人問題)を警戒し,「主観基準」原則に反対であった。かつてマズール人問題を憂慮して「文化自治」に反対した文相ベッカーは,今度は[文化自治を抑えた]「主観基準」のポーランド令への理解を求めるべく,東部諸州の説明会を重ねたのであった。

(Vgl. Broszat, 1968, S.404-435.)

こうして,ブルンス「少数民族文化自治ライヒ法草案」は,ライヒ法ではなくプロイセン邦法令となって限定実施,また,ポーランド系少数者,デンマーク系少数者ごとに,個別少数者対応の「解決」となったのであった。「ポーランド系少数者学校令」,「(改正)デンマーク系少数者学校令」(ともに 1928.12.31)は,ドイツの国際連盟加盟(1926.9.8)に,遅れること 2 年,ブルンスの覚書からは実に 4 年の歳月が経過していた。

②**在ポーランドドイツ人団体の文化自治交渉**
　また,重大なことは,ポーランドのドイツ系少数者が,ポーランド当局に文化自治を再三要求したが,これを却下されているという事実である。詳細にはとうてい立ち入れないが,この間の事情を,近年刊行されたインゴ・エーザーの研究によって概要のみ記すことにする[25]。

　ポーランドのドイツ人は,1919 年初めにブロンベルクで民族団体「**ドイツ人連合**」(Die Deutsche Vereinigung: DV)を結成,議長にクルト・グラエベ(Kurt Graebe, 1874-1952)が就いた。DV は,第一次大戦末期にポーゼンで起きたポーランド人蜂起に対して,ドイツ人が対抗組織として結成した「**ドイツ民**

族評議会」(Deutsche Volksräte) を起源とするものである[26]。グラエベは，ポンメルエレンの退役少佐で地方党党首・セイム国会議員（1922-1935）。ドイツ系少数者の代表的人物であった。この「ドイツ人連合」が，1919年9月13日，「全ドイツ学校委員会」(Der Allgemeine Deutsche Schulausschuss: ADS) を設立。文化自治，中等学校自治管理，私学振興を主張する。事務局長トロイト，議長グラエベ（ドイツ人連合議長兼任）。ADSは，ドイツ系少数者教育組織の主要団体となる。事務局長のトロイト（Robert Treut, ? - ?）は，ウッヂの女学校元校長。ベルリンに赴き外務省とも接触するなど，在ポドイツ人運動を実務的に推進する（なお，ADSが主として国民学校（小学校）関連であるのに対し，ADSの設立と同日（1919年9月13日），主に中等学校関係，私学関係の団体「**在ポドイツ人学校連盟**」（在ポーランドドイツ人学校連盟［Der Deutsche Schulverein in Polen: DSV］が結成されている。こちらも代表（事務局長）はトロイトである）。

　この在ポーランドの有力な民族団体「ドイツ人連合」の教育組織「**全ドイツ学校委員会**」ADSが，1919年12月から翌1920年1月にかけて，ポーランド

---

25) Eser, Ingo: »Volk, Staat, Gott!« : Die deutsche Minderheit in Polen und ihr Schulwesen 1918-1939. Wiesbaden : Harrassowitz Verlag, 2010. (Veröffentlichungen des Nordost-Instituts ; Bd. 15). ［インゴ・エーザー『»民族，国家，神！« : ポーランドのドイツ系少数者とその学校制度 1918-1939』（ヴィースバーデン：ハラソヴィッツ社，2010）］
ポーランドのドイツ系少数者教育を，膨大な数の独ポ両語文献と史資料に基づいて究明したインゴ・エーザー（Ingo Eser, ? - ）の本研究は，このテーマに関する研究の金字塔ともいうべき達成を示している。本書は，これまでの研究に見られた独ポいずれかの側に偏した一面的狭隘な歴史叙述を完全に脱し，戦間期ポーランドで展開されたドイツ系少数者教育を，その政策，思想，運動，またポーランド全域の教育実践にまでわたって分析解明し，壮大な歴史世界として描き切っている。全771ページ。2006年マールブルク大学博士論文。エーザーは，マールブルク大学時代ハンス・レムベルク教授（Prof. Dr. Hans Lemberg：ポーランド史）に師事，その後ハンブルク大学「北東欧ドイツ人文化歴史研究所」で研鑽を重ね，現在はケルン大学哲学部歴史学科東欧史部門学術研究員（Wissenschaftlicher Mitarbeiter）である。
(Vgl. Eser (2010), S. 11. また，マールブルク大学，ハンブルク大学各HP参照)
26) Eser (2010), S. 181. なお，ブルンスはこれの設立大会にも参加している。進藤修一，前掲書参照。

第5章　国境を越える「文化自治」

当局と「文化自治」を求めて交渉したのであるが，それは受け容れられなかった。ドイツ人学校の特権的存続を招来する「文化自治」は，ポーランドにおいて国家内国家となり，新生ポーランドの目指す平等・近代的な学校制度，新しい国家公民感情の育成理想と背馳するためであった。しかし，ドイツ人子弟40人以上でドイツ語教育の保障，40人以下のときは私立学校，ドイツ人人口10万人以上で最低1ギムナジウムの設立，は認められたので，ドイツ側の教育要求は「文化自治」を除けば相当程度容れられたといってよい。この内容は，のちの「ジュネーブ協定」(1922.5.15) の諸規定を部分的に先取りしている。なお，合意内容については，ベルリンの側の意向と合致するものであった。

その後「ドイツ人連合」は 1921.5 ブロンベルクにて北部ポンメルエレンの穏健民族団体「ドイツ諸党中央評議会」(Zentral-Arbeitsgemeinschaft deutscher Parteien: ZAG) と統合，「在ポドイツ人同盟」(在ポーランド少数者権擁護ドイツ人同盟〔Deutschtumsbund zur Wahrung der Minderheitsrechte in Polen: DB〕) となる。DB は，財務，出版，法務，福祉，移民，女性，文化，教育の各部門を備え，さながら小省のごとくであった。教育部門長（文相に相当）には元教師，ドイツ学校協会教育専門家のパウル・ドッバーマン (Paul Dobbermann, 1887-1977) が就いた。ドイツ財団 (1920 秋設立) の支援も受け，のちのドイツ系少数者運動の原型となるものであった。

教育団体に関してであるが，文化自治を容れられなかった ADS は 1920.11.15 ブロンベルクにて解体，トロイトはドイツへ出国した。中等学校部門の DSV が議長：カール・ダチュコ（元ポンメルエレン教員，元ワルシャワ視学）を戴いて自立，独立機関となったのであるが，これに対してベルリンは不満で，ドイツ財団は財政支援を行わなかった。その後，グラエベが加わって DB との結合が強化される（彼は DB 議長代理・事務局長）。また，事務局長カール・アダメク（ブロンベルクのリチウム校長）の渡独中に，オットー・シェーンベク (Otto Schönbeck, 1881-1959; 元ブルシェンシャフト員。ブロンベルク高等実科学校教師。1919 ポーゼン民族評議会設立) が新事務局長となった。このクーデ

ター的体制転換によって，DSV の民族主義的性格が確立したためであろう，ここにドイツ財団が影響力（当然相当の財政支援も含むであろう）を及ぼすことになった[27]。

このような在ポーランドドイツ人団体の変化ののちに，1924 年 10 月 22 日，クルト・グラエベがセイムで「文化自治」要求をするが，ポーランド文相，ミクラシェフスキ（Bolesław Miklaszewski, 1871-1941）はこれを拒絶。1925 年 4 月，ドイツ人側は再度，ポーランド国会（セイム）に文化自治案を提起する方針を発表[28]。約 4 年のちの 1929 年 3 月 1 日，成案となった「**ドイツ人文化自治法案**」は，文化団体が公法権をもつとされ，国家，自治体はここに補助を行う；3,000 人のドイツ国籍ポーランド市民をもって「**文化連盟**」(Kulturverband) 創出可；連盟は団体への課税権を備え，独自議会（Kulturrat 文化評議会＝事実上の執行機関）をもつと定めた。これは，エストニアの「文化自治」をほぼそのまま引き継ぐものであった。しかし，在ポドイツ人の「文化自治」案が陽の目を見ることはなかったのである[29]。

ポーランドの残留ドイツ人の状況ならびにドイツ人運動についても重要であるが，今回は立ち入れない。ただ，在ポドイツ人団体とドイツ本国，ブルンスらとの関わりを，インゴ・エーザーの叙述をもとに相関図を描くにとどめたい（主として同書「第Ⅲ章　ドイツ国，ポーランド共和国とドイツ系少数者 1918-1939」を中心として）（図 5-7）。

---

27) 以上 Eser, S. 184ff.; 298ff.; 321ff. ほか参照。
28) 1924 年 10 月 22 日：クルト・グラエベ議員提案。また 1925 年 4 月 24 日，国会（セイム）の予算質疑でピエシュ議員（Robert Piesch, ビーリッツ選出，元師範学校校長）提案。4.28 には，カール・ダチュコ（Karl Daczko, 全ドイツ人学校委員会，セイム議員）が法案化を予告。Vgl. Eser, S. 350-351.
29) Vgl. Eser, S. 353.

第5章　国境を越える「文化自治」

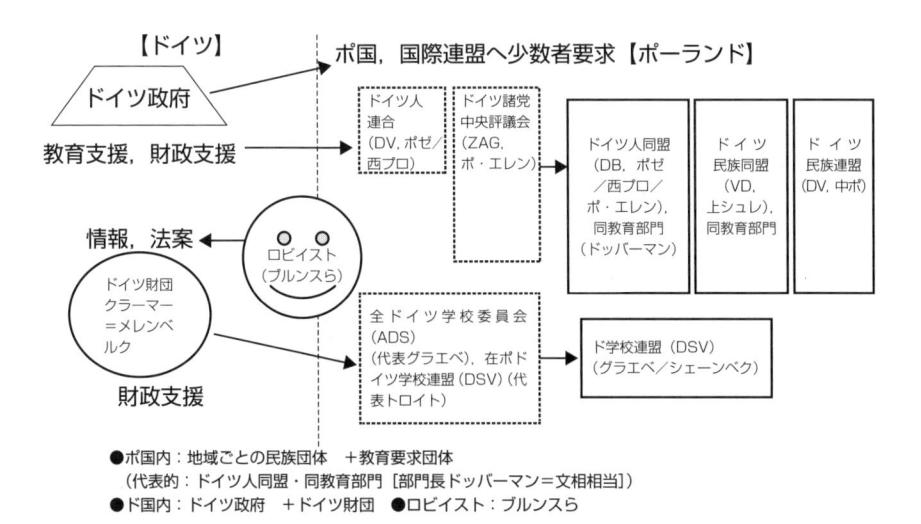

図5-7．ポーランドのドイツ系少数者団体とドイツ本国（1920年代）
（Eser, 2010, S. 180-206 ほかの叙述をもとに小峰作成）

## (2)「少数民族文化自治ライヒ法草案」の内容

ブルンス「少数民族文化自治」草案の内容は拙訳のとおりである（p.179～）。まず，国内少数者が，彼らの母語と民族文化の教育を行う学校を設立・運営することを権利とし（文化自治），民族所属の自由表明主義（主観原理）を謳った（第1条）。これが，草案の最大のポイントである。

そして，この学校の運営については民族団体の自治として，ここに課税権も認めている。（第2条）

この学校［私立学校］には国庫補助が行われ，国家監督のもとに生徒数，教員任用，カリキュラム等に関わり適正な運営が必要とした（第3，4条）。また中等学校，教員服務規律関係をめぐり，国（ライヒ）と邦との関係ならびに紛争処理方法を規定した（第5，6条）。

全6条の，まことにシンプルなものである。だが，これが後にプロイセン邦のポーランド令，また改正デンマーク令となって，ドイツの少数者教育令のモ

165

デルとなった。そして，遠く第二次世界大戦後に，デンマーク系少数者が南シュレスヴィヒのドイツからの離脱・デンマーク「復帰」を求め，少数者権を要求した際に，2令（特に改正デンマーク令）がそれの根拠となっているのであるから，本草案の位置はまことに大きいといわねばならない。

　内容的には，やはりエストニアの「文化自治法」との共通点が多い。元々エストニアの文化自治論は，オーストリアの社会民主主義者オットー・バウアー，カール・レンナーの民族論——属地主義原理と属人主義原理を「文化共同体論」によって解決する——を，民族の自由表明主義と結合させて，バルト地域ならびにロシアに暮らす自民族を糾合しようとするもので，これは特に，エストニア建国後のバルト・ドイツ人政治家に受容されたものであった[30]。エストニアの文化自治法の成立には，のちの「**欧州少数民族会議**」設立者でエストニアのドイツ人エーヴァルト・アムエンデ（Ewald Ammende, 1892-1936）が大きく関わっているとされる[31]。ブルンス少数民族文化自治覚書のその後の推敲には，アムエンデと欧州少数民族会議の議論が強く影響したと思われる[32]。なお，エストニアの「文化自治」論が芸術・文化行政を含めた広汎な文化自治であるのに対し，ブルンス草案は，これを学校教育に狭く限定している。

　「民族」，「人種」，「少数民族」，「少数者」，「国内少数民族」を明瞭に定義づけるのは，今日もなお難しい課題であるが，ブルンスは初め，自由表明した少数者を「**民族簿**」（Nationalkataster）によって束ねてこれを「民族」と定義し，

---

30) Garleff: ebenda, S. 88.
31) 進藤修一，前掲書，参照。
32) アムエンデと共にエストニア「文化自治法」の骨格づくりに取り組んだ，エストニアのドイツ人ヴェルナー・ハッセルブラット（Werner Hasselblatt, 1890-1958: ドルパト生まれ。1920年代にエストニア国会議員，また国内少数民族権のエキスパートとして知られる）は，ブルンスの死（1931）後，1932年ベルリンに移住して「欧州ドイツ人連合」の後任法律顧問となっている。Vgl. Michaelsen, Rudolf: Der Europäische Nationalitäten-Kongress 1925-1928. Frankfurt am Main : Lang, 1984, S. 61.

第 5 章　国境を越える「文化自治」

その文化・教育権実現はそれらの団体の自治に委ねるとした（「文化自治」）のであった[33]。しかし，クリューガー＝ポトラッツの言及にもあるように，「民族簿」については異論が多く，のちの草案成案ではこれを少数者団体（「**少数者連盟**」）に改めている。少数者連盟としては，1919年12月から翌1920年1月にかけてポーランドに文化自治を求めたドイツ人団体「**ドイツ人連合**」（DV）が，ほぼこれに当たるものと考えてよいだろう。

先に，文化自治に関し，プロイセン政府はライヒよりも具体的に問題を捉えていたことを指摘した。これらの問題を解決することは，大戦敗北と革命後の状況のなか，到底不可能であり（文化自治を主張する外務省に対して，プロイセン文部省は，私立学校には邦の統制が十分に及ばないことを理由に強くこれに反対していた）[34]，「文化自治」はプロイセン法とし，「文化」領域も学校教育に限定，法令適用についても全少数民族一律ではなく個別少数民族ごと（ポーランド系，デンマーク系。しかしユダヤ人への対応はない）として，すべて「部分解決」されざるをえなかったのである。

いま，ブルンス草案をポーランド系少数者学校令と対比すると次の表5-3のごとくである[35]。

---

[33] ブルンスは，自らの意志で「民族」表明し，これを登載した「民族簿」が「民族」集団と見做せるとするのであるが，この「民族簿」は「教会台帳」（Kirchenregister）にならうものである。すなわち個人が彼の意志により宗教共同体所属を表明し（主観原理），それを登載した「教会台帳」は，法的に有意味な事実指標（客観的な事実）である，としているのである。Bekenntnis「信条」は，「信仰告白」でもある。彼の民族の「自由表明主義」（Das freie Bekenntnis）は，信仰告白をモデルとして生まれたもののようである。Vgl. Bruns, Carl Georg: "Die Entscheidung des ständigen internationalen Gerichtshofes im oberschlesischen Schulstreit". In: Nation und Staat, Jg. 1, H. 9, Wien, 1928, S.704.

[34] 川手圭一「第一次世界大戦後ドイツの東部国境と「マイノリティ問題」」（2005/9）；――「フォルク（Volk）と青年―マイノリティ問題とドイツ青年運動―」（田村栄子／星乃治彦・編『ヴァイマル共和国の光芒―ナチズムと近代の相克―』昭和堂 2007）参照。

[35] 小峰総一郎「ポーランド系少数者学校令（1928.12.31）」参照。

### 表 5-3. ブルンス草案（1926）とポーランド令（1928）との対照表

| ブルンス「少数民族文化自治ライヒ法草案」（1926.3.15） | 「ポーランド系少数者学校令」（プロイセン邦, 1928.12.31） |
|---|---|
| ［前文］<br>憲法第113条［母語権］ならびに第10条2項に基づき，本法を定める。 | |
| 第1条　［少数者学校，自由表明主義］<br>ライヒの外国人民族部分は，自らの民族性とその言語を自由に発達せしめるような，自分たちの学校を設立し運営する権利を有する。かかる学校への就学は，その教育権者が，自らを当該民族部分の下にあると表明するすべての児童に開かれているものとする。外国人民族部分に所属することを，官庁が審査したり疑ったりしてはならない。<br>この学校の最初の4学年が，ライヒ学校法の意味での基礎学校の性格を有するならば，当校への就学によって，法律に定める就学義務は満たされるものとする。それの適用が明らかに不正であるところでは，本規定の適用除外が認められるものとする。 | 第1条［本法の目的］<br>§1.［少数者］<br>以下の諸規定の意味での少数者とは，自らをポーランド民族の下にあると自覚している共和国国民部分のことをいう。<br>§2.［少数者所属表明の再審査禁止］<br>少数者に所属することの告白が，再審査されたり否認されたりすることがあってはならない。<br>教育権者が，少数者学校設置申請書提出に伴い，これに児童の名前を記載すること，ないしは少数者学校へ児童を学籍登録することは，この児童が少数者に属していることを十分に告白したものと考えられる。 |
| 第2条　［学校連盟］<br>この学校の運営は，特別の連盟に義務づけられる。本連盟が当該民族部分所属者の普通選挙によって構成されるよう，各邦の法律で定めるものとする。これらの連盟には，邦の法律により，課税権が認められるものとする。 | 第2条［少数者国民学校］<br>§1.［ポーランド系私立少数者国民学校］<br>ドイツ国籍児童で，ポーランド系少数者に所属する就学義務児童——彼らは同じ学校組合に居住するか，定期的通学が可能と見做しうる地域に居住する児童——のために，ポーランド語を授業言語とする私立少数者国民学校の設立要求は承認されるものとする。但し，公立または私立少数者国民学校によって，少数者所属児童の就学がすでに十分に配慮されている場合を除くものとする。<br>§2.［ドイツ国籍未保持者］<br>ドイツ国籍でない児童の場合は，出自または言語によって，彼らがポーランド民族の下にあると証明されたとき，私立少数者国民学校通学が許可され得る。<br>§3.［就学義務］<br>少数者の児童は，私立少数者国民学校へ法定通り通学することによってでも，就学義務を満たし得るものとする。<br>§5.［教室］<br>教室は，安価な要求に対応しなければならない；その際には，被教育者数も考慮に入れるものとする；公立学校と同等の要求は，一般的には求めないこととする。<br>学校の開校前に，必要最低限の教材は用意しておかなければならない。<br>§6.［資金証明］<br>教育活動に必要な資金証明は，まず何よりも，最低100名のドイツ国籍会員を有する社団法人がその保証を引き受けたとき，すでになされたと見做すこととする。 |

第5章　国境を越える「文化自治」

| | |
|---|---|
| | この場合，社団法人が保証する少数者学校常勤教員（男女）数が，社団法人会員の5％以上に達するときは，それ以上の証明が求められるものとする。<br>§7．［カリキュラム，授業言語＝ポーランド語］<br>授業の中で，ポーランド民族に関する知識を教育するのに欠かせないと判断される場合は，その範囲内において，ドイツの公立国民学校カリキュラムを逸脱することが許される。授業言語は，ポーランド語がドイツ語に取って代わるものとする。<br>ドイツ語は，教科として十分な時間数を取って教育しなければならない。<br>休暇は，公立国民学校と同一でなければならない。 |
| 第3条　［公費補助，生徒数］<br>連盟には，公費から補助がなされるものとする。最小数の児童が就学する学校には，学校維持に必要十分な額が補助として認められるものとする。最小数は，邦が地域の諸状況を基準に，取り分け［邦の］現存学校設置密度を考慮して定めるものとする。最小数は，40人より多くてはならない。最小数に達しない学校については，相応の補助金が支出されるものとする。 | 第3条　［上級学校，国家資格］<br>§1．［上級学校］<br>ポーランド語を授業言語とし，国民学校以上の教育目的を有する私立［上級］学校を設立するに当たっては，その種の［上級］私立学校設立一般と同一の諸規程が適用されるものとする。<br>第2条§2から§6の規程諸条項も，準用適用されるものとする。<br>§2．［国家資格］<br>国家資格が授与される諸試験の承認認定は，それら少数者学校において十分なドイツ語教育が行われる限り，他の私立学校と同一の諸原則が適用されるものとする。 |
| 第4条　［学校監督，教員服務規律］<br>国［＝ライヒ］の学校監督権は，邦の法律で定めるものとする。法律には，学校監督当局はどのような前提条件の下で，教員任用，教科書，学科課程に対し異議申立権を有するかについての規定を備えなくてはならない。<br>教員の服務規律関係は，邦の法律が，現行教員服務規律法の類推によってこれを規定するものとする。 | 第4条［教員再教育機関］<br>私立少数者諸学校教員を，少数者学校問題のさらなる特別課題へと導き入れ，これらの学校の教育に寄与する特別の才能を育成するために，ドイツに拠点をもつ団体，または個人のドイツ国籍者により，独自の費用で，特別機関ないし講習会――常設コース形態も含む――を設立し得るものとする。<br>だが，学校監督の観点からは，この種の機関への参加を少数者学校の校長（男女），教員（男女）としての活動の前提，ないし条件として求めてはならない。 |
| 第5条　［中等学校］<br>国民学校以上の教育目標をもつ教育機関［中等学校］に対して，第2条［学校連盟］，第4条［学校監督，教員服務規律］の諸規定を適用する。どのような条件の下で，国の権能を付託された試験［アビトゥーア試験等］を行いうるかは，邦の法律で規定するものとする。 | 第5条［国庫補助］<br>§1．［国民学校補助］<br>住民20,000人未満の1学校組合が，私立少数者国民学校に通学する義務就学児童が最低40名のとき，また住民20,000人以上50,000人未満の1学校組合が，義務就学児童が最低80名のとき，また住民50,000人以上100,000人未満の1学校組合が，義務就学児童が最低120名のとき，また住民100,000人以上の1学校組合が，義務就学児童が最低240名のとき，これらの私立国民学校維持に対して，国庫補助が保障されるものとする。<br>年度途中での生徒数の変動は，これを考慮しないものとする。<br>　国庫補助は，通例，常勤教員（男女）俸給支給額の60％とする。<br>　国または学校組合が，少数者学校用に教室を無料で提供する場合には，教室賃料は現金補助の一部と見做すことができるものとする。<br>　本条諸規定の意味での学校組合として，現存学校協会（学校共同体）も含むものとする。<br>§2．［上級学校補助］<br>国民学校以上の教育目的を有する，私立［上級］少数者学校の補助に関しては，プロイセンの他の同種学校と同一の諸規程規定が，適用されるものとする。 |

| | |
|---|---|
| | §3.［公立学校教室使用の認可権限］<br>公立学校の教室を，私立少数者学校の授業に使用することを認めるかどうかは，学校監督当局の権限である。 |
| 第6条［国と邦との法律関係］<br>ライヒ法と邦法の適用から生じる，すべての紛争問題の決定ならびに教員服務規律訴訟の決定のために，特別の裁判所を設置するものとする。裁判所構成員［裁判官］は，邦政府および学校連盟から同数任命する。<br>なお，議長［裁判長］は邦政府が任命するものとし，裁判所構成員［裁判官］は非解任とする。 | 第6条［公立少数者国民学校］<br>§1.［公立少数者国民学校への転換］<br>私立少数者学校において，当校に通学する国民学校就学義務教育児童数が，本法令第5条§1に定める国庫補助受給の前提条件を過去3年間に亘って満たしかつ現在なお継続している場合には，国民学校就学義務を有し，当校に通学している児童の教育権者最低40名の申請に基き，当校を，ポーランド語を授業言語とする公立国民学校に転換することとする。<br>この国民学校の維持，教員採用，俸給支給に関しては，他のプロイセンの公立国民学校と同一の諸規程が準用されるものとする。<br>しかしながら，公立学校転換に反対する教育権者の数が，申請者の数よりも多数に達したときは，転換は行われてはならないものとする。<br>1934年4月1日までは，1学校組合内において，国民学校就学義務を有し当校通学児童の教育権者最低40名の申請に基き，ポーランド語を授業言語とする公立国民学校を設立すること，または私立少数者国民学校［複数］を公立校に転換することは，申請に定められている当該学校組合内の国民学校就学義務児童数が，学期開始時点において，全児童の最低5％に達したときに行われるものとする。<br>本条諸規定の意味での学校組合としては，現存学校協会（学校共同体）も含むものとする。<br>§2.［教員，教科書要求］<br>当該学校へ教員を採用する前に，この学校の父母評議会に提案の機会が与えられるものとする；また同様に，特別教科書の採用前に，父母評議会に意見を聴くものとする。<br>§3.［ポーランド語教育，ポーランド語宗教教育］<br>ポーランド語の書き方，読み方，宗教教育の開設に関しては，現行の諸規程の規定を適用するものとする。 |
| | 第7条［除外地域］<br>本法令第1条から第6条の諸規定規程諸条項は，ジュネーブ協定発効地域には適用されない；なぜなら，オペルン県全体［ドイツ領上シュレジエン州］には，ジュネーブ協定の諸規定に加えて，1918年12月31日文部省令―― UIII A 1420 ――が施行されているからである。 |

　詳細な比較検討は見送るが，ブルンス草案と立法化されたプロイセンのポーランド系少数者学校令とは一見して違いが明瞭である。ブルンス案の出色たる「団体の自治」は大きく後退し（したがって「連盟」に課税権などは存立し得ない），代わって，教員，教科書，学校監督をめぐる国（邦）の権限強化，それと裏腹の関係で少数者教育施設の「安価」要請が前面に出ている。辛うじて少

数者の自由表明主義とこれの再審査禁止，少数者学校就学による就学義務達成を明示したことが，ブルンス「文化自治」論を引き継いでいるといえるであろう。ともあれ，ブルンス「少数民族文化自治」草案は，このような形でプロイセン邦「ポーランド系少数者令」となって陽の目をみたのである。

### (3) ブルンス「少数民族文化自治ライヒ法草案」の影響

それでも，ブルンス「文化自治」草案が大きな抵抗なく法制化された要因としては，国際連盟加盟に当たり，ドイツが国内少数者の権利を実現している民主国家であることを内外に知らしめ，今後の東方国境再編を有利に進めようとするシュトレーゼマンの企図があったことが挙げられ，実際それが一定程度支持されたためであるといってよい[36]。

しかし主観原理，文化自治を明示したポーランド系少数者令は，ドイツ・プロイセン邦においては必ずしも十分な実施効果を上げたとはいえない（これに対して，同じ主観原理に立つ「デンマーク系少数者学校令」は，北部のシュレスヴィヒ＝ホルシュタイン州においてデンマーク系少数者学校設立の法源となって多くの民族学校設立に至るのである）[37]。そもそも本令は，ポーランド住民の多いドイツ・上シュレジエン州には適用されなかったのである（同州の住民投票地には「ジュネーブ協定」（1922.5.15）が適用された）。一般にドイツ国内・プロイセン邦内のポーランド人がドイツ人社会の中でポーランド人告白をして「ポーランド語学校」を要求しこれを実現することは，相当に困難であった（ウェーバーの発言にもあるように，出稼ぎ者のポーランド人は，ホスト国のドイツ人から，二級市民として「劣等」視された。「ポラッケ」[Polacke ポーランド野郎]のような蔑称があった）。そうした状況の中で，ポーランド人の多い東プロイセン州においては，同州選出のポーランド人活動家・プロイセン下院議員，ヤン・バチェ

---

36) 川手圭一「マイノリティ問題とフォルクの思想」伊藤定良・平田雅博編『近代ヨーロッパを読み解く』（ミネルヴァ書房，2008）参照。
37) 小峰総一郎「ニュダールとデンマーク系少数者教育問題」参照。

フスキ (Jan Baczewski, 1890-1958) やシエラコフスキ伯 (Adam Sierakowski, 1891-1939) が, ポーランド人の民族的権利主張を展開, 議会でドイツ行政当局によるポーランド人学校の設立妨害を追及している。これらはむしろ希有な事例といえるであろう[38]。

他方, ポーランド国においても,「文化自治」はたしかにドイツ人の特権的地位を固定化する要求であって, そのため「文化自治」が容れられる余地はなかったといえる。これは特に,「再建」ポーランドにおける教育が, 量的にも質的にも劣悪な状況であったことを考えると一層明瞭である。ポーランドは, それまでのドイツのギムナジウムを中心とする身分的学校制度を除去し, 国民学校中心の平等民主的な学校制度の建設を目指したのである。しかしそれはドイツ人教養市民層には, 受け容れ難いものであった。ポーランド建国後の一連の教育政策 (学校組合解体, 学区再編〈学区ゲリマンダー〉, 通学距離指定 (5km), 国民学校高度化政策, 教員・教科書政策等) が, ドイツ人にとってはドイツ系少数者学校の「狙い撃ち」(すなわち通学校の「不利指定」, ドイツ姓限定・福音派限定,「豪華校舎」攻撃, 等) と映じたのも, 故なきことではない[39]。

さりながら, 独ポの少数者教育を, 特定方向からしか捉えないのは一面化のそしりを免れないであろう。表5-4に1931年時点での独ポ両国の少数者と少数者学校数等の一覧を掲げよう[40]。

これを見ると, 独ポ両国に約100万人の「少数者」が暮らしながら, その母語教育機会, 民族教育学校数の比率は10対1 (ドイツ：ポーランド) である (ジュネーブ協定適用の独ポ両シュレジエンを含む)。しかし, ポーランドのドイ

---

38) Vgl. Knabe, Ferdinande: Sprachliche Minderheiten und nationale Schule in Preußen zwischen 1871 und 1933. Eine ildungspolitische Analyse. Münster: Waxmann, 2000 (Internationale Hochschulschriften, Band 325), S. 219, Anm. 241.
39) たとえば, Bierschenk, Theodor: Die deutsche Volksgruppe in Polen 1934-1939. Kitzingen, 1954, S. 126ff. など。
40) 1931年5月26日プロイセン議会におけるプロイセン文相答弁資料。Krüger-Potratz (1998), S. 198-199に基づく。

表5-4. ドイツ，ポーランド両国の少数者教育（1931年）

| ドイツ国 | | ポーランド国 | |
|---|---|---|---|
| ド国内ポーランド系少数者所属者人数概数 | 1,000,000 | ポ国内ドイツ系少数者所属者人数概数 | 900,000 |
| うち学齢児童人口（成人の15%） | 150,000 | うち学齢児童人口（成人の15%） | 135,000 |
| うちポーランド語母語教育受講者数 | 6,620 | うちドイツ語母語教育受講者数 | 76,036 |
| 私立ポーランド語学校数 | 64 | 私立ドイツ語学校数数 | 242 |
| 国立ポーランド系少数者学校数 | 27 | 国立ドイツ系少数者学校数 | 535 |
| 私立ポーランド系中等学校数 | 0 | 私立ドイツ系中等学校数 | 36 |
| ポーランド系少数者学校　合計 | 91 | ドイツ系少数者学校　合計 | 813 |
| ポーランド語母語教育受講率 | 約4% | ドイツ語母語教育受講率 | 約59% |
| 1校当たり平均児童数 | 1945名 | 1校当たり平均児童数 | 165名 |

（出所：Krüger-Potratz, 1998, S.198-199. 網かけは小峰）

ツ系少数者学校は，大戦前は大部分が「ドイツ」であったのである。むしろドイツの中のポーランド系少数者学校が，約100校を占めるに至っていることをこそ見るべきであろう。「民族学校数10対1」を見て，「文化教育豊かなドイツ，文化教育貧困なポーランド」と断ずるよりも，「ジュネーブ協定（1922.5.15）」10年，「ポーランド系少数者学校令（1928.12.31）」3年で，ここまで少数者教育が進展したと考えるべきであろう。

また，民族問題に対する国際連盟の「無力」を指摘することはたやすいが（少数者教育問題を扱ったのは，連盟理事会と第5委員会，第11下部委員会であった）[41]，「民族」を自己表明し，ホスト国の学校ではなく民族の母語と民族文化の教育を行い・受けるという新しい実験は，対立深い独ポ両国で国際連盟の保障のもとに着実に歩み始めていた，と見るべきであろう。ブルンスの「少数民族文化自治ライヒ法草案」は，そのか弱い歩みの中で確かな地歩を占めていたといってよいのである。

---

41) Recke, Walter: Die historisch-politischen Grundlagen der Genfer Konvention vom 15. Mai 1922. Marburg, 1969, S. 128ff.

## 【補遺】 ブルンス，シュトレーゼマン，少数者政策

●筆者［小峰］はその後，ショット[1]，ハイデン／ハウスデン[2]の研究を入手して，ブルンスと外務省，少数者政策との深い関わりを知ることができた。それはこういうことである。

①ブルンスが外地のドイツ系少数者問題に通じた専門家であったため，「ブルンスはほぼ毎日，ライヒ［ドイツ国］外務省，内務省の少数者保護問題担当官僚と意見交換を行った。官僚たちの側も，この最高度に複雑な問題につき，ブルンスにしばしば助言を請うたのである。」(「ブルンスは不可欠の助言者」＝当時の外務省国際連盟問題報告官ペンスゲン Poensgen の，同僚宛書簡〈1927.7.27〉より)[3]

②加えてブルンスは，ベルリンの省庁官僚に少なからぬ血縁者をもっていた。

このような関係により，ブルンスは「少数者権につき最良の識者の一人であるのみならず，ドイツ官庁の少数者政策に最も通じた人物の一人でもあった」。その結果「多くの具体的決定にあたり，ブルンスは舞台裏で決定的に(maßgebend) 関与したのである」[4]。ブルンスのドイツ少数者政策におけるプレゼンスは，まことに大きなものだったといえる。

●そしてブルンスは，シュトレーゼマン外相との会談（1924. 11. 4）の場において，同外相から，ブルンスが先に送付した「文化自治メモランダム」（1924. 10. 28）を推敲して国内少数民族の文化権を保障するライヒ法草案とするよう

---

1) Schot, Bastiaan: Nation oder Staat? : Deutschland und der Minderheitenschutz : zur Völkerbundspolitik der Stresemann-Ära. Marburg/Lahn : J.G. Herder-Institut, 1988.
2) Hiden, John / Housden, Martyn: Neighbours or enemies? : Germans, the Baltic and beyond (On the Boundary of Two Worlds: Identity, Freedom & Moral Imagination in the Baltics). Amsterdam; New York: Rodopi, 2008.
3) Schot, S. 99.
4) Ebenda.

第5章 国境を越える「文化自治」

求められた。ライヒ政府は，ワイマール憲法第113条［少数民族の民族性発展・母語権］の実現を課せられていたのである[5]。成案となったブルンスの「少数民族文化自治ライヒ法草案」(1924.12.9)は，その後，シュトレーゼマンの文化自治方針の骨格となるのだった（「シュトレーゼマン覚書（1925.1.30)」[6]）。

● シュトレーゼマン覚書

シュトレーゼマン覚書(1925.1.13)
（「国際連盟における今後の我国少数民族政策に関する
シュトレーゼマン覚書 1925.1.13」）

外務省
Nr. VI a. 65/25
B. 2089

ベルリン，1925年1月13日

秘 密！

ライヒ［ドイツ国］内務大臣
　　大蔵大臣
　　首相府
プロイセン邦外務大臣
　　首相　　　　　　　　　殿
　　文部大臣
　　大蔵大臣
ライヒ参議院バイエルン全権
　　ザクセン全権

ライヒ［ドイツ国］国内少数民族に与えられるべき文化的諸権利（kulturelle Rechte）の規整問題は，幅広い分野で公的議論の対象となってきた。

はじめドイツの国際連盟加盟に関わる国内状況考察の中から出てきたこの議論

---

5) A. a. O., S. 145.
6) A. a. O., S. 286-287.

が，ベルリンで催された欧州12ヵ国ドイツ系少数者代表会合で纏められた，国内全少数民族に文化自治（kulturelle Autonomie）を保障せよとする決議が出版公刊されることにより，近年，新たな勢いを帯び，新たな支持を獲得してきた。

ドイツ国政府ならびに関係諸邦においては，ドイツ外交政策上の必要から本問題の早期解決が不可避的に求められているところであるが，それ以上に不可欠であるのは，政府，諸邦の側でも，本問題に対する立場を鮮明にすることである。

そこで本職は，謹んで以下添付により，秘密閲覧資料を送付するものである。これにより貴職は，本問題の外交政策上の意義及び要請が，問題の外延，内容，解決方法のいずれも，わが国外交政策の視点から導かれねばならぬ性質のものであることを了解されるであろう。

当記録資料は以下添付物である；
　1．上記問題［文化自治］に関わる外国居住欧州ドイツ人少数者代表による極秘報告抜粋集成。
　2．先に言及した欧州ドイツ人少数者代表の纏めた決議文。
　3．**欧州ドイツ人少数者［連盟ベルリン］事務局長 Dr. ブルンスがそこに提出したライヒ法草案並に説明書。これは同人が欧州少数者連盟の人々に望まれている点を提示したと言うごとく，ドイツ国内少数者問題に関する現実的解決策の概要を示しているものである。**　［太字――小峰］

今後の実務的議論に向け，本職は，以下提案するものである；
　第一に，いかなる外交政策要求が，ライヒ内部の少数者権原則の形成にとり規準的かつ説得的と認められるか，関係部局の間で合意に至らしめること。
　第二に，今後外交政策上の不可避性に基づき大綱が描かれるはずの規整法の内容及び実際適用の詳細を，それに続く諸会合で明らかにすること。

上記関係部局代表におかれては，来る1925年1月30日（金）11時に，ヴィルヘルム通り76番地，ドイツ外務省第二会議室で開催予定の会合に出席され，上記合意前提の下で実務的検討に時間を割いて下されば幸いである。

　　　　　　　　　　　　　　　　　　　　　　　　シュトレーゼマン（署名）

　●以上の経過から，ドイツの少数者政策の転換点は，1924年秋から1925年初頭だったといえる。これを年表にすると次のようになる。

第 5 章　国境を越える「文化自治」

| 年月日 | ブルンス | 年月日 | シュトレーゼマン |
|---|---|---|---|
| | | ・1924.10.11 | ・**シュトレーゼマン回状**。中欧各国外交代表に回状。ドイツが文化自治を与えた場合の影響問う<br>⇓⇓<br>各回答：ドイツ人の一方的自治希望。(相互性不要)<br>⇓⇓<br>・ベルリンに集ったドイツ系少数者代表もそれを勧める[7] |
| ・1924.10.28<br>・　　11. 3 | ・ブルンス，「**メモランダム**」を外務省ブラハト宛送付。<br>・「**少数者の夕べ**」開催[8] | | |
| | | ・1924.11.4 | ・少数者使節団，ドイツ政府と会談。<br>①マルクス首相は「一般的理解」を示す<br>②シュトレーゼマン外相は，ブルンス並に他の代表と相当打ち解け ⇒ 憲法113条に即しライヒ法草案書けと勧む<br>∥<br>・ブルンスはシュトレーゼマンに，「国際連盟加盟を控え，各邦のこれまでの同化主義民族政策は終焉させるべきむね確信さす<br>⇓⇓ |
| | | ・1924.12.9 | **ブルンス草案**，外務省に届く[9] |
| ・1924.12 | ・ベルリン少数者会議。代表ブルンス，傍聴者に各省代表呼ぶ[10] | | |
| | | 1925.1.13<br><br><br>1925.1.30 | ・**シュトレーゼマン覚書**。欧ド連決議，外地ド人秘密報告，ブルンス草案添えて関係省，関係邦に少数者提言・方策求める。<br>・ライヒ外務省にて少数者問題会議。 |

---

7) A. a. O., S. 143.
8) 以上 Hiden/Housden, pp.25-33.
9) Schot, S. 144-145.
10) A. a. O., S. 143.

177

●外地のドイツ系少数者支援にかかわる人的関係構図は以下のごとくである[11]（ショットによる。図に若干の加工を加え、☺○は人物、□は組織・団体、△は外国関連組織・団体を表す。ブルンスには網かけを施した。）

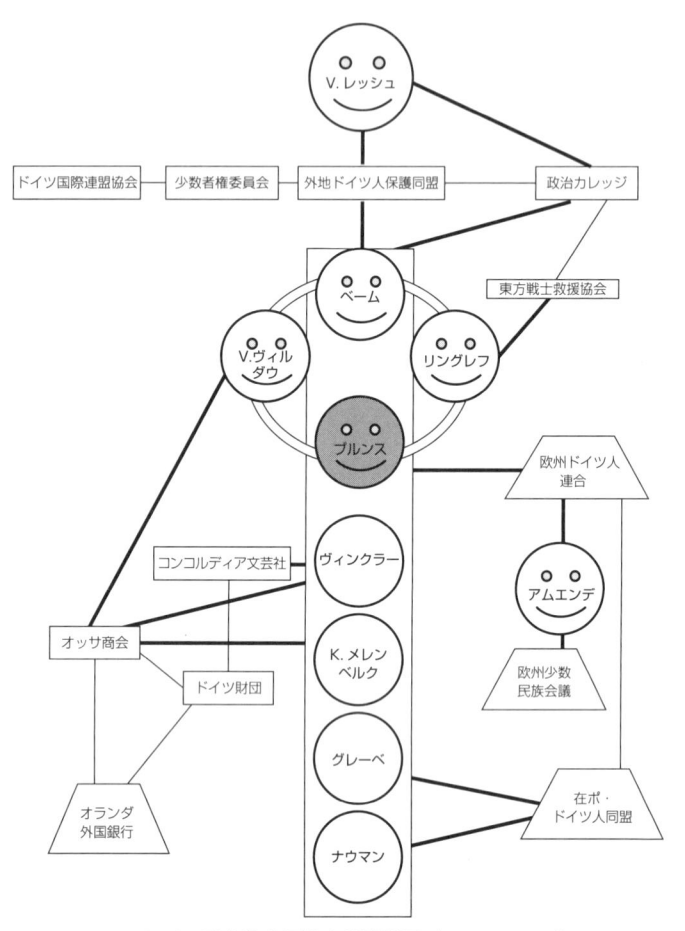

ドイツ系少数者団体人的関係図（Schot, S. 183.）

---

11) A. a. O., S. 183.

〈資料4〉
# カール・ゲオルク・ブルンス[1]「ドイツ国内諸少数民族学校制度規整ライヒ法草案」[2]（1926.3.15）

(Entwurf eines Reichsgesetzes zur Regelung des Schulwesens der nationalen Minderheiten in Deutschland, vorgelegt von Carl Georg Bruns, 15. März 1926)

[前文]

憲法[3][ワイマール憲法]第113条［母語権］ならびに第10条2項［教育法はライヒ法で定める］に基づき，本法を定める。

### 第1条 ［少数者学校，自由表明主義］

ライヒの外国人民族部分（fremdnationaler Volksteil）は，自らの民族性（Volkstum）とその言語を自由に発達させうるような，自分たちの学校を設立し運営する権利を有する。かかる学校への就学は，その教育権者が，自らを当該民族部分の下にあると表明するすべての児童に開かれているものとする。外国人民族部分に所属することを，官庁が審査したり疑ったりしてはならない。

この学校の最初の4学年が，ライヒ学校法の意味での基礎学校の性格を有するならば，当校への就学によって，法律に定める就学義務は満たされるものとする。それの適用が明らかに不正であるところでは，本規定の適用除外が認められるものとする[4]。

### 第2条 ［学校連盟］

この学校の運営は，特別の連盟[5]に義務づけられる。本連盟が当該民族部分所属者の普通選挙によって構成されるよう，各邦の法律で定めるものとする。これらの

---

【編者（クリューガー＝ポトラッツ）注】見出しを補った。説明文は一部抄訳したところがある。[ ] は小峰補足
1) ブルンス（Dr. Carl Georg Bruns）
　［略。本書第5章参照］
2) ブルンス草案成立史
　［略。本書第5章参照］以下の注では，先に述べた1924年11月17日のブルンスの覚書（連邦文書館ベルリン（旧ポツダム）資料 B Arch, B, 61, 61 Sti‐1/1363, Deutsche Stiftung, S. 364-373），および第一草案（E1），第二草案（E2）と比較ないし補足しながらこれを論じることにする。
3) 1919年8月11日ドイツ国憲法［ワイマール憲法］

〈資料４〉　カール・ゲオルク・ブルンス「ドイツ国内諸少数民族学校制度規整ライヒ法草案」(1926.3.15)

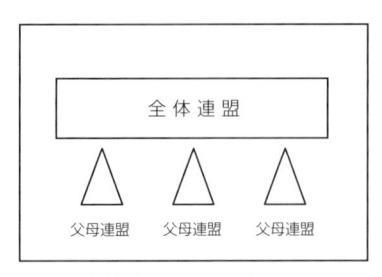

```
┌─────────────────────────────┐
│       全 体 連 盟            │
└─────────────────────────────┘
      △       △       △
   父母連盟  父母連盟  父母連盟
```

図1．全体連盟と父母連盟（小峰図）

---

4）不正のときの適用除外
　●第一草案と比較すると，最後の私立基礎学校設立認可権の項［設立認可権の剥奪］が新しい。
　●第一草案の「基礎学校」説明は次のようであった。
「一般教育政策的また民族政策的理由により，民族学校就学児童に対し，民族学校にある特別の吸引力を与えるかのような特典を作り出すことは許されてはならない。そのため，［民族］学校は基礎学校の性格を持たねばならない，そのためここに就学することによる身分的差別は生じないのである」。（連邦文書館コブレンツ資料 B Arch, KO, R43I/560, Bl. 48f.）

5）特別の連盟（besonderer Verband）
　●「連盟」は，たびたび批判された「民族簿」(Nationalkataster) に代わって用いられる。
　●「1924.11 覚書」でブルンスは次のように定式化。
「教育権保障には，その機能を備える機関——だがそれは少数者の周辺的定義機関であってはならない——こそが必要なのだから，この目的のために［民族］台帳を作成する必要はない。以下の方向が考えられる。すなわち，1県に居住するドイツ国籍所有者1,000名の提起に基づき，デンマーク系，ポーランド系，マズール系，ないしヴェンド系［カシューブ系］少数者連盟の選出が告知されなければならない。選挙権者は，県に居住するドイツ国籍所有者（Reichsangehörige）で，既存の本目的のために承認された少数者団体（学校組合，ポーランド人同盟，および同様のもの）によって証明がなされうるものとする。…また，ここに述べた理解では少数者連盟は少数者学校の機関でもある。ここが少数者学校の法的担い手である。連盟は少数者学校への学籍登録を立案し，本計画に基づき設立される［民族］学校への学籍登録を督励する。子どもの学籍登録により少数者の一定の副次的な定義が達成される。」（連邦文書館ベルリン（旧ポツダム）資料 B Arch, B. 61 Sti-1/1363, Bl. 365, 366）
　●第一草案（E1）の理解ではブルンスは次の考えである。
少数者所属者は，1つの，自分が民族グループに所属することを証する証明書をもつものとする，と。
　●第二草案（E2）ではここに以下の文言が見られる。
「連盟は父母連盟でありうる。多くの父母連盟が1つの全体連盟にまとまるものとする。」

第5章　国境を越える「文化自治」

連盟には，邦の法律により，課税権が認められるものとする[6]。

#### 第3条　［公費補助，生徒数］

連盟には，公費から補助がなされるものとする。最小数の児童が就学する学校には，学校維持に必要十分な額が補助として認められるものとする。最小数は，邦が地域の諸状況を基準に，取り分け現存の学校設置密度を考慮して定めるものとする。最小数は，40人より多くてはならない。最小数に達しない学校については，相応の補助金が支出されるものとする。

#### 第4条　［学校監督，教員服務規律］

国［＝ライヒ］の学校監督権（staatliches Aufsichtsrecht）は，邦の法律で定めるものとする。法律には，学校監督当局はどのような前提条件の下で，教員任用，教科書，学科課程に対し異議申立権を有するかについての規定を備えなくてはならない。教員の服務規律関係は，邦の法律により，現行教員服務規律法の類推によってこれを規定するものとする[7]。

---

[6) 連盟に課税権
●第二草案（E2）は次の文言。
「連盟は，その運営する学校への就学を，恒常的会費支払者名簿記載を義務づけられている教育権者子弟だけに認めることを決定しうるものとする。本名簿を備えた連盟には，邦の法律により，課税権が認められ得る。」
7) 教員服務規律
●第一草案（E1）の第4条は次のごとく。
「連盟は，教員を任用し教授学習手段を決定する。［ドイツ］国敵視宣伝ないしドイツ民族に対する尊敬を損なう恐れのある事実が見られるとき，邦政府は異議申立権を有する。同様の状況下で教員の解雇を要求しうるものとする。外国人教員の任用は，特別の承認をもってのみ許される。諸邦は，教員の能力証明に関する一般規定を定めうる。学科課程規定の中で，連盟は，第1条第2項［基礎学校条項］に拘束されるものとする。（連邦文書館コブレンツ資料 B Arch, KO, R43 I/560, Bl. 44）
●「1924.11 覚書」には次のごとく。
「この箇所には最大の厳しさをもってこう定める，つまり，［ドイツ］国は少数者連盟に対し異議申立権をもつものとする，つまりそれは，［ドイツ］国敵視宣伝を行う教員の処罰ないし解雇，ならびに，いずれにせよ［ドイツ］国敵視宣伝が行われるような教材の使用禁止，である。　それゆえ国には無制限の統制権があるが，しかし，教材監督権は狭く限定的に許されるものとする。
…国家敵視宣伝を行う教員を罰し，または解雇するという国家の無条件の関心は，この教員に官吏の性格を付与するためのものである。規律瑕疵のために解雇される公職教員は，自らの恩給要求権を失うのみでなく，──さらに重要なことには──少数者学校制度の後退により，少数者学校が最早彼が使用することが無くなったとき，国に

〈資料４〉 カール・ゲオルク・ブルンス「ドイツ国内諸少数民族学校制度規整ライヒ法草案」(1926.3.15)

## 第５条　［中等学校］

国民学校以上の教育目標をもつ教育機関[8]［中等学校］に対して，第２条［学校連盟］，第４条［学校監督，教員服務規律］の諸規定を適用する。どのような条件の下で，国の権能を付託された試験［アビトゥーア試験等］を行いうるかは，邦の法律で規定するものとする[9]。

## 第６条　［国と邦との法律関係］

ライヒ法と邦法[10]の適用から生じる，すべての紛争問題の決定ならびに教員服務規律訴訟[11]の決定のために，特別の裁判所を設置するものとする。裁判所構成員［裁判官］は，邦政府および学校連盟から[12]同数任命する。なお，議長［裁判長］は邦政府が任命するものとし，裁判所構成員［裁判官］は非解任とする[13]。

［原典：ドイツ外務省政治文書館（ボン）資料 PAAA, R 60455, Bd. 3, o. Blz］[14]

---

引き続き使ってもらう権利もまた失うのである。管下少数者学校制度に一大安定が見込まれ得ないので，この点でもまた，恩給要求権の中で教員に対し立派な態度を取らしめる強い動機が存在する。
このようにすると［官吏性格付与］，ドイツ人教員身分の中に外国分子が入り込んで来るという非難は，全く根拠のないものである。今日すでに，ポーランド志向，デンマーク志向，また共産主義志向の教員が存在する。少数者学校に任用された教員をドイツ人教員組合に加入させないで，むしろ彼らに別のポーランド系，デンマーク系，またヴェンド系教員組合を作らせてここに留まらせることは，ドイツ人教員組合のつとめである。
　しかし他面，少数者連盟が，一定の規律権を有して教師という公共的地位を与え，学校の質向上に役立てるという権利を論難することはでき得ない。
　したがって，国家の統制，規律権と少数者連盟の統制，規律権は，完全に別個並行して展開されるべきものである。第一のもの［国家の統制，規律権］は，単に国家忠誠的態度確立の問題であり，第二のもの［少数者連盟の統制，規律権］は，教師の授業遂行力また倫理的態度の問題である。」（連邦文書館ベルリン（旧ポツダム）資料 Arch, B, 61 Sti-1/1363, Bl. 371）
●第三草案（E3）には次のごとく。
「邦の法律により，教員に対する規律規定を定めうる。」
8) 第三草案では「学校」。
9) ここでは邦の法律が前面に立っている。それは，基礎学校関連だけが国［ライヒ］法で規定されているためでもある。
10) 第三草案では「国［ライヒ］法と邦法」ではなく，単に「法律」。
11) 第三草案では「ならびに服務規律訴訟」の文言はない。
12) 第三草案では「学校連盟」は「学校連盟または諸学校連盟［複数形］」

第 5 章　国境を越える「文化自治」

（出所：Marianne Krüger-Potratz, Dirk Jasper, Ferdinande Knabe: Fremdsprachige Volksteile und deutsche Schule. Schulpolitik für die Kinder der autochthonen Minderheiten in der Weimarer Republik: ein Quellen- und Arbeitsbuch. (Interkulturelle Bildungsforschung, Band 2), Münster: Waxmann, 1998, S. 306-309.）

13）1924.12 草案［第一草案］の第 6 条説明の中で，ブルンスは次のように書いている；つまり，この裁判所によって「国は，国内少数民族に対して，見くびられない圧力手段を手にすることが［できる］。学校連盟によって任命された構成員［裁判官］ならば，教員のある種の反国家的活動問題の判決に際して，多くの場合，彼らを真実教育的な強制状態に処することになるであろうし［謹慎等のことか——小峰］，彼ら［学校連盟任命裁判官］は，忠誠なる国家公民義務と一致しているむね表明すると思われるからである，と。（連邦文書館コブレンツ資料 B Arch, KO, R43 I/560, Bl. 53）

14）資料にはページが付されていないので，［本書印刷］資料ではページの切れ目にタイプ印字を付した。**本草案［新草案（E3）］**は，ブルンスの 1926 年 2 月 25 日付外務省（ハイルブロン）宛書状に添付資料として綴じ込まれたものである。

## 第6章

# 学校紛争とその帰結

──① 「上シュレジエン学校紛争に関わる常設国際司法裁判所判決」（1928.4.26）
──② 「独ポ少数民族宣言」（1937.11.5）

カトヴィツェ近郊
（1990.7，筆者撮影）

## はじめに

「石井＝ランシング協定」で名高い戦前の外交官で，大隈重信内閣の外務大臣も務めた石井菊次郎（1866-1945）は，国際連盟日本代表として関わった「シレジア定境問題」を，後年次のように回顧している。

　　　　　五　上部シレジア問題
　聯盟理事會が平和的に解決し得たる國際紛争は數多あるが，就中上部シレジア定境問題の圓満解決は特筆に値する成功であつた。問題のシレジア地方は面積から言へば我四國位であるが地上は肥饒農作に適し，地下は鑛物に富み，其石炭産額は我全國の總額と略ぼ匹敵する程である。往昔普露西亞王フレデリック二世が此地方に垂涎措く克はずして終に干戈に依つて之を墺國より奪取したのも故あるかなである。ヴェルサイユ平和會議に於て一旦之を新興國波蘭に興ふることに内定したのが，後に至り英國の提議に因り遂に平和條約第八十八條末

第6章　学校紛争とその帰結

項が出來たのである。同項に依れば獨逸は主要聯合國が上部シレジアに於て設定すべき境界を承認し其以外の地方を波蘭に譲渡する事に同意したのである。然るに主要聯合國（英，佛，伊，日）が右境界を設定せんとするに當り，英佛間に激しき争論起り幾度か最高會議は開かれたが，英のロイド，デョウヂ氏と佛のブリアンとは双方とも沸騰せる自國國論に面して一歩も退く事克はず，會議は何時も不調に終つた。此問題が上程せられた最高會議には我輩は常に林男爵と共に帝國代表を勤めたが英，佛の争論が餘に激烈であつたから日本と伊太利との代表は殆んど手の着け様がなかつたのである。

一年有半争議の後最高會議は匙を投げて問題は終に聯盟理事會に提出せられたのであつた。我輩が理事會議長の任期將に了らむとするに際し，圖らず此難問題が舞ひ込むだので，取敢へず事務總長と内議を凝らし，本問題の報告委員たるべきものを物色した。我々の視線は期せずして西班牙代表キノネス，ド，レヲン氏に集まつた。同氏に當りて試みたが彼は本國政府と協議の上之を謝絶した。蓋し英佛の間に狹まれて何れからかの怨を買はむ事を虞れてであつた，白耳義と瑞典とは少しく事情ありて之に頼むは面白からず，他に適任者は見當らない，時日は切迫して遲疑を許さない。茲に於てドモランド事務總長の強き希望に因り我輩は政府の内諾を得て自ら報告委員となつた。斯くて理事會は支那代表顧維鈞氏の新議長の下に開かれ，我輩は報告委員として本問題の經過を述べ終るや，佛國理事ブウルヂョア氏は本件が極めて大問題なるが故に之を一般問題と引き離し，之が為に別の議長を設け，他に三名より成る報告委員を設くること及議長としては豫て最高會議に於て本問題に精通したる石井子を煩はしたしと提議し，英國理事バルフォア卿之に賛成し同僚一同之に和したから我輩は圖らず大役を引受くることとなつた。

斯くて本問題は議長と三名の報告委員の下に聯盟事務局員日夜の勵精を以て詳細なる研究を遂げ，二週間の後，一の解決法が案出せられ，次で理事會の全員一致を以て採用せられた。最高會議は理事會の解決案を遵用して其儘に上部シレジア境界を劃定した。新國境に對しては濁逸側にも波蘭側にも不平はあつたが双方に不平あるは解決の公平を證明する所以であつて，世上一般の受は好かつた。之を實際に徴するに，之まで沸騰し居たるシレジア地方は忽ち靜穏に歸し，爾來今日に至るまで九年間何等紛擾を見ないのである。斯くて普通外交が大使會議最高會議を幾度開いても解決し能はずして匙を投げた難問題が，聯盟外交卽ち理事會の審査に依り三週間以内に圓滿なる解決を見ることを得たのである。聯盟が國際平和機關として大なる尊重を受けたのは此成功より始まつたとは一般の評である。
（石井菊次郎『外交餘録』1930 より）[1]

人類最初の総力戦，第一次世界大戦を戦ったヨーロッパは，ヴェルサィユ講和条約会議（パリ講和会議）において，戦後秩序をめぐってイギリスとフランス間の対立が生じ，その結果，新生ポーランドの西部国境（上部シレジア）は，住民投票によって決するとしたのである。上部シレジア全体をポーランドとするという当初合意は，英首相ロイド・ジョージの住民投票提起によってくつがえり，結果的に上部シレジアの「分割」に至るわけである。1921年3月20日上部シレジアで行われた住民投票後，その結果に反発したポーランド人側の蜂起によって流血の事態が出来し，ここに上部シレジア国境をすみやかに画定することは欧州の平和維持にとって重大問題となった。この問題の解決に，ヨーロッパから遠く離れ，欧州諸国に対し中立を保ち得る日本の存在がクローズアップされた。このとき，フランス大使で（1920年任官）ヨーロッパにあった上記石井菊次郎が，国際連盟全権，国際連盟理事会理事として，沈着果断の行動をとった。このことは，その後，この地に居を移して独ポ両少数民族教育権の実現に努力したスイス大統領カロンデール現地混合委員会委員長（**カロンデール，フェーリクス＝ルイ**（Felix-Louis Calonder, 1863-1952））の活動とともに，上部シレジアの独ポ少数民族問題史の中で大きく評価されてよい[2]。

---

1) 石井菊次郎『外交余録』岩波書店，1930（吉村道男監修「日本外交史人物叢書　第6巻」ゆまに書房，2002，187-189頁）．
2) 上部シレジアにおける国境画定において石井菊次郎の果たした役割については，濱口學「国際連盟と上部シレジア定境紛争」(1993/3) に学ぶところ大である。上部シレジア問題と「ジュネーブ協定」(1922.5.15)，また，これに取り組んだ石井菊次郎の役割について，筆者（小峰）は濱口の一連の研究を通して知ることができた。筆者は一介の教育学徒であるが，濱口が公開なった戦前わが国の外交文書を駆使して，石井菊次郎がパリ，ジュネーブにおいて，英仏を始めとする連合国諸国，また国際連盟事務局と連絡調整を取り合い，かつ東京の外務省と電信，書簡を取り交わして，本問題の早期平和的解決に向け公平無私，粉骨砕身の努力を傾けた様子が，臨場感をもって迫ってくる。氏の一連の研究に心から感謝したい。なお，石井菊次郎の人物像については高橋勝浩「石井菊次郎　歴史を指南車と仰いだ知性派外交官」佐道明広・小宮山一夫・服部龍二編『人物で読む近代日本外交史』吉川弘文館，2009年，参照。上部シレジアと国際連盟，シュトレーゼマン外交については，篠原初枝『国際連盟――世界平和への夢と挫折』中公新書，2010；牧野雅彦『ロカルノ条約―――シュトレーゼマンとヨーロッパの再建』中央公論新社，2012，ほか参照。

第６章　学校紛争とその帰結

　この上部シレジア（ドイツ呼称「上シュレジエン」Oberschlesien）国境は，石井菊次郎らの調査と提起に基づき，ひとまずは住民投票結果に対応して国境線画定がなされた。しかし，問題はそこからである。元はドイツ国であった上シュレジエン州の東部３分の１がポーランド国「シロンスク県」（Województwo śląskie，ドイツ呼称「東部上シュレジエン」Ostoberschlesien。県都カトヴィツェ Katowice，ドイツ名カトヴィッツ　Kattowitz）となった。それは，面積的には相対的に小さいが，シュレジエン炭坑・鉱山，それにより発展した重化学工業，これらを含みもつ鉱工業三角地帯がほぼそのまま含まれ，産業上，経済上の重要性は，残余３分の２の独領上シュレジエンよりもはるかに大きい。ここでは今までドイツ式学校が発達してきたのであるが，ポーランド帰属後，これに代わってポーランド語ポーランド文化の学校教育が敷かれ[3]，ドイツ語ドイツ文化の学校は，「ジュネーブ協定」（1922.5.15）によって少数民族「ドイツ人」にのみ認められることになったのである。

　このドイツ系少数者学校への就学は，当初「ドイツ語が不自由なドイツ人」児童も通学可能であったのだが，その後，第６代県知事グラジュインスキ（Michał Grażyński, 1890-1965）により，学籍登録に際して「母語」アンケートが実施され，その結果に基づきドイツ語を「母語」としない大量の「ドイツ人児童生徒」がドイツ系少数者学校就学を排除されたのだった。これを不当とするドイツ側の提起によって，本問題は，最終的に，国際司法裁判所で争われることになった。今回は，その判決（1928.04.26）を紹介し検討してみることにしたい[4]（資料５，p.215～）。

---

[3]　新生ポーランドにおける初期教育研究については，Eser, Ingo: »Volk, Staat, Gott!«: Die deutsche Minderheit in Polen und ihr Schulwesen 1918-1939. Wiesbaden: Harrassowitz Verlag, 2010（Veröffentlichungen des Nordost-Instituts; Bd. 15）が突出している。また，Dobbermann, Paul: Die deutsche Schule im ehemals preußischen Teilgebiet Polens. Posen 1925 の研究と翻訳資料は，「ドイツ」から「ポーランド」への教育移行研究に欠かせない文献である。本書第３章，第５章参照。

187

## 1. 客観基準と主観基準——〈民族〉決定をめぐって

　この判決は，訴訟自体はドイツ側敗訴である。ドイツ語が不十分な児童にも，これまで同様に，ドイツ系少数者学校就学を認めよとの主張は退けられた（もちろん，判決にあるように，ドイツ人の民族所属「表明の自由」をみとめ，また，その表明をポーランド当局が疑ったり再審査したりしてはならないというドイツ側の主張を認めたことは意義のあることである)[5]。

　だが，民族決定において部分的に「主観基準」が認められたことの意義は大きい。筆者はこの点に注目したいと思う。

　一体に「民族」の問題は複雑である。これまでの解題で触れたように，この地はもともとスラブ人の土地であった。それが，中世以来のドイツ人入植によって次第にドイツ人が増加し，また，ドイツ人とスラブ人との通婚によって人種的にも混血が進んだのである。また，ドイツ人は，当初ドイツ語を使用していたが，次第にポーランド語も使用し，2ヵ国語を駆使しうるようになったの

---

[4] Bruns, Carl Georg: "Das Urteil des Ständigen Internationalen Gerichtshofes im Oberschlesischen Schulstreit und das allgemeine Minderheitenrecht". Nation und Staat, Jg. 1, H. 10, Wien, 1928［判例批判［1928b］］；横田喜三郎「第一編　判決　一二　上部シレジアの少数者学校に関する事件」『國際判例研究 I』有斐閣，1933 年参照。同判決については，上記 2 文献が最良の研究書である。
　なお，国際司法裁判所のホームページには，同判決フランス語正文および英文が公開されている。
Publications de la Cour permanente de Justice internationale（1922-1946）　Série A: Recueil des Arrêts　(http://www.icj-cij.org/pcij/series-a.php?p1=9&p2=1)　A15　Droits de minorités en Haute-Silésie (écoles minoritaires)　Arrêt du 26 avril 1928 PDF　Opinion dissidente de M. Huber　PDF　Opinion dissidente de M. Nyholm　PDF　Opinion dissidente de M. Negulesco PDF　Opinion dissidente de M. Schücking PDF　Annexe 1 PDF　Annexe 2 PDF．本稿の翻訳は，以下のブルンスの独訳テクストに拠っている。B.［Bruns, Carl Georg］：„Die Entscheidung des ständigen internationalen Gerichtshofes im oberschlesischen Schulstreit". In: Nation und Staat, Jg. 1, H. 9, Wien 1928［1928a］, S. 662-669.

[5] 訴訟自体は敗訴である。注 10 参照。

であった。その「ポーランド語」も，Wasserpolnischと呼ばれる上シュレジエン方言である。これは，ワルシャワ地方の標準文書ポーランド語とは異なるドイツ化したポーランド語で，かつて「ドイツ人街の川［オーデル川］を越えてやってきた人の使うポーランド語」の謂であった[6]。［そこで筆者（小峰）はこれまで，これに「水源ポーランド語」というような訳を充てて，そのことを表現してきた。］つまり，この地の「ドイツ人」（民族自覚の希薄なドイツ人の場合）は，自分が「ドイツ人である」のか「ポーランド人である」のか，あるいはまたそのいずれでもないAutochthone 土着人＝上シュレジエン人〔水源ポーランド人〕であるのか——その選択は，結局個人の意思に委ねられている。（ちなみにAutochthone「土着人」の語は，chthoneギリシア語で「大地」を意味する$\chi\theta\omega\nu$と，「共に」を意味する$\alpha\upsilon\tau\acute{o}\varsigma$に由来する。言うなれば「大地の子」である。）

　一般的には，ドイツ人（両親がともにドイツ人の家庭から生まれたドイツ人）の場合，彼らはこの地ではポーランド人に対して社会的には上層をなし，ドイツ語を母語として日常常用して子弟をドイツ語の学校に通学させていたのであるから，これらの層は民族の帰属に問題は生じない。そして，第一次大戦後の住民投票でこの地がポーランド国に帰属するといち早くドイツに出国したのも彼らである。だが，ポーランド人と通婚した家庭の子ども，カトリック教会に通いポーランド人との関係のより深い層，長くこの地に住まわってドイツ人としての自覚を喪失した「ドイツ人」は，日常語は場合によってはポーランド語の方が流暢で，「母語」という客観指標で見た場合，「ドイツ人」というよりは「ポーランド人」と判断せざるを得ないという状況が生じている。民族の混交している地域に固有の問題である。これをどう考えたらよいか。山内昌之は，「民族」を次のように説明している。上シュレジエンの民族問題を考える際に，重要な指摘だと思う。

---

6) Urban, Thomas: Deutsche in Polen. München, 2000, S. 13.

民族とは何か。これを考えるには，客観的基準と主観的基準の組み合わせが手掛かりになる。客観的基準といえば，民族の定義として長く知られてきたスターリン，И．В．の説明をすぐ思い出す。「言語，地域，経済生活，および文化の共通性のうちにあらわれる心理状態，共通性を基礎として生じたところの，歴史的に構成された人々の堅固な共同体である」。…以上のような客観的基準と異なり，主観的基準としていちばん重要なのは，「**われわれ意識**」である。「われわれは他者と違う」といった「**われわれへの帰属意識**」を生み出す連帯感といってもよい。…このような主観的基準は客観的水準［基準？——小峰］と不可分に関連しながら絡みあっており，同一対象の異なる二側面と考えるべきだろう。換言すれば，民族という集団の意識は，自生的・文化的な力と作為的・政治的な力による互いに桔抗するダイナミックな作用と関係のなかから成立してくる[7]。

　「われわれ意識」，「われわれへの帰属意識」が民族決定の鍵（キー）である。すなわち主観基準である。これは，現代すなわち人々がグローバルに移動し「国境」の位置が相対的に低まり，人種や言語，地域，経済生活の共通性などの指標では〈民族〉を決定づけられなくなった時代の〈民族〉指標であるが，本稿で問題にする，第一次世界大戦後上シュレジエンにおける国境決定とその後の「少数者」民族学校就学問題においては，この問題が集中的に問われたといえる。そして，今回問題にする国際司法裁判所判決は，その主観基準の嚆矢といってよいのである。

　今，試みに，それまでの憲法，ラント法における民族決定原理（「少数者」所属原理）を見てみよう。

　これからいえることは，国際司法裁判所判決までは，民族決定の基準は客観的基準としての「母語」（Muttersprache）だったということである。それが，国際司法裁判所判決を契機として，次第に，「主観基準」を取り入れていることが分かるのである。

---

[7]　山内昌之「民族」（大澤真幸・吉見俊哉・鷲田清一編『現代社会学事典』弘文堂，2012，1234頁。太字強調は小峰。

第6章 学校紛争とその帰結

表6-1.「少数者」所属原理

| 法令等 | | 客観基準 | | | 主観基準 |
|---|---|---|---|---|---|
| | | 血統 | 出生地 | 母語 | 自由表明主義 |
| ポーランド語使用令 | | | | | |
| 1918.12.31 | ポーランド語使用令（ヴェンド語使用令） | | | ● | |
| 1919.6.28 | ヴェルサイユ条約 | | | ● | |
| 〃 | ポーランド条約 | ● | ●§6 | ● | |
| **1919.8.11** | **ワイマール憲法（母語権§113）** | ● | | ● | |
| 1920.11.9 | ダンチヒ・ポーランド条約 | ● | | ● | △ |
| 1920.11.30 | プロイセン憲法（少数者授業語権§73） | | | ● | |
| 1921.3.20 | 上シュレジエン住民投票 | | ● | | |
| 10.24 | ダンチヒ・ポーランド協定（ワルシャワ協定） | ● | | ● | 交渉時△？ |
| 12.2 | ダンチヒ，ポーランド系少数者教育令 | ● | | ● | |
| **1922.5.15** | ジュネーブ協定（1922.5.15） | | ●§26 | (授業語) | △？ |
| ジュネーブ協定以後 | | | | | |
| 1922.8.21 | ［ポ国］シロンスク教育令 | | | ● | |
| 12.29 | ［ポ国］改正シロンスク教育令 | | | ● | |
| 1924.6.26 | ［ポ国］再改正シロンスク教育令 | | | ● | |
| 1926.2.9 | 旧・デンマーク系少数者教育令（客観基準） | ● | ● | 授業語 | |
| **1928.4.26** | 国際司法裁判所判決（主観基準一部認定） | | | 授業語 | △ |
| 1928.12.31 | ポーランド系少数者教育令 | | | 授業語 | ◎ |
| 〃 | ［改正］デンマーク系少数者教育令 | | | 授業語 | ◎ |

（小峰作成）

## 2. 上シュレジエン学校紛争と司法裁判決

　今回ここで取り上げた，上シュレジエンのドイツ系少数者就学に関わる司法裁判決は，単に常設国際司法裁判所の一つの判決という以上の意味をもつと筆者は考える。(もちろん，常設国際司法裁判所に持ち込まれた訴訟は，いずれも国際間の重大問題であり，それの背後には，この問題をめぐり当該国家，民族の願いと，対立を引き起こした長い歴史的背景が存することを否定するものではない。これは，今般日本韓国間の「竹島」帰属問題をめぐってもそうである。)
　※上シュレジエン少数者学校紛争に関する国際司法裁判所判決については，

横田喜三郎の研究が最良の邦文文献である[8]。横田判例研究は，判決文言に基づいてドイツ側の訴えとその論理，ポーランド側の反論を整序して，司法裁の下した判断，すなわちポーランド側の学籍登録却下がジュネーブ協定解釈として不当なものではないということ，また，「民族表明」自体は，事実に反しているように見えようともこれを尊重して官憲がその表明を再審査したり否定したりすることは許されないことを，判決文言に即して述べている（ただしそれがドイツ系住民のドイツ系学校入学を無条件に保障するものではない）。しかし，残念ながら，本判例研究は摘要である。そのため，「判決は異議の申立を却下し，本案について原告の申立の一部を認めた」（横田，1933，118頁）と述べられているが，一部ドイツ側の論理が認められたのはどのような脈絡においてであるのかが十分明確ではない。そこで，この論理をテクストに即して知ることが必要であると考え，筆者は，判決の中心部分を翻訳紹介したわけである。なお，牧野雅彦は，「…シュトレーゼマンはハーグの常設国際裁判所に22年のジュネーブ協定の解釈をめぐって提訴するが，判決は曖昧なものにとどまっていた」とし，評価を留保しているが[9]，ドイツ側の提訴は，ドイツ人子弟のドイツ系少数者学校への無条件就学を求めているので，これを否定した判決は，基本的にドイツ側の敗訴というべきである[10]。

（国際司法裁判所については，さきの石井菊次郎と関わって日本の安達峰一郎にも触れるべきであろうし，上シュレジエン混合委員会委員長カロンデールの墺フォアアルルベルク州スイス合邦運動（失敗）等にも言及したいところであるが，見送りたい。）

## (1) ジュネーブ協定とドイツ系少数者教育

　上シュレジエンでは連合国による新国家ポーランド創出のための住民投票が実施され，その結果に反発したポーランド人の第三次シレジア蜂起と，これに対するドイツ人（ドイツ義勇軍 Freikorps フライコール）の武力制圧という流血の事態が出来し，この緊迫した状況の中で上シュレジエンを分割する新国境線が決定された（本章「はじめに」参照）。

---

[8] 横田喜三郎「第一編　判決　一二　上部シレジアの少数者学校に関する事件」『國際判例研究Ⅰ』有斐閣，1933；横田喜三郎「第二編　諮問事件　一　上シレジアの少数者学校の事件」『國際判例研究Ⅱ』有斐閣，1970。
[9] 牧野雅彦『ロカルノ条約』中央公論新社，2012，164頁。
[10] Vgl. Recke, Walter: Die historisch-politischen Grundlagen der Genfer Konvention vom 15. Mai 1922. Marburg, 1969, S. 140.　なお注5参照。

第6章　学校紛争とその帰結

　新たにポーランド領となった旧ドイツ領東部上シュレジエン（ポーランド領シロンスク）では，この地に残留しポーランド国籍を取得した「ドイツ人」に対するポーランド人の略奪，暴行，抑圧が頻発し，これらドイツ人の権利擁護闘争が厳しく展開されていた。

　その頂点が，1926年5月に出来した約7,000名に上る大量のドイツ系少数者児童の学籍登録却下事件である。本件は現地ドイツ人同盟の提訴により，最終的に常設国際司法裁判所で争われることになった。だが，1928年4月の判決で，ドイツ人児童が自由にドイツ系少数者学校を選ぶことは認められなかった。その際法廷で争われたのが，少数者所属は個人の意志によるのか（主観原理），言語によるのか（客観原理）という対立であった。この問題につき，司法裁は，ポーランドの「言語」説を正当と判断したが，限定的に「主観原理」も容認した。本判決を受け，ドイツ側は，この二重言語地域において「言語による国民統合」に代わり，「主観原理」（＝「心のドイツ人」原理）を定立したのである[11]。提訴に至る過程の骨子は表6-2の通りである（巻末年表も参照）。

　上シュレジエン学校紛争のそもそもの発端は，1926年のドイツ系少数者学籍登録（Anmeldung）に際して，母語（Muttersprache）アンケートが行われたことである。それまでは，ドイツ語不十分生徒もひとまず受け容れ，しかるのちにポーランド校転校等の処置をとってきたのが「慣例」であった。テストの類は行われてはいなかったのである。このアンケートに「母語＝ポーランド語」または，「母語＝ポーランドとドイツ語」と答えた生徒は，「ドイツ人では

---

11) 上シュレジエン少数者学校紛争に関わっては，2案件が国際司法裁判所で争われている。本資料の1926年学籍登録却下問題（1928年4月26日判決）と，1929年学籍登録却下問題（1931年5月15日意見）である。後者は，1927年に「ドイツ語力不十分」でドイツ系少数者学校入学を阻まれた児童60名が1929年に再度学籍登録を行ったとき，ポーランド当局がさきの「ドイツ語力不十分」判定は持続するとした排除措置を不当として訴えたものである。これは，ポーランドの敗訴（意見）となった。横田喜三郎「第二編　諮問事件　一　上シレジアの少数者学校の事件」『国際判例研究Ⅱ』有斐閣，1970，参照。

表 6-2. 上シュレジエン学校紛争の発生

| 1926.5 | ●ポーランド，上シュレジエンでドイツ人児童 8,500 人以上がドイツ系少数者学校へ学籍登録。直後に一般アンケート調査・母語調査 → 7,114 登録不可<br>→ 5,205…「少数者」ではないと判定【上シュレジエン就学義務児童の 22 パーセント】<br>●「シュレジエンドイツ人民族同盟」，ポ国（少数者局）へ訴え ↓ |
|---|---|
| 1926.12.15 | ●混合委員会委員長・元スイス大統領カロンデールの見解（1926.12.15）<br>ジュネーブ協定第 131 条, 74 条により，ドイツ語が理解できぬ児童にも<br>　a. ドイツ語を授業言語として選択可<br>　b. ドイツ系少数者学校入学可 ↓<br>「［ドイツ系］父母の申請を審査することは認められない」 |
| 1927.1.13 | ●ポ国シロンスク県知事反対論「混合委員会委員長表明は受け容れ難い」<br>●「ドイツ人同盟」，国際連盟に訴え<br>　委員会での議論（1927.3/8, 3/12, 12/8）にドイツ側主張顧みられず。法判断行わず，言語テスト実施を指示<br>　（A）二重言語児童，（B）親の出頭しなかった児童――スイス人教育家マウラー（Maurer）による言語テスト実施を指示<br>　　　　　⇓<br>カロンデール委員長，これに基づく入校判断を正当とする<br>　　　　　↑↓<br>「ドイツ人同盟」代表はこの指示には同意。しかし本件に添わぬ，と留保付す |
| 1927.6.9 | ●言語テスト。合計 1201 名の児童のドイツ語力テストにより，合格 535 名ドイツ校入校可，不合格 666 名ドイツ校不可，ポーランド校へ。その後，この試験の監視を任された報告官ウルルティア（Urrutia）は「来年の入校に際しても言語テスト行うう」と表明 |
| 12.31 | ●ドイツ政府，常設国際司法裁判所へ提訴 |

ない」とされ，ドイツ校への入校を排除されたのであった。「言語」理由の入校不可は 5,205 人に上る[12]。これは，上シュレジエン就学義務児童の約 4 分の 1 という大量にわたるものだった[13]。

先に記したように，当地は，独ポ両民族が長い間混交して生活している二重言語地域であった。したがって，人々は，独ポ二言語（その「ポーランド語」も「水源ポーランド語」Wasserpolnisch）を日常的に用いていた。アンケートは，

---

12) Bruns (1928b), S. 698.
13) Bierschenk, Theodor: Die deutsche Volksgruppe in Polen 1934-1939. Kitzingen, 1954, S. 21.

表6-3. 1926年5月の学籍登録申請と却下数

| 申　請 | 8,500以上 |
|---|---|
| 却　下 | 7,095 |
| ①「少数者に所属せず」<br>(母語を「ポーランド語」, または<br>「ポーランド語とドイツ語」と回答) | 5,205 |
| ②出頭せず | 1,307 |
| ③ポーランド国籍なし | 145 |
| ④母が教育権者 | 391 |
| ⑤学区非所属 | 47 |
| [不詳] | [19] |

| ①の内訳 | |
|---|---|
| a. 母語＝<br>「ポーランド語」 | 1,792 |
| b. 母語＝<br>「ポーランド語<br>＋ドイツ語」 | 2,340 |
| c. 類似例 | 1,073 |
| 合計 | 5,205 |

(出所：Bruns (1928b), S.698)

そのような「事実」が反映されていた。また，ポーランド国成立直後で未だ教育条件の劣悪なポーランド校を嫌い，教育条件の良いドイツ語校を選ぶポーランド人が相当あったことも事実である。

　　※ここでは，「ドイツ民族同盟」の側の少数者学校申請運動と，ポーランド側ピウスツキ体制下の反ドイツ闘争の詳細には触れない。
　　上シュレジエンのドイツ系少数者就学に関わる常設国際司法裁判所判決を見るのには，①ドイツ側のおかれた状況，②ポーランド側のおかれた状況，を考察することが必要であり，筆者はこれまで不十分ながらそれを試みた。それに対して，今回は特に，国際連盟の側の対応に注目して述べたいと思う。

　ドイツ側の訴状と，それに対してなされた司法裁の判決を示すと次の通りである。

### ドイツ側の訴え
● 英文によるドイツ側訴状は次のごとくである。
「司法裁判所は次のごとく裁定されんことを，すなわち
① 1922年5月15日の上シュレジエンに関わるドイツ・ポーランド協定［ジュネーブ協定］第74条，106条，131条は，個人が彼の良心に従い，かつ，各人の人格的責任の下に以下を個人の**無制限の自由**と定めている。
  a. 個人が一の民族的（völkisch），言語的ないし宗教的**少数者に所属するか否かを表明すること**。
  b. 各人が法的に教育責任を有する生徒ないしは児童のために，**授業言語ならびにこれに対応した学校［少数者学校］を選ぶこと**。
② この表明はいかなる形態のものであれ，当局の側からの追試，**取消，圧力，侵害をうけてはならない**。
③ 第65条，68条，72条2項，および第三部第二款前文により保証された処遇の平等（Gleichheit der Behandlung）により，少数者学校を不利に至らすあらゆる差別的方策は許されない，と。」
⇩

### 判決
● ［…以上の］理由に基づき，司法裁は両当事者の訴えを聴取して後，8対4の評決をもって次のごとく判決を下した。
① ［ドイツ側の訴えに対応無し──小峰］
   被告の側から提出された管轄外との抗弁は却下された。（管轄違いであれ，承認しがたいものであれ）

② ［訴えの①に対応］
［a.］
1922年5月15日の上シュレジエンに関するドイツ・ポーランド協定第74条，106条，131条は，［当国の］国籍所有者すべてに，自らの責任において，言語ないし宗教の少数者（Minderheit der Sprache oder der Religion）に所属するか否かを表明する自由，同様にまた，その教育につき正当に責任を有する生徒または児童の言語を表明する自由を保証している。
この表明は，それの当人につき事実状態（tatsächliche Lage）としては疑わしいと判断される点にまで及ばざるを得ない。
［b.］
生徒または児童の言語が何であるかを表明する自由は，場合によっては状況判断に一定の余地が保証されているにしても，**それは授業で用いるべき言語，およびこれに対応する学校を選ぶ無制限の可能性を意味するものではない**。

[②]
しかしながら，ジュネーブ協定第131条が目指す本表明，また同様に一人の人間が人種，言語ないし宗教の少数者 (Minderheit der Rasse, der Sprache oder der Religion) に所属するか否かの問題は，どのような形態のものであれ，官庁の側からのいかなる圧力ならびに侵害に晒されるものではない。

③
本裁判所は，申し立てにある少数者学校に不利益となる多様な処遇すべてが，ジュネーブ協定第65条，68条，72条2項，および第三部第二款序文で保証された処遇の平等に合致しないと断定するものではない。

(Vgl. Bruns (1928a), Junckerstorff)

裁判の争点となった「ジュネーブ協定」(1922.5.15) 第74条，106条，131条は，次のものである[14]。

第74条 ［少数者所属の審査禁止，（民族自由表明主義［？――小峰］)]
民族的，言語的，ないし宗教的少数者 (völkische, religiöse oder sprachliche Minderheit) に所属することを，当局が追試したり，否認したりしてはならない。

第106条 ［少数者学校の設置］
§1.
1. 少数者児童が就学年齢にあり，国民学校就学が定められていて，彼らが同一学校組合 (Schulverband) に所属するとき，これら言語的少数者所属で国籍所有児童 (Kinder) 最低40名，の教育権者が支持する1国籍所有者提案に基いて，1少数者学校 (Minderheitsschule) が設立されるものとする。
2. これら児童の最低40名が，同一の宗派ないし宗教に所属するとき，提案に基いて，彼らにふさわしい宗派ないし宗教的性格を備えた1少数者学校を設立するものとする。
3. 事情により，1少数者学校の設立が適当でない場合は，少なくとも，少数者学級［複数］を設立するものとする。
§2.
第1項1, 2に述べた提案には，可及的速やかに――但し，それが新学年開始最低9ヶ月前に提出された場合であるが――，提案に続く新学期開始に向け対

---

14) 資料1参照。

応するものとする。

第 131 条［児童の言語決定に際して［国内］少数民族所属の自由表明（Erklärung; déclaration）権の保障［？］、当局の干渉禁止］
1. 児童または生徒の言語が何であるかは、ただ、教育権者により口頭または文書で行われた表明（Erklärung; déclaration）だけで決するものとする。この表明（Erklärung; déclaration）が、文教当局によって再審査されたり否認されたりしてはならない。
2. かつまた文教当局は、少数者学校創設提案を撤回させることを目的として、提案者らに対していかなる影響力も行使してはならない。

## A. 混合委員会委員長見解 Nr. 257（1926 年 12 月 15 日）

①主観基準

まず、ドイツ側の問題提起をうけた混合委員会は、1926 年 12 月 15 日に混合委員長見解（カロンデール委員長）を発して、少数者所属原理は「当該個人の主観意志」に求めざるを得ないとしている。

かつてブルンスが述べた「民族簿」のような、「少数者戸籍簿」（Minderheitskataster）を備えて、少数者を全員これに登録させているならば、この者を「少数者」（＝ドイツ人）と規定できるが、「ジュネーブ協定」はそれをしていない。だとすれば、「各人がその都度の自分の自由意志に従って（nach ihrem jeweiligen freien Willen）、自分が少数者又は多数者に所属したいかどうかを決定する」、それが、ジュネーブ協定第 74 条の優先的考え方である、と。

じつは、ポーランドも、第 74 条は、外国人に居住するポーランド人保護のために必要であるとし、他の国際条約（自由都市ダンチヒとの条約、チェコ・スロヴァキアとの条約）でも、本原則を承認したことが記憶さるべきである。もし、ジュネーブ協定が「客観基準による少数者所属」を規定したいなら、詳細規程が必要だったのである。上シュレジエンという言語的・文化的に輻輳する状況では、自由な文化競争による解決が絶対的に必要であり、個人の自由な自

己決定に依るというこの原則［主観基準］は最も推賞されるものである，と[15]。

　そして，どの民族に所属するか主観的意志表明（die subjektive Willenserklärung）をした者が，その子の所属すべき学校を決定するのである。

　　［a］市民が自由な自己決定により，多数者又は少数者に属すか決定する
　　　　（第74条）
　　　　　　↓
　　［b］教育権者は，その子を多数者校又は少数者校のいずれに就学させるか
　　　　を自由に選択（131条）[16]

## ②第131条は「母語」ではなく「授業言語」

　また，混合委員長見解は，「ジュネーブ協定」第131条にいう「児童または生徒の言語」は，「母語」ではなく「授業言語」である，と明確に述べている。

　第131条が謂う「言語」は，母語でなく授業語（学校教育で使う言語）ということは，ジュネーブ交渉時の独ポの審議過程から分かる。このとき，「言語」解釈に混乱があった，すなわち，はじめポーランドは原案に「母語」と表現したが，ドイツ代表がこれを否定，その後ポーランド側は，現行の「ジュネーブ協定」の文言を提案したのである。このことは，1922.2.22のジュネーブ第9委員会〔連盟〕第7回会議議事録にも記載されている通りである，と[17]。

　このことは極めて重大である。つまり，ポーランド側は，当初，「ジュネーブ協定」に定める「言語」を「母語」と理解していたが，ドイツ側はそれを否定しているということである。カロンデールは，元々，国際連盟で「ジュネーブ協定」の作成に関わり（独ポ両代表とともに），そのため，「ジュネーブ協定」の実施・適用を効果あらしめるために，混合委員会委員長を引き受け，ポーラ

---

15) Junckerstorff, S.97
16) A. a. O., S. 98
17) Ebenda.

ンドに居を移して独ポの少数者問題に取り組んだのであった。その過程で，「ジュネーブ協定」の解釈を行うことが求められ，それを「混合委員長見解」として夥しい「見解」(Stellungnahme) を発している。たとえば，ポーランド校への転校強制は不可，入学申請書の郵送提出も可，署名認証は寛大に，日付ミスは寛大に，少人数でも開設可，役人の専断禁止，入学申請・開校告知のドイツ語使用，寡婦も教育権者になり得る，非嫡出子の母出願可，等々。「ジュネーブ協定」をいざ実施しようとなると，当初は想定していなかった具体的な問題が押し寄せ，そのたびに，カロンデール混合委員長は，協定の解釈と，これの少数者権保障の見地から教育的判断とを行っているのである[18]。

　カロンデールは，ジュネーブ協定の作成交渉から，「言語」は「母語」でなく「授業言語」であること，それをポーランドも認めたのであるから，その後ポーランド・シロンスク県のシロンスク教育令 (1922.8.21) の「母語」条項は削除するよう再三ポーランド側に申し入れていたのであった［結果的にこれは削除されず，それが，1926年のドイツ系少数者児童の学籍登録却下に至るわけである］。

### ③ドイツ語不十分生徒の扱い

　カロンデールは，これまでドイツ語不十分な者もドイツ系少数者学校に通うことを認めてきたし（教育的観点からは問題があるが），将来問題を引き起こすであろう「母語」理由の就学却下でなく，一旦少数者学校に受け容れ，しかるのちにポーランド校に転校させるのが教育的だとした。しかも，教育的観点は抑制的に考えるべきで，あくまで131条の「権利」を優先させるべきだとしている。

　さらに，「ドイツ民族同盟」とポーランド当局との話し合いを求め，両者の合意が望ましい。もし合意できぬ場合には，131条判断を行う，それは「いかなる生徒もドイツ語不十分で少数者学校入校を拒否されない」，「1926夏のポーランド当局の審査は認められない。不当と判断する」というものであった[19]。

---

18) A. a. O., S. 62-119.
19) A. a. O., S. 103.

まことに原則的で理にかない，教育的で現実的，加えて，妥協の余地も暗示するという「見解」であった。だが，現実は独ポ双方がこれを無視，学籍登録却下問題を奇貨として非和解的な民族闘争に突き進んだのであった。

## B. 国際連盟理事会決議 （1927年3月12日）

混合委員会委員長の「見解」はグラジュインスキ知事に否定された。その結果，今度は，問題が国際連盟理事会に持ち込まれたのである。

理事会は，本問題につき「ドイツ民族同盟」の主張を吟味し，以下の決議を行った。すなわち，

### I° ドイツ民族同盟の主張

●連盟理事会は「ドイツ民族同盟」(Deutscher Volksbund)の主張を吟味した。同盟主張は次のごとく。

(A)「母語＝ドイツ語」児童［のみを］入学許可
——ポーランド政府の行動：少数者学校入学につき
　　①教育権者の表明 déclaration
　　②その後（1926夏）アンケート，
で「母語＝ドイツ語」の児童［のみを］を入学許可させた。

(B) ポーランド政府に注意を促せ
——地方当局の行った方策は，以下の学籍登録を行った子弟を少数者学校から排除するためのものである。これに関わる者すべての利益保全が必要である。

　　(I)° 1926夏に行われたアンケートにおいて，**親が出頭要求に応ぜぬと**の理由により申請を破棄された者
　　(II)° 申請および当該アンケートにより「**母語＝ドイツ語・ポーラン**

ド語」の者＝ドイツ系少数者ではないと判明したとの理由で学籍登録が破棄された者

⇩

◎それ故少数者学校入学は
「上記カテゴリー児童には直ちにかつ新規学籍登録申請なく認められるべき」
・例外は次のもの
　a) ポーランド国籍を有していなかった者
　b) 正規の教育権者でない者が学籍登録した者
　c) 学区に所属していなかった者
　d) 別の学校の授業を受ける者
　e) 教育義務に同意しなかった者

◎先に少数者学校に入学許可されたが，実際にはポーランド学校に居る児童は，そこで現在の学年修了まで留まり得る。
◎また，ポーランド校に出席を怠ったための罰則方策は，教育権者の責任と考え，これを一時停止すべきである。したがって事情に応じ少数者学校入学を認めるべきである。

### II° 連盟理事会の判断
●判断
―― [ドイツ系] 少数者学校が，ポーランド語しか話せない児童を受け入れるのは望ましいことではない。
●方策
――・理事会は，上記 (I°)，(II°) に属する具体的ケースで，かつポーランド地方当局において疑わしいと思えるケースに関し，言語テストを行うことを決定した。
・チェックは，児童が少数者学校に通うのが有益なほどに媒介言語 [ドイツ語] を用いられるかどうか確かめる目的で行う。

第6章　学校紛争とその帰結

●チェックの方途
──①地方当局が疑わしいと考える事例は問題を今後委員会に付託。
（連盟理事会の指定した在住スイス人教育問題専門家が協力。ないし委員会協力）
　　　↓
②専門家によるドイツ語学力鑑定により
混合委員長は，少数者学校通学を無益とし，学校からの退学を宣告しうる。

●財政
教育専門家経費──報告書により事務局長援助。
ポーランドの払い戻し請求──連盟費用をベースとする。

III°生徒の処遇
●母語＝ポーランド語児童
── 1926アンケート「母語＝ポーランド語」を申告した児童。
　　　↓
希望表明があればそれを配慮する。
●疑わしい受入
──母語テスト結果により，混合委員長が有益であることを宣言する。

IV°理事会で限定解決
●上記の諸措置執行上の全問題
──解決がその能力を超えたなら，ポーランド政府であれ混合委員長であれ，理事会に報告し限定解決をしなければならない。ただし理事会が不必要と判断しない限り。

V°例外措置（une mesure exceptionnelle）である
●上記II°，III°，IV°の措置

203

——ジュネーブ協定が想定していない例外措置と考えなければならない。断じてジュネーブ協定条項の変容と解釈してはならない。[20]

この決議に，ドイツ国代表のドイツ外相シュトレーゼマン，は「1回限り」ということを念押しして了承した。

## C. 言語テストとその結果

その後，スイス人教育家マウラーにより，「言語」能力テストが2回行われ，以下の結果を得た[21]。

表6-4. 言語テスト合計結果（1927）

| ドイツ語力テスト | 合格 | 不合格 | 合計 |
|---|---|---|---|
| 第1回（1927.6） | 263 | 396 | 659 |
| 第2回（1927.9） | 272 | 270 | 542 |
| 合計 | 535 | 666 | 1,201 |
| ●比率（%） | 44.5% | 55.5% | 100.0% |

このテストは「1回限り」との合意であったのだが，その後，この試験の監視をまかされた国際連盟の報告官ウルルテイア（Urrutia）が，「来年の入校に際しても言語テストを行う」と表明。これを不当として，1927.12.31，ドイツ政府が，常設司法裁判所へ提訴したわけである。

### (2) 司法裁判決（1928.4.26）とその後

司法裁判決（1928.4.26）は，さきに記したように，「授業言語ならびにこれに対応した学校［少数者学校］を選ぶ」「無制限の自由」は否定した。

---

20) A. a. O., S. 106.
21) Keitsch, Frank: Die sprachlichen Verhältnisse im oberschlesischen Teil der Woiwodschaft Schlesien und das deutsche Minderheitsschulwesen in der Zwischenkriegszeit. Ratingen-Hösel, 1977, S. 199

第 6 章　学校紛争とその帰結

> 生徒または児童の言語が何であるかを表明する自由は，場合によっては状況判断に一定の余地が保証されているにしても，それは**授業で用いるべき言語，およびこれに対応する学校を選ぶ無制限の可能性**を意味するものではない。

とはいえ，判決で，主観基準は次のような文言で部分的容認に至ったのだった。

> 本裁判所がジュネーブ協定の文言から，第 131 条は基本的に事実 (Tatsache) の存在を目指したものであって，意志ないしは願望の表現を目指したものではないと結論づけたとしても，事実 (Tatsache) 評価にあたって**主観要素** (subjektives Element) を正当に考察しうるということまで排除するものではない。実際，一人の人間のことばの下で，何が理解できるかは常に明瞭かつ疑いないという訳ではない。取り分け，親が別のことばで自らの文化要求を満たし，このことばを自らのことばであると愛着して捉えているとき，就学年齢に達した子どもを問題にする場合，子どもが一般的に用いることばだけに限定しないで考察することが，正当であることは間違いないことである。

この上シュレジエンにおける「主観基準」容認の司法裁判決が，当時，「主観基準」に基づく少数者令を準備していたプロイセン当局に追い風となったことは間違いない。

### D. 国際連盟理事会決議 (1928 年 6 月 9 日)（判決後）

司法裁判決 (1928.4.26) を受けてのち，1928 年 6 月 9 日に，国際連盟理事会は上シュレジエン学校紛争について次のような決議を行った。箇条書きすると，次の通りである。

#### I. [連盟の三つの原則]

連盟理事会は，ジュネーブ協定 106, 131 条に従って教育権者の行った児童の言語宣言は，今後，次の 3 原則 ($1°, 2°, 3°$) により解釈されなければならないと判断する。

　$1°$　少数者学校設立ないし，既存少数者学校への入学要求を表明する全ての者

205

　　　　　　↓
　　◎自己の良心に従い，個人の責任の下に（selon sa conscience et sous sa responsabilité personnelle），責任もつ児童の教育につき，何語を授業言語とするかを表明しなければならない。
　　◎この表明は，児童にとって事実状況（la situation de fait）と考えられるものに基づき，判断を行わなければならぬものである。
　　◎何を児童の授業言語と表明するかは自由と見做されなければならない。必要があれば状況鑑定の一定の自由は含むが，それに対応する学校で行われる授業言語を無制限に選択する権限を含むものではない。
2° ポーランド政府――教育権者の表明に基づき，ポーランド語以外の言語が［授業］言語である児童，ないし言語表明を行わなかった者を少数者学校に入学させなかったことには根拠がある。
3° 当局の審査禁止――ポーランド当局は，児童の教育権者による言語表明を，いかなる形のものであれ，審査，異議，圧力，妨害に晒してはならない。（aucune vérification, contestation, pression ou entrave）

　　　　　Ⅱ．［A．ビェルトウトーヴィ事件への連盟の対応］
1．新学校設立要求の父母
●連盟理事会
　　――◎ポーランド政府を召還する
　　　　　　｜
62人の表明をした者につき解明するため。
ポーランド政府が入学承認しなかった理由（ポーランドによる），
①対象児童が少数者学校に登校せず。
②彼らは，ビェルトウトーヴィ（Biertułtowy）少数者学校設立要求を提出するはずである。

◎学校創設に伴う言語表明においては，上記3原則を適用するものとする。

### Ⅲ．問題の原因

1. 少数者語［ドイツ語］を知らぬ子が原因
●困難の原因
　――理事会の喚起，本件の困難性（最近理事会付託の複数の問題も同様）
　　　　　　　⇩
　少数者言語［ドイツ語］知らぬ子を少数者学校に入校申請する父母多し。
● 1927.3.12 連盟決議が原則
　――このようなケースに，理事会は先の決議に拠る。
　　　（= 1927.3.12）ドイツ語が話せない児童の少数者学校［ドイツ語校］入学は望ましくない。
　　　　　　　⇩
●ポーランド政府へ
　――理事会の断固たる期待
　　①ポーランド政府が，口頭，書状での言語表明形式を確立。
　　　　　↓
　　宣明の客観性格（caractère objectif）につき，今日まで生ずる上記Ⅰのごとき食い違いが二度と出現せぬようにする。
　　②ポーランド当局は，少数者学校の教育につき，正常な機能が保証されるよう配慮するようにする。

### Ⅳ．その他の事例

1. 訴えの事例
●ドイツ民族同盟（Deutscher Volksbund）
　――他の少数者学校閉鎖問題については，連盟に適法に付託された。
　　①スタラ・ヴィエシ村（Stara-Wies）の少数者学校閉鎖問題

②ギェラウトヴィッツェ町（Gieraltowice）の少数者学校閉鎖問題
①スタラ・ヴィエシ
　——少数者学校設立が52名の賛同でなされる。
　　　　↕
　　ポーランド政府によれば，うち22人が父母申請には「媒介語がポーランド語」。
②ギェラウトヴィッツェ
　——少数者学校設立要求44人。
　　　　↕
　　同様に，38人が「［媒介語が］ポーランド語」。

2. ポーランドの閉校措置は適法
●連盟理事会は
　スタラ・ヴィエシ
　ギェラウトヴィッツェ
の学校に関し，ポーランド政府の［閉鎖］措置は適法と決定する。[22]

E. その後の混合委員長見解と試験委員会

　理事会決定を受け，その後カロンデール混合委員長の見解は，「ドイツ語能力」による入校除外を正当なものとする。それらを列挙すれば，

・1928.07.10　　番号なし　　ドイツ語能力があればドイツ系少数者学校就学可
・1928.07.23　　Nr. 291　　被却下者の再申請可，但し言語表明は必要
・1928.07.23　　Nr. 491　　入退校の自由[23]

---

22) A. a. O., S. 114-116

第6章　学校紛争とその帰結

　このうち，1928年7月10日のものでは，少数者学校通学が適当かどうかは，年度全体を通した言語テストで決定する，としている[24]。カロンデールとしては，理事会の決定に添いつつも，あくまで教育的判断を尊重して，一旦ドイツ校に入った生徒とその親が，ポーランド校への転校を自然に受け容れる道を探っていったのだった。

　このような経過の中で，件（くだん）の児童が再度ドイツ系少数者校に入学申請しこれを再びポーランド当局が却下するという問題が生じた（注11参照）。この措置に関して，国際司法裁判所に再度裁定が委ねられたのであるが，今度は，ポーランド敗訴となった（1931.5.15勧告的意見「先の決定は恒久的ではない」）。これを受けて，カロンデール委員長は，今後，［ド］，（ポ）同数の委員会（Kommission）を設置して，お互いに納得のいく入学者選抜が行われるよう，仲裁を行っている。ここにも，カロンデールの教育的論理を見ることができるのである[25]。

## まとめ

　以上見たように，1928年4月26日の上シュレジエン少数者学校紛争に関わる国際司法裁判所判決は，ドイツ系少数者学校就学に，まずは，客観的基準の「言語」を正当とした。これによって，「ジュネーブ協定」の実施基準を明示した。しかしながら，この独ポ両民族の混交する地域では，客観原理とともに主観基準も一定の正当性をもつと判断された。そこには，〈民族〉をめぐる問題についての現代的な意義があるといえる。

---

23) A. a. O., S. 106, 116.
24) A. a. O., S. 106.
25) Lukaschek, Hans: Das Schulrecht der nationalen Minderheiten in Deutschland. Berlin, 1930, S. 140.

また，この上シュレジエンにおける「主観基準」容認の司法裁判決は，当時，「主観基準」に基づく少数者令を準備していたプロイセン当局に追い風となったと判断されるが，それの受容については，今後さらに明らかにしたいと思っている。

【補遺】
②独ポ少数民族宣言（1937.11.5）
　その後の独ポ少数者問題について「独ポ少数民族宣言（1937.11.5）」を軸に論じる予定であったが，今回，そこまで及ばない。他日を期したい。これについてはビーアシェンクの次の評価だけ記しておく。

　　…独ポ少数民族宣言（1937.11.5）は，ベック外相がドイツと接近し締結したものである。しかし宣言のみである。「ポーランドのドイツ人はすでにこの権利を享受し，またポーランド国に何らの義務もない」（ベック）…[26]。

---

26) Bierschenk, Theodor: Die deutsche Volksgruppe in Polen 1934-1939. Kitzingen, 1954, S. 272.

〈資料5〉
# ①「上シュレジエン学校紛争に関わる常設国際司法裁判所判決」(1928.4.26)
# ②「独ポ少数民族宣言」(1937.11.5)

## ①「上シュレジエン学校紛争に関わる常設国際司法裁判所判決」(1928.4.26)

(B.〔Bruns, Carl Georg〕:„Die Entscheidung des ständigen internationalen Gerichtshofes im oberschlesischen Schulstreit". In: Nation und Staat, Jg. 1, H. 9, Wien 1928, S. 662-669. 見出しは小峰)

```
            目    次
  概要（ブルンス）        ［摘訳］
  判決  第二編          ［訳出］
    一．主観意志をめぐって
    二．言語選択をめぐって
    三．学校選択をめぐって
    四．不利益被害
    五．判    決
  あとがき（ブルンス）    ［摘訳］
```

[概　　要]

[1. はじめに]
1. 経緯
● 1927.12.30 ──ドイツ政府は，ジュネーブ協定の条文解釈をめぐり常設国際司法裁に提訴
　1928.4.26 ──判決が下さる。
●次号で判決の詳細を述べる。ここでは，判決独訳と判決論拠の紹介に限定する。
●判決は『判決』(arrêt) 誌12号に掲載，また，『判決選集』(Recueil des arrêts) に印刷さる。

2．ドイツ側の訴え
●英文によるドイツ側訴状は次のごとくである。

〈資料5〉 ①「上シュレジエン学校紛争に関わる常設国際司法裁判所判決」（1928.4.26）

「司法裁判所は次のごとく裁定されんことを，すなわち
　①1922年5月15日の上シュレジエンに関わるドイツ・ポーランド協定［ジュネーブ協定］第74条，106条，131条は，個人が彼の良心に従い，かつ，各人の人格的責任の下に以下を個人の無制限の自由と定めている。
a. 個人が一の民族的、言語的ないし宗教的少数者に所属するか否かを表明すること。
b. 各人が法的に教育責任を有する生徒ないしは児童のために，授業言語ならびにこれに対応した学校［少数者学校］を選ぶこと。
　②この表明はいかなる形態のものであれ，当局の側からの追試，取消，圧力，侵害をうけてはならない。
　③第65条，68条，72条2項，および第三部第二款前文により保証された処遇の平等（Gleichheit der Behandlung）により，少数者学校を不利に至らすあらゆる差別的方策は許されない，と。」

[2. 判決の構造]

1. 概要
●判決は次のような構成となっている。
　①事実内容［(Tatbestand) 構成要件］の叙述
　②権限問題の議論
　③具体的争点
●③具体的争点（第二編）の独訳は次のごとくである。

---

[判決　第　二　編]

1. 少数者保護原則
●訴訟の実質的対象の検討に移るに当たり，本法廷は，ジュネーブ協定第三部第一款の諸条項と同第二款に述べられた諸条項との間の関係は如何なるものであるかを確定することが必要だと考える。
●この関連で，本裁判所が記憶するところでは，第一部の諸条項は予め大使会議で確定した内容の諸条項だということである。
●それらは，何らの変更なく原案通りに採択されたはずである。
　そのことは，第一款序文，ならびに第72条1項に見出される規定から明らかである。
●それらは少数者保護を目的とする諸規定の下，それ自身が一つのカテゴリーを成すものであって，この精神で締結する関係当事者間の取り決めは，上記諸条項が，意図した少数者保護を減じているとしてこれを変更したり，これと背馳したりす

ることはできないということである。
● (参。この点に関しては上に述べたように第二款序文参照。そこに曰く，本款の諸条項は，「第一款の諸条項に背馳することなく」受け入れられたものである，と。)
● ジュネーブ協定自体と同じ日に関係当事者に署名された最終議定書は，この第一款諸条項の不可侵性を議定書第 15 条で次のように強調している。
　「ジュネーブ協定のいかなる命令も，第 65-72 条の諸条項に何らの変更も加えるものではない」と。
● 第 65 条はさらに，本協定を締約した両国は，
　「第 66-68 条の諸条項を根本法として承認し，これに反する，ないしは矛盾するいかなる法律命令，職務行為が生ずることなく，また，これに反するいかなる法律，命令職務行為も効力を求めることのないよう」
　努める義務があると述べて，明らかに本条にその不可侵性を与えている。
● この規定は，さらに第 73 条でも次の文言で繰り返されている，すなわち，
　「行政，軍事，特別裁判を含むあらゆる種類の裁判所は，これらの法律，命令が，いかほど本協定第三部の定めに合致しているか吟味しなければならない」と。

## [一．主観意志をめぐって]

### 2．ドイツ側——主観意志
● 協定第一部諸規定のこの特別的優先的性格から，第一款規定の精神に矛盾するごときいかなる第二款規定解釈も容れられないということがいえる。
● 第二款諸条項は，第一款諸規定に照らして解釈されなければならないのであって，逆に，第一款諸規定が第二款諸規定に照らして解釈されてはならない。
● 本件訴訟においては，一人の人間が人種，言語ないし宗教の少数者 (Minderheit der Rasse, der Sprache oder der Religion) に所属するか否かの問題に関し，高地シレジアの両者に適用される原則について，締結国両政府で意見の一致が見られない。
● ドイツは，「一人の人間が，かかる少数者に属するか否かの問題」に関し，官庁にあらゆる再審査と取り消しを禁じている第 74 条に基づき，訴訟当事者両国は本規定により，[少数者所属] 問題は個人の主観意志 (subjektiver Wille) に委ねられるべきであって，本意志は官庁により尊重されなければならない——たとえその意志が事実 (Tatsache) と矛盾しているように見えようとも——との原則を受け入れたのであるとの見解である。

### 3．ポーランド——事実
● これに対してポーランドは，一人の人間が少数者に属するか否かは一つの事実問題 (Tatsachenfrage) であって，かかる意志問題ではない，意志問題はジュネーブ協定第三部第一款諸規定の精神であるにせよ，第一款諸規定が第三款諸規定によ

〈資料5〉 ①「上シュレジエン学校紛争に関わる常設国際司法裁判所判決」(1928.4.26)

って変更されうるものではない，との見解である。
- もし第74条が，一人の人間に対してこの疑わしい少数者所属ないし非所属を自ら表明することを認めるならば，この表明は，実際に実態 (Fall) である事柄にまで及んでしまうはずである。
- 明らかに事実と矛盾して，自分はこの少数者に所属していると表明するような人間は，ポーランド政府の見解によれば，耐え難い濫用を犯しているということになる。

## 4. 司法裁はポーランドの論を支持する

- 司法裁は，ポーランドの立場は，少数者条約――その諸規定が（このときそれ程重要でないわずかな変更は除くが）そのままジュネーブ協定第三部第一款を成しているのだが――をその精神において，すなわち，一人の人間が人種，言語ないし宗教の少数者に所属し，その結果正当に少数者保護条約が少数者保護に関して定めている諸規定の恩恵を自らのために要求する権利があるか否かの問題は，事実問題であって，単なる意志の問題ではないとの精神において解釈していると判断される，との理解である。
- 少数者条約は，ヴェルサイユ条約によりドイツからポーランドに割譲された地域に直ちに適用されている。
- いかなる人間が少数者に所属する存在なのかを少数者条約が明瞭に述べていないとしても，人がそれを欠落と見做し，後の取り決めでそれを埋めることが不可欠だと考える必要はない。
- むしろ，締結された保護を享受するのは実際に少数者に所属する人間には当然のことであると人が確信できないとしたら，少数者条約はその目的を誤ることになるであろう。

## 5. 「みなし少数者」も含む

- もしこれ［少数者の保護］が，上に述べた特別の性格［不可侵性，根本法規］とともにジュネーブ協定第三部第一款に組み込まれた少数者保護条約の精神だということを承認したならば，協定締約国双方は，これに抗して少数者を念頭に置いた諸権利を自然には少数者概念に入らない人間にも有効として拡大適用することに合意できぬことはなかったであろう。
- 少数者を念頭に置いて合意された恩恵を，実際には少数者に属さぬ人間にまで拡大することは許されないと考えるのは，少数者保護条約の正しい解釈でもなければ，先に引用した最終議定書第15条の規定に合致するものでもない。
- だが他方，［ジュネーブ協定が］このような拡大［解釈］を予想していないのも確かである。むしろ予想しているのは，ジュネーブ協定の諸規定は少数者保護条約に合致しているということである。

# 第6章　学校紛争とその帰結

### 6. ドイツ側の論理
- 協定の諸規定に関してドイツ政府の側がその主張の根拠に用いているのは第74条のみであり，それは一般的に，一人の人間が民族的，言語的，ないし宗教的少数者（völkische, religiöse oder sprachliche Minderheit）に所属するか否かという問題に関わるものである。
- 第131条は一つの特殊問題，すなわち生徒または児童の言語に関わるだけである。
- 第74条は次のごとく謳う，

> 第74条［少数者所属の審査禁止，（民族自由表明主義［？］）—タイトルは小峰（以下同じ）］
> 「民族的，言語的，ないし宗教的少数者に所属することを，当局が追試したり，否認したりしてはならない」

と。

### 7. 主観原理否定
- 本規定［第74条］にドイツ政府は一つの解釈を与え，それにより純粋意志（主観原理，subjektives Prinzip）が問題となるのであるが，本規定がかかる解釈に十分な根拠を与えているであろうか？
- 本裁判所はそのような見解は取らない。

### 8. 理由
- まず指摘しなければならないのは，本規定［第74条］は明確に少数者所属を決断する人間の表明自体を述べているものでもなければ，この表明は［少数者所属］意志の表明なのであるから，彼の見解によると事実内容［(Tatbestand) 構成要件］であるものを確定する表明であってはいけない，と述べているものでもないということである。
- 条文にある［表明の］再審査禁止と取り消し禁止は，ドイツ側から主張された解釈を却下する限りにおいて，全く問題なく理解できる。

### 9. 上シュレジエンの状況
- 上シュレジエンを支配する諸関係の下では，大量の訴訟事件——そこにおいて少数者所属，なかでも言語ないしは人種（Rasse）所属が事実からは明瞭にならない，という事件——が発生するのには理由がある。
- かかる不確かさは，例えば言語を例に取れば理解できるであろう。すなわちここにおいては，一人の人間がドイツ語［だけ］も，文書ポーランド語［だけ］も喋らない，だが，多数言語を知っており駆使しているのである。人種（Rasse）に関

〈資料5〉 ①「上シュレジエン学校紛争に関わる常設国際司法裁判所判決」(1928.4.26)

していえば，複合婚の事例が問題になる［という状況である］。
●官庁が，自ら一人の人間の証明の再審査ないし表明内容取り消しに着手したいと考えたとしたら，彼らは，かかる事態の中で，より良く現実に対応した結果に至ることはできぬと考えられる。
●このような官庁の側の措置は，いずれにせよ住民の目には嫌がらせの印象を与え，それは政治的熱情を燃え立たせ，官庁の意図を満足させぬのみならず，少数者保護という協定諸条項の意図をも挫くことになるであろう。

10. 協定条項［第74条，131条の目的］
●したがって本裁判所の意見によれば，再審査禁止，意志表明取り消し禁止は，少数者所属に関しては事物の自然にしたがい，人種，言語ないし宗教の少数者保護条約の規定にしたがって判断するという基本原則に代わる別の原則を打ち立てるのが目的ではなく，ただ，上シュレジエンで殊に甚大である不利益（Unzuträglichkeit）——これは少数者所属に関し官庁の側からの再審査ないし意志表明取り消しによって生じたと思われる——を回避するのが目的であると考えられる。
●同様の基本原則が存在していることを，第131条でも確認することができる；それはすなわち，後に述べるように表明を意図したものであるが，［これも］事実問題（「児童または生徒の言語が何か？」）に及ぶものであって，意志の表明ではない。

11. 偽りの表明
●補足しておかねばならぬことであるが，官庁の側によるあらゆる再審査ないし取り消しの禁止が，実際には少数者に所属しない一定数の人々を少数者に所属すると認めてしまうという結果になることがある，ということである。
●本裁判所の見解によれば，これは協定締約国双方が，官庁の側による再審査ないし取り消しの禁止から生じる極めて甚大な不利益を避けるために行った了承である。
●上に述べられた表明の後に，事実と完全に矛盾する表明がジュネーブ協定に適合しないと判定されることがあったとしても，そこから，再審査ないし取り消しの禁止——ポーランド政府は，このような場合，適応を禁止すべきだと主張したがっているかに見えるのであるが——が止むに至るということは起こらない。
●明瞭に表現された禁止規定は，何ら制限されうるものではない。
●とはいえ，そこから人は，表明は基本的に事実に対応しなければならないとした条規解釈はそれ故価値の無いものだと結論づけるべきではない。
●何が法的状況かを確定することは，実際，無意味なものではないからである。

## ［二．言語選択をめぐって］

1. 制限なき自由——ドイツ政府の主張

第 6 章　学校紛争とその帰結

●ドイツ政府の第二命題に移るとき，本裁判所の想起するのは，この命題は次の内容を含んでいるということである，すなわち，

> 児童ないし生徒の教育権者は，「この生徒ないし児童のための授業言語，ならびにこれに対応する学校を選択する」無制限の自由を持っており，「官庁の側のいかなる審査，取り消し，圧力ないしは嫌がらせも受けることがあってはならない」

ということである。

## 2．根拠——ジュネーブ協定第 74 条，106 条，131 条
●ドイツ政府が本命題の根拠とするのは，先に本裁判所が詳細にその解釈を行った第 74 条の規定とともに，ジュネーブ協定第 106 条と 131 条の規定である。その文言をここに引用すると次のごとくである。

---

**第 106 条［少数者学校の設置——小峰］**
　　　　　　　　§1．
1. 少数者児童が就学年齢にあり，国民学校就学が定められていて，彼らが同一学校組合（Schulverband）に所属するとき，これら言語的少数者に所属する国籍所有児童（Kinder）最低 40 名の教育権者が支持する 1 国籍所有者提案に基づいて，1 少数者学校（Minderheitsschule）が設立されるものとする。
2. これら児童の最低 40 名が，同一の宗派ないし宗教に所属するとき，提案に基づいて，彼らにふさわしい宗派ないし宗教的性格を備えた 1 少数者学校を設立するものとする。
3. 事情により，1 少数者学校の設立が適当でない場合は，少なくとも，少数者学級［複数］を設立するものとする。
　　　　　　　　§2．
　第 1 項 1，2 に述べた提案には，可及的速やかに——但しそれが新学年開始最低 9 ヵ月前に提出された場合であるが——，提案に続く新学期開始に向け対応するものとする。

---

**第 131 条［児童の言語決定に際して［国内］少数民族所属の自由表明（Erklärung；déclaration）権の保障［？］，当局の干渉禁止——小峰］**
1. 児童または生徒の言語が何であるかは，ただ，教育権者により口頭または文書で行われた表明（Erklärung; déclaration）だけで決するものとする。この表明（Erklärung; déclaration）が，文教当局によって再審査されたり否認されたりしてはならない。

〈資料5〉 ①「上シュレジエン学校紛争に関わる常設国際司法裁判所判決」(1928.4.26)

2. かつまた文教当局は，少数者学校創設提案を撤回させることを目的として，提案者らに対していかなる影響力も行使してはならない。

●「授業言語」の下で何が考えられているかを理解するためには，第132条を引き合いに出す必要がある。それは次のごとくである。

第132条［授業言語としての少数者言語の概念——小峰］
　　　　　　　　　§1.
　本章に謂う，授業言語および授業科目としての少数者言語は，正則文書ポーランド語，ないし正則文書ドイツ語とする。
　　　　　　　　　§2.
　本章の諸規定により，少数者言語が授業言語であるところでは，少数者言語が，全授業科目の授業言語におよぶものとする——但し，すでに住民投票地域のポーランド帰属部分で，授業教科としてポーランド語が，ドイツ帰属部分で，授業教科としてドイツ語が導入されている場合には，これらの教科を除くものとする。
　　　　　　　　　§3.
　本章の意味での少数者語教育（Minderheitssprachunterricht）は，授業言語としての少数者語の中でも，教えられるものとする。


3. ポーランド側の主張
●これに対して，ポーランド側も同じように「予備的応急的」申し立てを行う。すなわち，一人の生徒または児童の教育権者は，「生徒または児童の言語が何であるか表明する」自由を有している，と。
●だが，この主張は，授業言語とそれに対応する学校を選択する自由の否定なのである。
●訴訟においては，いずれにしてもポーランド側は，表明に関して官庁の側のいかなる再審査も取り消しも行われない，との文言を留保なく受け入れた。

4. 論拠——第69条
●ポーランド政府は，ドイツが訴訟で述べた条項［第74，106，131条］以外に，ジュネーブ協定第69条を根拠とする。その条文の最初の部分をここに引用しなければならない。

第69条［(=［ポーランド条約］第9条1，2) 固有語授業，教育・宗教・福祉への公費支出］
1. 公教育の分野で，ポーランド政府は，外国語を話すポーランド国籍者

[fremdsprachige polnische Staatsangehörige ＝ドイツ系少数者等]が相当程度居住する都市及び地方においては，適切な便宜を講じ，これらポーランド国籍児童に対し，下級学校にあっては授業が彼らの固有言語で行われるようにすべきものとする。この規定は，ポーランド政府が，これらの学校においてポーランド語を必修科目とすることを排除するものではない。
2. ポーランド国籍を有する民族的，宗教的，または言語的少数者が相当程度居住する都市及び地方においては，これら少数者のために，教育，宗教，または福祉目的に支出される国費，地方費，または他の予算の，正当割合金額の享受と配分とが保障されるべきである。

## 5. 事実の表明＝言語

● これから演繹されるのは，ジュネーブ協定第 105 条（資料参照）が念頭に置く少数者学校，少数者学級，ないし言語コース（Sprachkurse）は，単に親がポーランド語以外の別の言語［ドイツ語］に属する，ポーランド語以外の別の言語［ドイツ語］の生徒のために定められているに過ぎぬということである。

【小峰補足】
第二節　公立国民学校教育

第 105 条［少数者国民学校，少数者授業］
　　　　　　　　　　　　　§1.
　本章の意味での国民学校とは，継続教育機関を除外して，児童に定められた教育が他の方法によってでは配慮されないとき，児童が通わなければならない学校のことを謂う。
　　　　　　　　　　　　　§2.
　公立国民学校教育分野での少数者の要求に対しては，以下の少数者教育機関によって，配慮するものとする；
　a）少数者言語を授業言語とする国民学校（少数者学校 Minderheitsschulen）
　b）国家語国民学校に設置された，少数者言語を授業言語とする国民学校クラス（少数者学級 Minderheitsklassen）
　c）少数者授業（Minderheitsunterricht），つまり
　　1. 少数者言語による読み書き授業（少数者語教育 Minderheitssprachunterricht）
　　2. 少数者言語による宗教授業（少数者宗教教育 Minderheitsreligionsunterricht）

● また，第 131 条が念頭に置いている，生徒または児童の言語が何であるかという表明は，事実の確定を目指したものであって，意志や希望の表現を目指すもので

〈資料5〉 ①「上シュレジエン学校紛争に関わる常設国際司法裁判所判決」(1928.4.26)

はない。

## 6. ポーランド側解釈に賛同
- 第131条は，事実を確定する表明であり，意志や希望を表現するものではないとの問題に関して，本裁判所は，ポーランドの解釈に与しなければならない。
- 同条の文言は，明確にこの意味を与えている（「生徒または児童の『言語が何である』かを確定するために）。
- この意味は，さらに第105条の表現とも完全に呼応し（「言語的少数者の児童」），かつまた，第107条の表現とも呼応している（「一つの言語的少数者に」「所属する」「生徒」）。
- この解釈はさらに，第69条が用いている「彼らの固有言語で」との文言の意味とも照応する。
- 本裁判所は，協定文言の中には，協定第131条にドイツ政府が望むような解釈──すなわち本131条は単に意志ないし希望の表明を目指したものであり，[ここから]少数者語による児童，生徒の教授が導かれる，との解釈──を与える根拠は存在しないと判断する。
- この点に関しては，先に第74条の解釈で詳論したこととも重なる。

## 7. 混合委員会決定との矛盾は無視
- 本裁判所は，ジュネーブ協定の基礎において提訴されている[ドイツ側]主張に対して判決を下さなければならないのであるから，本裁判所としては，上シュレジエン県知事[ポーランド]が混合委員会委員長[カロンデール]の下した決定に従い，第106, 107条で想定する申請書式の中に児童の母語（Muttersprache）の表明要求を削除したという事実に格別の意義を認める訳には行かない。
- ちなみにこの表明の削除は，同条項の文言自身がこの点の表明を求めてはいないという事実，ならびに協定が「母語」（Muttersprache）という表現を使っていないという事実から説明されうるものである。

## 8. ダンチヒ問題
- また本裁判所としては，ドイツ政府がその判断──すなわちこれをポーランド政府も，ポーランドと自由都市ダンチヒとの会談に当たって受け入れ，1921年10月24日，すなわちドイツとの上シュレジエン問題会談の開始1ヵ月もない時期に合意し終結した会談における判断──の中に見出す論拠は，十分な意義をもつとは考えられない。
- ドイツ政府の理解によれば，当時ポーランド政府は，現在ドイツ政府が支持している基本原則[主観原理]の受入を求めていたという。
- 本裁判所は，それを完全に正当だとは見做さない。
- ポーランド政府は，当時二つの事柄を要求していたのである。

①ダンチヒの［ポーランド系］少数者学校就学承認に，児童がポーランド民族でかつポーランド語［が堪能］，が必要条件ではなく，単にポーランド出自（Ursprung）か，または単にポーランド語［が堪能］，で十分である。
　②教育権者たる人の表明は，児童がポーランド語に堪能か，もしくはポーランド出自であるか，を決定するものであり，その際教育官庁の側から，この表明の正当性の審査を行ってはならない。
●つまりポーランドは，各人の少数者学校入学を認める際，満たすべき条件に二つの別の事柄つまり，
　　児童がポーランド出自であるか，またはポーランド語［が堪能］か，
を求めたのであった。
●ジュネーブ協定には，これの第二要求［ポーランド語［が堪能］］のみが受容されたと判断される。
●ポーランドの要求は，この点においてジュネーブ協定第131条第1項に完全に照応していると考えられるのであり，したがって本条のドイツ側解釈にいかなる論拠も与えることはできない。

## 9. 文化要求表明としての意志要素

●だが，本裁判所がジュネーブ協定の文言から，第131条は基本的に事実の存在を目指したものであって，意志ないしは願望の表現を目指したものではないと結論づけたとしても，事実評価にあたって主観要素（subjektives Element）を正当に考察しうるということまで排除するものではない。
●実際，一人の人間のことばの下で，何が理解できるかは常に明瞭かつ疑いないという訳ではない。取り分け，親が別のことばで自らの文化要求を満たし，このことばを自らのことばであると愛着して捉えているとき，就学年齢に達した子どもを問題にする場合，子どもが一般的に用いることばだけに限定しないで考察することが，正当であることは間違いないことである。
●今述べたことは，格別に上シュレジエンに関して当てはまることであって，訴願手続きが当地の言語の観点からなされていると考えられる訴願においては，考察はこの特殊状況に留意して行うのが適当と考えられる。

# ［三．学校選択をめぐって］

## 1. 言語表明（第131条）は少数者学校入校の根拠か

●ドイツ側命題は，さらに別の問題も投げかけている。すなわち，ジュネーブ協定に依るならば，生徒または児童を少数者学校（少数者学級ないしコース Klassen oder Kursen）に入学させることは，同協定131条の定める表明に基づくといえるのかどうかという問題である。

〈資料5〉 ①「上シュレジエン学校紛争に関わる常設国際司法裁判所判決」(1928.4.26)

## 2. 少数者就学の無条件拡大は不可

● これに関連して本裁判所が指摘しておきたいのは，第69条は，「適切な軽減策」を講じて公立小学校における少数者語による授業を，少数者語を授業言語としない他の生徒または児童に対して行うことを当該国［独ポ］に義務づけていないことは疑いない，と思われるという点である。

● だが，これをさらに先の協定第一款ならびに第二款諸規定の関係につき述べたことに照らすとき，本条諸規定は，想定した生徒または児童以外に対し，協定による同様の恩恵の拡大適用を排除していると解釈するのは合理的でないかに見える。

● そこで，協定がこのような拡大を確定しているか否かが問題となってくる。

● 混合委員会委員長［カロンデール］は，一方の第106条，107条に一定の定めのある少数者学校ないし少数者コースの設置申請と，他方の既存少数者学校［ドイツ語校］への生徒の単なる入学申請とは区別しなければならない，との理解である。

● 協定に定めのない後者［既存少数者学校への入学申請］は，委員長によれば，言語に関していかなる形式にもまた条件にも服さない。

● この解釈の根拠となっているのは，第一義的には，ドイツ政府が第74条，第131条により確定されているとする「主観原理」であるように見える。だが，先の司法裁による解釈によるならば，ここに主観原理は含まれぬのである。

## 3. 平等処遇原則 (Gleichbehandlung)

● ［第131条の自由表明に基づく少数者学校就学の］もう一つの根拠なるものが，ジュネーブ協定第68条が保証する平等処遇原則（Gleichbehandlung）である。

● 本条の文言は次のごとくである。

> **第68条 [（= 1919.6.28の少数者条約8条）少数者の平等処遇——小峰]**
>
> 　民族的，言語的，ないし宗教的少数者に所属するドイツ国籍者［＝ドイツ国上シュレジエン州のポーランド系少数者等］は，他の［多数者の］ドイツ国籍者と平等の処遇，法的，実際の安全を享受するものとする。彼らは取り分け，自分たちの費用で，福祉的，宗教的，ないし社会的施設，学校ならびにその他の教育機関を，設立・運営・監督し，その中で彼らの言語を自由に使用し，彼らの宗教を自由に行使する平等の権利を有するものとする。
>
> 　民族的，言語的，ないし宗教的少数者に所属するポーランド国籍者［die polnischen Staatsangehörigen, die zu einer völkischen religiösen oder sprachlichen Minderheit gehören ＝ポーランド国シロンスク県のドイツ系少数者等］は，他の［多数者の］ポーランド国籍者と平等の処遇，法的，実際の安全を享受するものとする。彼らは取り分け，自分たちの費用で，福祉的，宗教的，ないし社会的施設，学校ならびにその他の教育機関を，設立・運営・監督し，その中で彼らの言語を自由に使用し，彼らの宗教を自由に行使する平等の権利を有するものとする。

## 第6章　学校紛争とその帰結

### 4. 第68条はドイツ側第二テーゼと不可分
● 第68条は，なるほどここで問題にする［第二］テーゼと関わってドイツ側申し立てに用いられている訳ではないけれども，訴訟の中で明らかになったのは，

> ドイツ政府は，第68条の中に少数者学校選択の自由が存する，それは第131条に定められた表明義務を果たさずとも存する，との立場である，

ということである。
● 本裁判所はしたがって，この議論を吟味しなければならないと考える。

### 5. 少数者学校就学に告白不要――ドイツ側主張
● 実際，ドイツ政府が口頭訴訟手続の中において表明したのは，人がもし子どもの少数者学校への単なる学籍登録に際して，教育権者に単なる入学申請以上の何物かを含む表明を求めたとしたら，ジュネーブ協定第67条，68条が規定しているすべての国籍所属者の平等処遇原則が損なわれるであろう，ということであった。
● 論拠付けは次のようなやり方であると判断される，つまり

> 子どもを多数者学校に学籍登録させるのに何ら特別な表明は求められない。したがって，平等処遇原則に基づき，同様のことが少数者学校への学籍登録に際しても当てはまるべきである，と。

### 6. 少数者の特別の権利――司法裁判断
● 司法裁はこの論拠に与することはできない。
● 本裁判所の理解では，第67条（同封参照）は上記問題に関し関係を有しない。

---

【小峰補足】
**第67条〔(= 1919.6.28の少数者条約第7条) 少数者人権，信条自由，民族語使用の自由――小峰〕**
1. すべてのポーランド国籍者 (alle polnischen Staatsangehörigen) は，法の前に平等で，民族，言語，または宗教の差異に関わらず，平等の市民権ならびに公民権を享受するものとする。
2. 宗教，世界観 (Weltanschauung)，または信条の差異が，ポーランド国籍者に対し，いかなる市民権ないし公民権の享受を妨げることがあってはならない。取り分け，公務員採用，職務遂行，栄典授与，ないし各種職業ならびに産業遂行においてである。

〈資料5〉 ①「上シュレジエン学校紛争に関わる常設国際司法裁判所判決」(1928.4.26)

●第68条に関して人が注目しなければならないのは、第68条は第69条を無視して解釈してはならないということである。

> 第69条 [(= 1919.6.28の少数者条約9条1, 2) 固有語授業, 教育・宗教・福祉への公費支出——小峰]
> 1. 公教育の分野で、ポーランド政府は、外国語を話すポーランド国籍者 [fremdsprachige polnische Staatsangehörige = ドイツ系少数者等] が相当程度居住する都市及び地方においては、適切な便宜を講じ、これらポーランド国籍児童に対し、下級学校にあっては授業が彼らの固有言語で行われるようにすべきものとする。この規定は、ポーランド政府が、これらの学校においてポーランド語を必修科目とすることを排除するものではない。
> 2. ポーランド国籍を有する民族的、宗教的、または言語的少数者が相当程度居住する都市及び地方においては、これら少数者のために、教育、宗教、または福祉目的に支出される国費、地方費、または他の予算の、正当割合金額の享受と配分とが保障されるべきである。

●本条[第69条]が、適切な軽減策を講じ、公立初等学校において少数者言語児童の教育が彼らに対しその独自のことばによって行われるよう保証することを義務づけたことによって、本条が示すものは明らかに、これは第68条がその恩恵を少数者言語の児童に限定して保証した「平等処遇原則」に完全に合致するということである。
●そこでこの規定の遵守のために、児童の言語に関し表明が求められたとしても、このことが第68条により保証された「平等処遇原則」に違反すると見做すことはできない。

7. 第69条 便益行使の条件
●第69条は、実際、一定の条件の充足と結びついた便益を保証している。重要な条件が充足されなければこの便益の発動がないという事実が、したがって、平等処遇問題を醸し出さないのである。
●上に述べたことから、人が、責任を有する人物[教育権者]による表明に基づきその言語がポーランド語のみである、ないし、言語に関する表明を行わない児童に少数者学校（少数者学級ないし少数者コース）就学を拒否することがジュネーブ協定に矛盾すると考えることはできない。

8. 表明承認, 再審査禁止
●表明が出されたならば、それはいつでも正当と認められる必要がある。
●第131条および第74条に関し、本裁判所の理解では、あらゆる再審査ないし削除

の禁止は適用可能であることを止めない，［たとえ］その表明が真実と一致しないと判明する場合であろうとも，ということである。
- ●この点につき本裁判所は，先に第74条に関して詳細に述べたことを指摘しておく。

## ［四．不利益被害］

### 1．第三テーゼ（ドイツ）に関し
- ●さて，今，本裁判所がドイツ政府の第三テーゼに取り組むとき，本裁判所は，これについては協定の第68条のみが考察されるということを述べておく。
- ●ドイツ政府がいずれにせよ引用している第65条（同封参照）は，第68条が備える条項に，実際，何も付加してはおらず，むしろこれ［第68条］に，格別に重要かつ不可侵の性質を付与しているからである。
- ●同様に［ドイツ政府に］引用されている第72条2項および第二款前文（同封参照）に関しても言及は行っていない，なぜなら，それらを考察することが本裁判所には許されていないからである。

---

第65条［（＝1919.6.28の少数者条約［ポーランド条約］第1条）ポーランド条約と国内法──小峰］
　ポーランドは，第66-68条の諸規定を根本法として承認し，これに反するないしは矛盾するいかなる法律，命令，職務行為が生ずることなく，また，これに反するいかなる法律，命令，職務行為も，効力を求めることのないよう努める義務を負う。

第72条［（＝1919.6.28の少数者条約第12条）少数者問題は国際連盟管理下。紛争解決，常設国際司法裁判所］
2．ポーランドは，国際連盟理事会の全構成員は，これら諸義務の侵害ないし侵害の危険に対し理事会に警告を発しうること，また，これに基づき理事会は，状況に適切有効と考えられるあらゆる種類の対処，指示を行うものであることを承認する。

第Ⅱ款　［前文　本款の位置］
　住民投票地域の両側部分の少数者保護を，真性の相互主義原則（Gegenseitigkeit）で確立するため，また，体制移行から発生する特殊事情を考慮するがために，協定締約国双方は，15年の期間，第一款諸規定に抵触することなく，［本款に掲げる］以下につき同意した。
　本款は，第65-72条の内容物を詳説したものに他ならず，これにより，少数者保護全体を見通したものである。

〈資料5〉 ①「上シュレジエン学校紛争に関わる常設国際司法裁判所判決」（1928.4.26）

> 2. **平等処遇との不一致** ［Bruns判決文になし。Junckerstorffより補足——小峰］
> ●ドイツ政府の第三テーゼは，少数者学校の多様な方策が，［協定の］平等処遇原則（第68条）と一致しないことに関わるものである。

3. **少数者学校の不利処遇**
●ドイツ側テーゼによると，問題となっているのは，英文原テクストで"singling out the minority schools to their detriment"［少数者学校を**不利に選び出すこと**］と表現される諸方策である。
●この表現は，本裁判所の考えでは，少数者学校になされる扱いが他の学校よりも良好でないか不十分である，それと同時に，多少なりとも恣意的性格をもつ諸方策を意味している。

4. **検査の実態**
●ドイツ政府は，その答弁書で本テーゼの補強として以下の事実を挙げた。すなわち，ドイツ系少数者学校の大部分は，ジュネーブ協定発効後に，ポーランド官庁による激しい反対に遭いながらも組織され，維持されているのだ，と。
●それが述べるには，少数者学校業務におけるポーランド官庁の恣意的干渉を訴えている（beklagen）少数者メンバーの訴願状（Gesuch）が700以上未決である，また，7件の集団訴願——これらは同じように少数者学校だけに関わるものであるが——が，協定第149条，157条に基づき，国際連盟に提出されている，と。
●少数者学校に対するポーランド官庁の姿勢が敵対的であるとして，ドイツ政府が主張の根拠に挙げるのは，次の事実である，つまり，ギェラウトヴィッツェ町［Gierałtowice］で少数者学校設立を求めた者全員の尋問を目的として，管轄官庁が定めた検査について，混合委員会委員長は，1927年10月12日，見解で以下のように求めているという事実である。

　　尋問は，教育権者に，これは少数者学校の創設を放棄させることになる圧力であるとの印象を抱かせるにちがいない。殊に，少数者が数年間に亘って，少数者学校分野で官庁との継続的な闘いに巻き込まれているのであるから尚更である。
　　ジュネーブ協定第131条2項によれば，第106条の趣旨で提出された申請の撤回目的に作用する影響力行使は，それがたとえどれほど僅かのものであろうとも，官庁には禁じられている。したがって，明らかに管轄官庁は，本条［第131条］に違反している。

第6章 学校紛争とその帰結

## 5．嫌がらせ
●官庁による不平等な取扱の事例として，ドイツ政府は，以下の二つの出来事を挙げた。

①ブジェージェ町（Brzezie）の警察が，少数者学校の手で開催されたクリスマス祭に際して取った態度。
②ブジェジンカ町（Brzezinka）では，教育官庁が少数者学校を，当校に学籍登録した児童の多数が居住する場所から約45分も離れた場所に設立した。しかし，この場所には食堂が殆ど見出せなかったのである。

## 6．恣意的取扱も不可
●本裁判所の見解では，少数者学校に対する一般的に敵対的態度，多かれ少なかれ恣意的取扱と考えられる態度は，ジュネーブ協定第68条の基本原則と相容れないと考える。
●なお司法裁は，訴訟に提出された資料ならびに主張の中に，少数者学校を傷つける不平等取扱はすべてジュネーブ協定第68条が保証する平等処遇に背くものであるとのドイツ側テーゼの正当性を，ポーランドが否認したといえるいかなる事物も見出し得なかったということを申し述べる。
●他方，司法裁は，官庁の態度が実際に不平等取扱の性格を有していたのかどうかという問いに関して言及する意図は有しない。なぜなら，具体的方策に関して本裁判所は，これがかかる性質［不平等］のものであると断定することを求められてはいないからである。

## 7．ドイツ側第三テーゼは断定できず
●かかる状況の下で，本裁判所は，自身にドイツ側第三テーゼを裁断すべき義務が課せられてはいないと判断する。

# ［五．判決］

## 1．評決
●以上の理由に基づき，司法裁は両当事者の訴えを聴取して後，8対4の評決をもって次のごとく判決を下した。

①被告の側から提出された管轄外との抗弁は却下された。（管轄違いであれ，承認しがたいものであれ）

②
［a.］
　1922年5月15日の上シュレジエンに関するドイツ・ポーランド協定第74条，

〈資料5〉 ①「上シュレジエン学校紛争に関わる常設国際司法裁判所判決」(1928.4.26)

106条, 131条は, [当国の] 国籍所有者すべてに, 自らの責任において, 言語ないし宗教の少数者 (Minderheit der Sprache oder der Religion) に所属するか否かを表明する自由, 同様にまた, その教育につき正当に責任を有する生徒または児童の言語を表明する自由を保証している。

この表明は, それの当人につき事実状態 (tatsächliche Lage) としては疑わしいと判断される点にまで及ばざるを得ない。

[b.]

生徒または児童の言語が何であるかを表明する自由は, 場合によっては状況判断に一定の余地が保証されているにしても, それは授業で用いるべき言語, およびこれに対応する学校を選ぶ無制限の可能性を意味するものではない。

しかしながら, ジュネーブ協定第131条が目指す本表明, また同様に一人の人間が人種, 言語ないし宗教の少数者 (Minderheit der Rasse, der Sprache oder der Religion) に所属するか否かの問題は, どのような形態のものであれ, 官庁の側からのいかなる圧力ならびに侵害に晒されるものではない。

③本裁判所は, 申し立てにある少数者学校に不利益となる多様な処遇すべてが, ジュネーブ協定第65条, 68条, 72条2項, および第三部第二款序文で保証された処遇の平等に合致しないと断定するものではない。

●フランス語ならびに英語で作成された本判決に関しては, フランス語テクストを基準とする。
●1928年4月26日, ハーグ平和宮殿にて結審。判決3部中1部は司法裁判所文書館保存とし, 他の2部は, 原告ならびに被告者たる政府代理人に手交するものとする。

　　　　　　　　　　議長　D. アンチロッティ (D. Anzilotti) （署名）
　　　　　　　　　　書記　A. ハマーショルド (A. Hammarskjöld) （署名）

---

# あとがき [ブルンス]

## 1. 特別意見あり
●判決は8-4で受け入れられた。
●特別意見が, 4名から出された。
・フーバー (Huber, スイス)
・ネグレスク (Negulescu, ルーマニア)

第 6 章　学校紛争とその帰結

- ニュホルム（Nyholm, デンマーク）
- シュッキング教授（Prof. Schücking, ドイツ）――ニュホルムが提出した特別意見，すなわち表明のあり方に関する特別意見，の第 4 部に賛成。

## 2.「主観意志」への注目
●判決はフランス語だが，司法裁の訳した英訳には意義あり。
　例えば，少数者所属は「純然たる意志の問題」（question de pure volonté）ではなく「事実の問題」（question de fait）である，と言うとき，フランス語の"volonté"「意志」を"intention"「意向」と訳している[1]。

⇓

## 3. 二者の弁論中の一者（ポーランド）を採用
●ポーランドは司法裁に，少数者所属というものはいつでも「純然たる自然な意志決定」（ein bloßer spontaner Willensentschluß）によって基礎づけられうる，またこれを放棄しうるとする立場を否定してほしいと望んだ。

## 4. 意志要素の位置づけ
●だが司法裁判決の，少数者所属につき，疑わしい場合の論：少数者所属をめぐる「事実状況」にあふれている，決定的な意志要素の存在自体は否認せず。

↕

●しかし，少数者所属の「事実状況」を限定することはしていない[2]。

●裁判が求めている最上級の司法判断のみ答える。少数者所属の定義につき，それ以上を語ることを避けた。

## 5. 司法裁判断，意義がある
●「いかなる基準により〈事実としての少数者帰属か〉」
　　　――この決定的問題につき，司法裁は，上シュレジエンについては主観要素を置いた。

---

1) ポーランドは，民族所属はドイツの主張するような「純然たる自然な意志決定」でなされてはならないとした。だが司法裁は，事実状況に照らすと意志要素も完全には否定できないと判断した。この純然たる自然な「意志」（volonté）ではないにしても，容認できる「意志要素を」"intention"「意向」と英訳した，ということなのであろう。――小峰
2) [「少数者」とは何か。出生，言語，意志，等の相互関係はいかなるものか，を定義づけていないということである――小峰]

229

〈資料5〉 ①「上シュレジエン学校紛争に関わる常設国際司法裁判所判決」(1928.4.26)

● かつ又，審査禁止の点で，一般的ながら，主観要素を基準とするとした。
　　　　　　　　　　⇩
● 判決を理解するには，さらに
　・「国内少数者」(minorité narionale) でなく，
　・「人種的少数者」(minorité de race) および
　・「言語的少数者」(minorité de langue)

こそ問題にしなければならない

B．[ブルンス]

## ②「独ポ少数民族宣言」(1937.11.5)
(Die Minderheitenerklärung vom 5. 11. 1937)

1. いかなる強制的同化，少数民族所属に関するいかなる疑い，ないしは民族告白 (Bekenntnis) に関するいかなる妨害も，これは禁止すべきものとする。

2. 少数民族所属者には母語使用の自由権，取り分け出版ならびに公衆集会における母語使用自由権が保証される。母語ならびに民族慣行の尊重のゆえにいかなる不利も生じさせてはならない。

3. 団結権は，文化，経済分野においてもこれを保証するものとする。

4. 学校設立維持権，母語による宗教生活尊重権，教会組織権は少数民族グループに承認されるものとする。

5. 少数民族所属者がその民族性のゆえに経済活動および職業活動を妨害されたり不利益を蒙ることがあってはならず，彼らは財産または土地収益に関し当該国民族所属者と同一の権利を有するものとする。

(出所：Bierschenk Theodor: Die deutsche Volksgruppe in Polen 1934-1939. Kitzingen :Holzner, 1954, S. 271)

## 第7章

# 国際化と教師

愛知県豊田市保見ヶ丘の「パウロ・フレイレ地域学校」
(2010年　筆者撮影)

## はじめに

　一昨年，群馬県の女子小学生が，級友の心ないことばの暴力によって自殺した。彼女は愛知県から転校したのだが，彼女の母親はフィリピン系である。希望に燃えて新しい生活を始めた彼女に，「きたない」，「外国人は国へ帰れ」，などの心ないことばが投げかけられ，転校間もない少女はクラスで孤立した。担任はこのようないじめがあったことに気づかなかった。級友から「遠足に一緒に行きたくない」と言われたために，少女は遠足に行くことをためらっていた。そのことが分かり，担任はようやく，自分の学級にこのようないじめがあったことに気づいたようだ。しかし，対応を取ることができないまま，程なく少女は自殺した[1]。

---

1)『朝日新聞』，2010年11月9日，ほか参照。

「国際化」がいわれて久しい。だが，この事件が象徴しているように，日本の中の国際化は，民族共存，また，多文化共生というには未だ道半ばである。その中で，日本に暮らす「外国人」の子どもの教育につき，学校と教師の対応はきわめて重要である。私は教職課程を担当する教員として，国際的視点を備えた教師，世界の学校と子どもに目を開いた教育ということを，授業またゼミナールで強調してきた。また，私の狭義の研究分野はドイツの教育史でもあり，そこから私は，ヨーロッパの変化する社会と教育を念頭に置き，教育史研究を現代の問題とつなげることを心掛けてきた。そこで今，「国際化と教師」というテーマを教員養成の問題，また，それを歴史研究とつなげて考えてみたいと思う。

## 1. 日本の中の国際化

### (1) 国際化の実態

社会学者の宮島喬は，日本はすでに西欧移民国（イギリス，フランス，ドイツ）と比べて基本的には変わらない「移民国」になっているとし，しかしこれらの国に比べて「移民国」への意識化，制度化が立ち遅れていると指摘する（デニズン（denizen）＝永住者的地位はあるものの選挙権を欠いている外国籍市民＝がすでに外国人人口の3分の2）。我々は，現実を直視し，自覚，政策化をすすめること，特に，①少数言語の尊重，②外国人参政権の実現，③差異を知り共通性をつかむ努力，が必要であるとする[2]。

---

[2] 宮島喬「ヨーロッパを通して見えてくる日本」（中京大学社会学部学術講演会，2006年11月16日）参照。なお，「シティズンシップ」をキーとした宮島の国際化への視点は『ヨーロッパ市民の誕生——開かれたシティズンシップへ——』（岩波新書，2004）に詳しい。本論文では，特に同書と，田中宏『在日外国人——法の壁，心の壁』（岩波新書，1991），内藤正典『ヨーロッパとイスラーム——共生は可能か』（岩波新書，2004）に多くを学んでいる。また日本教育学会第71回大会公開シンポジウム「グローバル時代の教育と職業——移民の青少年におけるキャリア形成をめぐって——」，2012.8，名古屋大学，に出席して得たものも大きい。本論文末尾に，同報告，今津孝次郎「外国人児童生徒教育の実践的研究課題—学校臨床社会学の立場から」の年表を利用させていただいた。御礼を申し上げたい。

表7-1. 平成23（2011）年末現在における外国人登録者数

|  | 国　籍（出身地） | 平成23年（2011） | 構成比（％） | 対前年末増減率（％） |
|---|---|---|---|---|
|  | 総　数 | 2,078,480 | 100.0 | －2.6 |
| 1 | 中国 | 674,871 | 32.5 | －1.8 |
| 2 | 韓国・朝鮮 | 545,397 | 26.2 | －3.6 |
| 3 | ブラジル | 210,032 | 10.1 | －8.9 |
| 4 | フィリピン | 209,373 | 10.1 | －0.4 |
| 5 | ペルー | 52,842 | 2.5 | －3.3 |
| 6 | 米国 | 49,815 | 2.4 | －1.7 |
| 7 | その他 | 336,150 | 16.2 | 0.4 |

（資料出所：法務省入国管理局「平成23年末現在における外国人登録者数について」速報値，平成24年2月22日）

　それでは，日本の中の外国人問題，国際化の実態はどうなっているのであろうか。

　まず，総数であるが，法務省の発表によれば，「外国人登録者数は，前年末比約5万6千人の減少。平成23年末現在における外国人登録者数は，207万8,480人であり，前年に比べ，5万5,671人減少し，3年連続の減少」[3]である（表7-1）。また，これを国籍（出身地）別に見たとき，国籍別では，中国（台湾，香港）を含む）が67万4,871人で全体の32.5％を占め，以下，韓国・朝鮮，ブラジル，フィリピン，ペルー，米国と続いている。法務省の数値から直近の数値だけ取り出し，それをグラフにしてみると図7-1のようになる。

　これから分かることは，今，日本に約200万人の「外国人」が暮らしているということ，また，その内訳は，半数以上の約6割が，中国（32.5%），韓国・朝鮮（26.2%）出身者だということである（合計58.7%）。「外国人」と聞いて，私たちはヨーロッパ人，アメリカ人を思いがちだが，上表の第7位「その他」

---

3）法務省入国管理局「平成23年末現在における外国人登録者数について」（速報値，平成24年2月22日　）（http://www.moj.go.jp/nyuukokukanri/kouhou/nyuukokukanri04_00015.html　最終閲覧：2012年10月）

第 7 章　国際化と教師

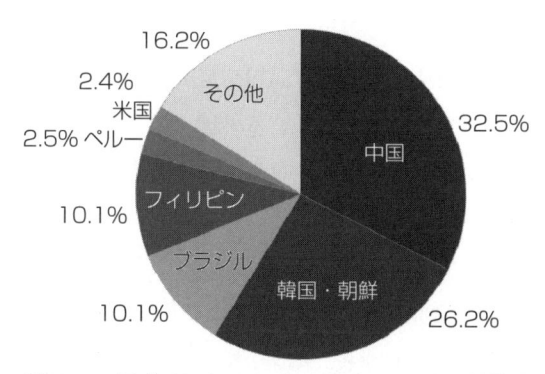

図 7-1. 平成 23（2011）年末現在における外国人
　　　　登録者数割合
（表 7-1 に基づき小峰作成）

をすべて含めても，ヨーロッパ，アメリカ（北米・南米）出身者は約 4 割（合計 41.3%）である。

　今，日本の尖閣諸島，竹島の領有をめぐって中国，韓国と大きな政治問題になっているが，日本国内の 1,220,268 人（全「外国人」の 58.7%）の人々は，一衣帯水で隣国として接し，また，古代以来政治・経済，また文化的に多くを学んできた（漢字，儒教，仏教，芸術，農業・工業），中国，韓国・朝鮮の出身者なのである。そして，日本はかつてこれらの国々を侵略し，植民地支配を及ぼしてきた（朝鮮出兵，台湾，韓国併合，「満洲国」）。国際化，「外国人」との共生という問題は，一方で日本に暮らす「外国人」の生活・生存・労働保障，教育保障の問題であると共に，他方でわが国の戦争処理を含む「過去の克服」という問題も抱えている。「国際化」は，重い問題である[4]。

---

4) 對馬達雄編著『ドイツ　過去の克服と人間形成』（昭和堂，2011）は，ドイツはナチズムという過去をどのように「克服」しようとしたのか，戦後教育はこの問題にいかに向き合ったかを問う。ハイネマン（ハノーファ大学）の特別寄稿「戦争っ子」論を含め，教育研究の視点から，ドイツの過去の克服問題に意欲的に挑戦している。

235

(2) 教育問題

　次に，これら外国人児童生徒の教育問題を見てみよう。

　現在，わが国の公立学校に就学している外国人児童生徒数は7万人超である。そして，日本語指導が必要な外国人児童生徒は2万人を超え，その数は年々増加している。日本の中の外国人児童生徒の教育問題は，まず，この数値を直視することから始めなくてはならない。（直近の数値で見ると，公立学校に在籍している外国人児童生徒数（文部科学省「学校基本調査」より）は平成22年5月1日現在74,214人。公立の小学校，中学校，高等学校，中等教育学校及び特別支援学校に在籍する日本語指導が必要な外国人児童生徒は，28,511人となっている[5]）。

　これを，愛知県の人口と，公立小・中・高等学校在籍外国人児童生徒数約7万4000人は，ほぼ名古屋市東区の人口に等しい（73,036人：平成22年10月1日現在）。日本語指導の必要な児童生徒数2万9000人は，ほぼ大治町ないし美浜町の人口に等しい（大治町29,502人；美浜町25,389人。出所：いずれも愛知県ホームページ　http://www.pref.aichi.jp/0000010793.html）。つまり，今日本には，名古屋市人口（2,258,729人。同）ほどの外国人が住み，名古屋市東区人口ほどの外国人児童生徒が学校に学び，大治町，美浜町人口ほどの外国人児童生徒が日本語に事欠く状況なのである。

　だが，その教育は十分とはいえない。特に，外国人児童生徒の教育のために養成された教員が少なく，彼らの教育は未だ手探りの状況である。愛知教育大学日本語教授（当時）岡田安代は，2008年にこう指摘していた。

> 1990年の出入国管理法の改定を契機に日本で働く外国人が急増し，その子弟が公立の小中学校で学ぶケースが増えている。文部科学省の06年9月の調査によると日本語指導が必要な外国人児童生徒数は，全国に2万2413人と過去最高である。愛知県は4089人で全国一多く，全校児童の40％から半数近くが外国人児童という学校も珍しくない。しかし，多くの学校現場では，日本語を母語とし

---

[5]「日本語指導が必要な外国人児童生徒の受入れ状況等に関する調査（平成22年度）」の結果について（文部科学省，平成23年8月16日）

ない児童生徒の指導に対する専門知識もなく,適切な教材や人材の確保もないままに,困惑しているのが現状である[6]。

これら日本の中の外国人児童生徒の教育につき,文部科学省は2007年7月「初等中等教育における外国人児童生徒教育の充実のための検討会」を設けて外国人児童生徒の教育実情を調査し,2008年6月報告書「外国人児童生徒教育の充実方策について」を提出して今後の外国人児童生徒の教育充実の基本方向を提示した。この検討会は,2007年7月30日の初等中等教育局長決定「初等中等教育における外国人児童生徒教育の充実のための検討会について」に基づき設置されたものである。この報告の要点を記すと以下のようである[7]。

**外国人児童生徒教育の充実方策について(報告)　[抜粋]**

平成20(2008)年6月
初等中等教育における外国人児童生徒教育の充実のための検討会

**外国人の子どもに対する就学支援について**

**1. 現状**

- ●義務教育の就学年齢にある外国人の子どもが外国人登録されれば,市町村教育委員会はその登録内容に基づき,外国人の保護者等に対して就学案内を行うとともに,**外国人の子どもが公立の小学校や中学校等への入学を希望する場合には,市町村の教育委員会は入学すべき学校を指定し,当該学校に入学させることとなる。**(強調——筆者)
- ●教科書の無償給付措置や就学援助措置(学用品の購入費,学校給食費,修学旅行費等の援助措置)を日本人の児童生徒の場合と同様に取り扱うこととしている。(以下略)

**2. 今後の方策**

---

6) 岡田安代「外国人児童を教えるということ」(『朝日新聞』,2008年3月6日夕刊)
7) 初等中等教育における外国人児童生徒教育の充実のための検討会「外国人児童生徒教育の充実方策について(報告)」平成20(2008)年6月

現在，上記のような取組が行われているが，より充実した就学支援を行うためには以下のような課題がある。
ア　適切な就学支援を行うための前提となる外国人の子どもの就学状況の継続的な把握
イ　外国人に対する適切な就学案内や就学情報の提供の実施
ウ　関係機関，団体との連携による効果的な就学促進活動の実施

●地域における受入体制や外国人児童生徒の受入に関する学校間の連携も重要な課題である
(1) 外国人の子どもの就学状況に関する調査の実施
(2) 外国人に対する就学案内や就学相談の実施
(3) 関係機関・団体の連携による就学促進活動の実施
　…また，不就学の状態にある外国人の子どもの就学を促進するため，市町村教育委員会においては，こうした子どもの情報を収集するとともに家庭訪問等の方法により就学相談や就学案内を行っていくことが必要である。この際，例えば，外国人を支援する地域のNPOやボランティア団体，自治会，また，児童相談所等の関係機関，スクール・ソーシャルワーカー等と連携・協力しながら取り組むことが考えられる。（以下略）
(4) 拠点校方式による受入等
　…外国人児童生徒は，特定の学校に集中して在籍する場合よりはむしろ地域内の複数の学校に分散して在籍している場合が多いことを示している。このような分散的な受入状況となっている場合への対応として，市町村の中には，拠点校・センター校を設けて外国人児童生徒の受入を行ってきているところがある。
　具体的には，地域の実情に応じ小学校や中学校の通学区域制度の運用の弾力化や手続きの明確化等が図られており，これらの措置を活用し，地域において日本語指導体制が整備されている拠点校等への通学を認める取組が行われている。また，拠点校等に外国人児童生徒担当教員や指導補助員を重点的に配置し，当該学校に在籍する外国人児童生徒の指導にあたるとともに，近隣にある外国人児童生徒の小規模受入校への巡回指導を行う場合などがある。（以下略）
(5) 進学・転校等の場合の学校間の連携

　外国人児童生徒の就学については，学齢期の児童生徒に就学の機会を提供はするが，就学の義務はない。「外国人の子どもが公立の小学校や中学校等への

第7章　国際化と教師

入学を希望する場合には，市町村の教育委員会は入学すべき学校を指定し，当該学校に入学させることとなる」というのが，基本である。

ここには，宮島が指摘するように，「移民国」という事実に対し，それの意識化，制度化が立ち遅れていることが明らかである。それについては，次の2点を指摘しておきたい。

①子どもの権利，教育権の視点から

親が就学を希望しないかぎり，外国人の児童生徒は就学が保障されない。

この点の問題を，子どもの権利の視点から批判した加藤高明の指摘はまことに適切なものである。

>「文部科学省は，外国籍の子どもには日本の義務教育への就学義務は課されていないが，公立の義務教育の学校を希望する場合は無償で受け入れ，教育の機会を保障していると説明する。だが，いくつか問題点がある」。「一つ目は，保護者が就学を希望することが前提になっている点だ」。…[その結果――小峰]「不就学でも保護者の希望がないことを理由に放置されてしまう」。…「二つ目の問題点…[は]，法的な根拠，つまり就学義務という切り札がなく行き詰まってしまう[ということだ]。外国籍の子どもは学校教育法の「学齢児童生徒」でないため，保護者に就学義務が課されていない」。…[だが，]「憲法の精神や国際的・普遍的な人権の理念，日本も批准した「児童の権利に関する条約」「国際人権規約」は，国籍に関係なく権利の存在をうたっている」。[この見地に立ち]「外国籍の保護者にも義務教育への就学義務を課すべき[である]」。…[8]

氏は，外国人保護者への就学義務規定を教育基本法に導入して，状況を改善できると述べる。法制化には関係国内法全般の見直しも求められ，実現は容易ではない。しかし氏の主張の趣旨は，子どもの普遍的な権利が「親の意志」によって左右されてはならない，というところにある。

平成17年度～18年度にかけて1県11市に委嘱して実施された文部科学省

---

8）加藤高明（岐阜県可児市立今渡北小国際教室主任）「外国籍の子ども　就学義務を課すべきだ」（『朝日新聞』2008年10月1日），参照。

の「外国人の子どもの不就学実態調査」によれば，調査対象者 9,889 人のうち，小・中学校及び外国人学校等への就学者の割合は 81.4％，不就学が確認された者は 112 人（1.1％）である。また，転居・出国等の事情により就学状況が確認できなかった者は 1,732 人（17.5％）となっている[9]。

　ことば（日本語）は，生活，労働の基本である。かつては，日本語が不自由でも働く外国人労働者（成人）にとって，職種を選ばなければ十分な収入が得られた。浜松の例──「自分は，…向こう（ブラジル）でアパートが 1 軒買えるくらい預金ができた。借金はなく，預金だけがあり，サンパウロに自分の店を 1 軒買って用意してある。自分の教育は中途半端だったので，子どもたち 2 人はブラジルに置いてきた。娘は医者になり結婚し，むすこは今大学に行っている」[10]。しかし，リーマンショック後の日系ブラジル人切りのなか，「日本語を話すことができなくても気軽にデカセギできるような状況は，すでに終わった」のである[11]。文化資本としての日本語を習得することは，日本で暮らし，働き，生きるために，最小限保障されなければならない。「国境」の外であっても，外国人の子ども・青年が，学校教育機会を保障され，ことばや教科，芸術，スポーツ，また，人間的な交わりを通して，豊かに成長することは，広い意味での人間の権利，「人生前半の社会保障」（広井良典）である。「学校教育」の枠組み，その概念と対象の広がりが，検討されるべきである。

> ※私事にわたるが，私は 20 年以上前，在外研究で家族とともにドイツ西ベルリン（当時）で 1 年を過ごした（1989.8 - 1990.8）。子ども 2 人は現地のドイツ学校に就学させた（基礎学校 Grundschule）。1 クラス 20 人で，殆どの授業には副担任がつく。授業では，わずかに 10 人の児童を，それこそ手を取って教えてくれるドイツの学校に今更ながら感銘した。当校にはトルコ人子弟も通学しており，くだんのトルコ人児童はキリスト教「宗教」の授業は受けず外で遊んでいる（宗教教育の自由，文化高権）。彼我の学校のあり方の違いを知らされた。

---

9) 文部科学省「外国人児童生徒教育の充実方策について（報告）」平成 20 年 6 月
10) 松原好次・山本忠行編著『言語と貧困』明石書店，2012，188 頁。
11) 同上，192 頁。

## ②アイデンティティー，母語・固有文化という視点

それとともに求められるのが外国人児童生徒のアイデンティティー，固有文化（特に母語権）の保障という視点である。

日本の学校に学んだニューカマー子弟が，日本語と日本文化に親しむにつれ，次第に父母のことば，父母の文化から遠ざかる。日本に生き，日本で働くことを目指す若者にとって，それはやむを得ないことなのだろうか。それは否である。

外国人労働者の問題を，その子どもの教育を問題にするとき，〈民族〉をめぐる「ゲスト」と「ホスト国」との関係に行き着く。19世紀から20世紀の「帝国」の時代に，版図を広げた帝国主義国家にとって新たに「帝国」に加わった新領土の「異民族」は**同化**（Assimilation）の対象であった。彼らは，帝国のことばと法とを身につけて「帝国」の国民とならねばならなかった[12]。だが，20世紀後半，〈民族〉自立のうねりのなか，旧来の「同化」に対して，〈自民族〉としての存立を主張する**編入**（Insertion）が生じた（それは，原理的には「多文化主義」である。内藤正典がいうような「列柱型社会」＝オランダ＝といってよい[13]）。しかしこれの延長上にはホスト国の文化を受け容れない〈自民族〉絶対化も出現する。それは例えば，ドイツのトルコ人が，ドイツ語ドイツ文化を学ぼうとせず「トルコ人ゲットー」で完結した生活を送るような状況である。それは，ゲストとホスト国との関係を悪化させる[14]。それに対し，21世紀の共存モデルは**統合**（intégration）である。それは，ホスト国は，ゲストに市民的権利は認めるが同化は強要せず，彼らの文化を尊重する。しかしゲストの側も，ホスト国のルールには従い，文化的個性を捨てず積極的に社会参加するというものである。

---

[12] オーストリア＝ハンガリー「帝国」は，他民族の共存を実現した例外である。大津留厚『ハプスブルクの実験』中公新書，1995）参照。

[13] 内藤正典，前掲書，97頁，参照。

[14] かつての「ベルリンの壁」近辺のトルコ人居住地区では，パラボラアンテナがみな東の方向を向いている。トルコの衛星放送を受信するためである。その結果，就学前の子どもはドイツ語に触れる機会が減り，この一帯ではトルコ語だけでコミュニケーションが可能となっている。内藤正典，前掲書，26頁。

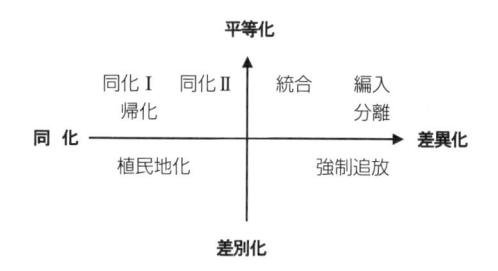

```
                    平等化
                     │
         同化Ⅰ  同化Ⅱ │ 統合    編入
              帰化   │         分離
    同 化 ───────────┼───────────→ 差異化
              植民地化 │    強制追放
                     │
                    差別化
```

**図7-2. 同化・編入・統合**

(出所：山内昌之『民族の時代』NHK人間大学，1994, 117頁)

〈民族〉をめぐる「ゲスト」と「ホスト国」との関係を，山内昌之は次のように整理している[15]。

① **「同化」**（assimilation）——ゲストが，出身国の文化や慣習を放棄し，ホスト国の文化や習慣を取り入れて，今までとは別の存在になることである。

② **「編入」**（insertion）——ゲストがホスト国に参入しても，文化，宗教の変更を強制されず，民族と宗教のアイデンティティーが保持される。

③ **「統合」**（intégration）——社会内部に共存する集団が，文化的個性を捨てずに互いに交流しながら積極的に社会参加することである。

〈民族〉を厳密に定義するのは難しい。古くはスターリンの「①言語　②地域　③経済生活　④文化の共通性のうちに表れる心理状態—の共通性を基礎とする歴史的に構成された堅固な人間共同体」という定義が人口に膾炙してきた[16]。しかし現代は，国境を越えてヒト，モノ，カネが激しく流動する高度情報化社会である。そのような中では，明瞭で客観的ないくつかの要素で〈民族〉を定義するのは，むしろ不十分といえる。むしろ〈民族〉を，言語，宗教を含めて「自他を区別するということ」という主観要素に注目した定義は，実情に添っているといえるかもしれない。浅井信雄は次のようにいう。「異民族意識の第一歩は『違い』の認識であり，同民族意識の第一歩は『同じ』という

---

15) 山内昌之『民族の時代』NHK人間大学，1994, 115-121頁，参照。
16) スターリン「マルクス主義と民族問題」『スターリン全集2』大月書店，1952, 329頁。

実感である。民族集団の十分条件とはいえぬが，絶対に欠かせぬ必要条件の一つは「気心の知れた関係」ではないかと想う」と[17]。浅井のいう，「気心の知れた関係」を，山内昌之は「われわれ意識」と表現している。

> …以上のような客観的基準と異なり，主観的基準としていちばん重要なのは，「われわれ意識」である。「われわれは他者と違う」といった「われわれへの帰属意識」を生み出す連帯感といってもよい。「われわれ」を意識する集団の枠組みは，固定されたものでなく，絶えず流動する伸縮自在な構造になっている。過去の歴史にはなかった民族が誕生したり，以前は存在した「われわれへの帰属意識」をもつ独自の集団が別の民族に包含されていく事例も珍しくない。
> このような主観的基準は客観的水準［基準？——小峰］と不可分に関連しながら絡みあっており，同一対象の異なる二側面と考えるべきだろう。換言すれば，民族という集団の意識は，自生的・文化的な力と作為的・政治的な力による互いに桔抗するダイナミックな作用と関係のなかから成立してくる。その際，ある民族が優勢となる国民国家の枠組みに反発して文化的なアイデンティティと自立性を主張するのがエスニック（民俗）集団にほかならない。このエスニック集団と，国民国家を志向する集団としての民族の違いは，作為的・政治的な力の目指すヴェクトルと内容の相異にある[18]。

山内は，言語，地域，経済生活，文化のような客観的な指標と，「われわれ意識」という主観的な指標とを組み合わせて〈民族〉を定義すべきだと述べている。ひとまずは，このように幅のある定義づけが必要である。

このような関係を通してヒトは自己を形成する。なかでも民族の文化（その中心に「ことば」が位置している）を経由して，ヒトは二つとない「自分自身」を形成するのである[19]。「ちがい」は「ちがい」とみとめ，互いのアイデンティティーを尊重して生きる社会が現代である。

---

17) 浅井信雄『民族世界地図』新潮社，1993，11頁。
18) 山内昌之「民族」大澤真幸・吉見俊哉・鷲田清一編『現代社会学事典』弘文堂，2012，1234頁。
19) ヒトの成長と〈ことば〉の関係を，より一層深く考えさせられたものに正高信男『子どもはことばをからだで覚える—メロデイーから意味の世界へ』（中公新書，2001），柏木惠子『子どもが育つ条件—家族心理学から考える』（岩波新書，2008）がある。

ホスト国がゲストに，同化を強制する時代はすでに過去のものである。日本は今日，ヨーロッパのドイツやフランスのような移民国となっているが，人々の意識と法，慣習はこの変化に対応していない。違いを尊重しながら，しかしゲストの人間としての権利を保障する成熟した社会となることが求められている。ヨーロッパ，アメリカの長い歴史に学びながら，「外国人」との共生のあり方を探っていくことが求められる。

## 2. ヨーロッパ諸国では──戦後史，教育史研究から

　ヨーロッパ諸国において，「国際化」の問題，少数者と教育の関係はどうなっているのであろうか。この問題を，戦後史，ならびに教育史研究の視角から問うてみたい。

### (1) ドイツ・デンマーク関係から

　国境のうちそとで，多くの民族がともに暮らすヨーロッパでは，〈民族〉をめぐるきびしい歴史の中から共存のありかたを探り出してきた。その結果，少数者の権利，なかんずく言語の権利は，「言語法」で明示的にこれを保障している。今日，全ヨーロッパ的には，「ヨーロッパ地方言語・少数者言語憲章」（European Charter for Regional or Minority Languages, ECRML; Charte européenne des langues régionales ou minoritaires, 欧州評議会，1992）が，国内少数者の言語権を定めていることが注目される。

---

**ヨーロッパ地方言語・少数者言語憲章（1992）**
第8条─教育
1. 教育分野で締約国には，地方語・少数者言語が使用されている地域で，これらすべての言語状況を顧慮しかつ国の公用語教育を損なうことなく，以下の事項が義務づけられるものとする。
  a. 当該地方語・少数者言語による就学前教育を提供すること，…
  b. 当該地方語・少数者言語による基礎学校教育を提供すること，…

c. 当該地方語・少数者言語による第2段階領域（中等学校）教育を提供すること，…
d. 当該地方語・少数者言語による職業教育を提供すること，…
e. 総合大学・単科大学において当該地方語・少数者言語による教育を提供すること，…
f. 成人教育・継続教育の大部分ないし全部を当該地方語・少数者言語により提供するよう努めること，…
g. 当該地方語・少数者言語により表現される歴史と文化の教育に配慮すること。
（以下略）

2. 教育分野で締約国には，伝統的に地方語・少数者言語を使用していない地域に関し，地方語・少数者言語の話者数がそれを適当と判断した場合，適切な全ての教育段階で地方語・少数者言語の教育ならびに地方語・少数者言語による教育を認可，促進，ないし提供することが義務づけられるものとする[20]。

　つまり，ヨーロッパの教育においては，就学前教育，初等教育，中等教育，大学，さらに成人教育・生涯教育で，少数者文化，少数者言語の教育が尊重されているわけである。
　ここでヨーロッパの外国人児童生徒の教育問題を考えてみよう。私は最近，ドイツでの在外研究（2005.4－2006.3）において，ドイツ・デンマークの少数者教育について調べることができた。その詳細は先に発表したところであるが[21]，ここではそれを教師と国際化という視点から振り返り，さらにいくつかの事実に言及したい。
　北欧・デンマークの人間的な社会については，たとえばナツヨ・サワド・ブ

---

20) ヨーロッパ地方言語・少数者言語憲章1992（Europäische Charta der Regional- oder Minderheitensprachen, Straßburg/Strasbourg, 5.XI.1992; European Charter for Regional or Minority Languages, Strasbourg, 5. XI.1992. http://conventions.coe.int/Treaty/ger/Treaties/Html/148.htm （最終閲覧：2012/10/31); http://conventions.coe.int/Treaty/EN/Treaties/Html/148.htm　（最終閲覧：2012/10/31)．なお，渋谷鎌次郎『欧州諸国の言語法』（三元社，2005）も部分的に参照した。
21) 小峰総一郎「ニュダールとデンマーク系少数者教育問題」『中京大学教養論叢』47-1，2006/7; 同『ドイツの中の《デンマーク人》――ニュダールとデンマーク系少数者教育――』（学文社，2007）本論はこれらと重複する叙述があることをお断りしておく。

(上:教会語・学校語ともデンマーク語，中:教会語はデンマーク語とドイツ語，学校語はデンマーク語，下:教会語・学校語ともドイツ語)

**図7-3. 言語諸令の教会語・学校語地域（1851以降）**

(出所:Fink, Troels: Geschichte des schleswigschen Grenzlandes. Kopenhagen 1958, S. 147.)

ラントの紹介で『デンマークの子育て・人育ち「人が資源」の福祉社会』(大月書店，2005年) などで知られているところである[22]。だが，この北欧の福祉国家は，現代に至るまで，南の隣国ドイツ (プロイセン) ときびしく海と陸の覇権を争ってきたのである。そして領土，国民を次第にドイツに奪われてきたのであった。

　国境地帯に位置するシュレスヴィヒ［現在のシュレスヴィヒ＝ホルシュタイン州の北半分］は，元はシュレスヴィヒ公国であったが，地理的にデンマークに近くデンマーク人も多かったため，中世初期からデンマークの支配下にあっ

---

22) ナツヨ・サワド・ブラント『デンマークの子育て・人育ち「人が資源」の福祉社会』大月書店，2005

た（これに対してホルシュタイン伯国（1474年から公国）はドイツと近く，ドイツ人が多数で，神聖ローマ帝国に入っていた）。シュレスヴィヒ地方では，住民はデンマーク人とドイツ人——それに若干のフリースランド人——とが混住していた。図7-3を参照してみよう。

　これは，19世紀中葉のシュレスヴィヒ言語諸令が定めた教会語・学校語言語地図である。ここから当時の言語状況を知ることができる。すなわち，北の「北シュレスヴィヒ」地域は，隣国デンマークと同じで教会語・学校語ともデンマーク語。中央の「南シュレスヴィヒ」北部［この北端が，ほぼ現在のデンマーク・ドイツ国境］は，教会語はデンマーク語とドイツ語だが，学校語はデンマーク語。南部（「南シュレスヴィヒ」南部）は，教会語・学校語ともドイツ語だった。このように，シュレスヴィヒはまさに「言語混交地帯」である。そして，場面に応じてドイツ語・デンマーク語が使い分けられていたのである。つまり，デンマーク人はミサや学校，裁判ではデンマーク語を使用していたが，行政用語はドイツ語だった。しかし，そのドイツ語も，都会では優勢だったが，田舎では，教会を中心として人々は，日常はデンマーク語を常用していた。地域，生活場面で二重言語状態が一般的だったわけである。

## (2) デンマーク語化政策／ドイツ語化政策

　それが，19世紀の国民主義の時代になると，まず初めにデンマーク語化が行われる。1839年に即位したクリスチアン8世は，1840年官房令を発し，それまでのドイツ語での行政語をデンマーク語に変更して官吏にはデンマーク語を義務付けた。しかし，すぐにはデンマーク語に馴染めない人々のために，一旦ドイツ語で書かれた文書をデンマーク語に翻訳して行政実務に使用するといった政策をとっている（1840年6月15日）。だが，裁判用語をデンマーク語にすることには弁護士たちが反発した。その結果翌1841年に，裁判用語はドイツ語のままとしている。作家のシュトルムは弁護士・愛国者としてこの頃のドイツ語擁護者の先陣にいた。次のデンマーク王フリードリヒ7世の時代になる

と，シュレスヴィヒ長官ティッリシュ（Fritz Tillisch, 1801-1889）の下で，それまでドイツ人の多かった地域にも，教会・学校のデンマーク語の徹底化が図られる。今までのドイツ語での授業言語に代わって，デンマーク語で授業することが求められ，1853年，デンマーク語で教育できる教師の養成を目的としてトンデルン師範学校が設立された。

しかしその後はドイツ語化が行われる。ドイツ（プロイセン）は1864年のドイツ・デンマーク戦争に勝利し，1867年，シュレスヴィヒ・ホルシュタイン全体をプロイセンの州（Provinz）に組み入れた。今度はプロイセンが，強力なドイツ語化政策——教会語，学校の授業言語，そして裁判・行政言語の全体にわたるドイツ語化政策——を展開するのである。プロイセン当局は，学校査察を行って授業の様子を細かく報告させた。ドイツ語で授業できる教師を養成するために，トンデルンの師範学校を再編し，ここをドイツ語化の拠点とした。行政・裁判用語も，それまでの二重言語状態を脱し，ドイツ語のみと定めた。ただ，教会言語もドイツ語化されるのであるが，都会では比較的容易に進んだドイツ語化が田舎では困難に遭遇した。教会は住民に立脚していたので，農村部のデンマーク住民に対して，直ちにドイツ語でのミサに移行するわけにはいかない。その結果，堅信礼はデンマーク語を可とする。またミサについても，午前はドイツ語だが午後はデンマーク語でもよい，との緩和措置を設けながらドイツ語化を進めたのであった。1888年，ドイツ語化はその頂点「**北シュレスヴィヒ言語教育令**」（Anweisung für den Unterricht in den nordschleswigschen Volksschulen, 1888）に至った。

> 「第1条　北シュレスヴィヒの民衆学校授業言語は，宗教授業を唯一の例外として，ドイツ語とする。ただし，入学の際にドイツ語がまだ全く分からない新入児童に，初学年にドイツ語導入を行うために必要な範囲と期間において，教師がデンマーク語を使用することはできるものとする。」[23]

---

23) Petersen, Thomas Peter: Preußens Sprachenpolitik im Nordschleswig. 1995 (Münster Diss., 1994), S. 189.

こうして二重言語地域北シュレスヴィヒにおいて，デンマーク語を排除し，ドイツ語の徹底化が図られたのである。

### (3)「キール宣言」(Kieler Erklärung, 1949.9.26) と少数者教育権

その後，北シュレスヴィヒは，第一次世界大戦後の住民投票でデンマークに復帰する (1920)。そして，時代は下って今度は第二次世界大戦後に，シュレスヴィヒ・ホルシュタイン州に大量の避難民が押し寄せ，その「混乱」の中で再度のデンマーク復帰運動が展開される。すなわち，第一次大戦後の住民投票ではドイツに残ったシュレスヴィヒ全体（「南シュレスヴィヒ」＝デンマーク側の表現による）を，祖国デンマークに復帰させようとする運動である（「新デンマーク運動」）。

この「新デンマーク運動」の中で，デンマーク系少数者は，デンマーク語デンマーク文化の教育を要求した。要求は，シュレスヴィヒ・ホルシュタイン州当局に向けられ，時の州首相リューデマンは，知己の元ベルリン市教育長イェンス・ニュダール (Jens Nydahl, 1883-1967) を，「シュレスヴィヒ全権委員」として招聘してデンマーク系少数者との交渉に当たらせたのである。じつはニュダールは，第一次大戦後の住民投票でデンマークに復帰した「北シュレスヴィヒ」に生まれた「デンマーク人」であったのだ。

それに対して「新デンマーク運動」指導者は，**ヘルマン・クラウゼン** (Hermann Clausen, 1885-1962) であった。ここでこの人物について寸描しておこう。筆者はさきの研究において，デンマーク系少数者問題にアプローチする契機となった元ベルリン教育長ニュダールの人物像は解明した。しかし「新デンマーク運動」を導き少数者文化権，教育権を主張したクラウゼンについては手つかずだったが，じつはクラウゼンもまた，波瀾に満ちた生涯を送った魅力的な存在である。北シュレスヴィヒに生まれたが「ドイツ人となった」ニュダールに対し，クラウゼンはシュレスヴィヒの中で「デンマーク人」として生きたねばり強い政治家である（少数者団体「南シュレスヴィヒ選挙連盟」(Südschleswigscher Wählerverband: SSW) 議長。シュレスヴィヒ市長，西ドイツ

国会議員)。以下に年表に整理してクラウゼンの人となりを紹介する[24]。

| ヘルマン・クラウゼン (Hermann Clausen, 1885-1962) ||
|---|---|
| ●デンマーク系少数者運動指導者，SPD 地方政治家（シュレスヴィヒ市長，（西）ドイツ国会議員）<br>●経歴<br>1913-鉄道員（シュレスヴィヒ）。第一次大戦従軍。シュレスヴィヒの 1920 カップ一揆鎮圧に参加。<br>1920-　SPD シュレスヴィヒ市代表。<br>1929-　シュライ市庁メンバー。市，郡 SPD 代表。<br>1923　「フレンスブルク会談」参加→「シュタウニング・ヴェルス協定」(1923.11.25)<br>　　　‖<br>　デンマーク SPD・ドイツ SPD は 1920 国境を認定，互いに少数民族政党作らぬとする。<br>1923　市議辞職。<br>1944　Neuengamme 強制収容所に送られる。<br>1945.7.31　デンマーク少数者加入。<br>1945. 11.7-1948.11.19　シュレスヴィヒ市長，市参事<br>1946　ドイツ SPD から締め出される。<br>　クルト・シューマッハーにより。「デンマーク人告白」を行ったため。<br>　　　↓<br>　デンマーク系少数者の中で，指導的地位へ。<br>1949-1956　SSW 議長。<br>　・早くから，国境修正には反対だが，<br>　・南シュレスヴィヒのデンマーク文化活動促進，<br>　・デンマーク系少数者の政治的権利確立，に尽力<br>1946-1950　シュレスヴィヒ・ホルシュタイン州議会議員<br>　「キール宣言」(Kieler Erklärung, 1949.9.26) 交渉参加<br>1949-1953　西ドイツ国会議員選州リスト　75,000 票を獲得。国会議員（ボン）<br>　・「5％条項」の少数者例外化に努力<br>1961.12.21 フォン・シュタイン賞（地方自治政治家功績）<br>　SSW 名誉議長。<br>　「彼は，戦後の少数者政策を責任ある民主主義者として共同決定した」(Gerd Vaag)。 | （写真提供，SSW より筆者へ） |

---

24) Schleswig-Holsteinisches Biographisches Lexikon. Bd. 2, Neumünster, 1971, S. 106-107.

第7章　国際化と教師

　彼は,〈民族〉の自己決定原理「自由表明主義」の法源をワイマール共和国時代のプロイセン「改正デンマーク系少数者教育令」(1928.12.31) に求め,したたかにドイツ・シュレスヴィヒ・ホルシュタイン州政府との交渉に当たって少数者文化権,教育権を実現した。それとともに,ドイツの選挙制度の原則である「5％条項」の少数者除外化にも成功している (1955 年 5 月 31 日)。

　さて,この「新デンマーク運動」の帰結であるが,当時の占領軍イギリスの政策変更により「南シュレスヴィヒ」のデンマーク復帰自体は押し留められた。しかしデンマーク系少数者 (代表：クラウゼン) とシュレスヴィヒ・ホルシュタイン州政府 (代表：ニュダール) との間の「キール会談」(1949.3.29–7.7) で,デンマーク系少数者の民族権,民族教育要求は容れられ,州政府は,少数者の権利を謳った一方的宣言「キール宣言」(Kieler Erklärung, 1949.9.26) を発したのである[25]。

---

**キール宣言（1949.09.26）**

「デンマーク系少数者の地位に関するシュレスヴィヒ・ホルシュタイン州政府の宣言」(1949 年 9 月 26 日)

［前文］

シュレスヴィヒ・ホルシュタイン州政府は,
　デンマーク系少数者にドイツ住民との平和的共住生活を保障するという希望,
　デンマーク系少数者に,シュレスヴィヒ・ホルシュタインにおける正当な利益を保証するという希望,ならびに
　デンマーク民族との良好な近隣関係を招来するという希望
に満たされて
　シュレスヴィヒ・ホルシュタイン州議会の承認,ならびに
　デンマーク政府がデンマークにおけるドイツ系少数者に同一の権利と自由を認め,かつ保障するであろうとの一定の期待のもとに,
次のごとく宣言する。

---

25) Jäckel, S. 50-52.

Ⅰ.
　1949年5月23日のドイツ連邦共和国基本法は，各人に以下の権利を認めている。これによりデンマーク系少数者に属する各人にもまた，彼らの使用する言語を顧慮することなく以下の権利を認めるものである。すなわち，
a）人格の自由な発展の権利ならびに人格的自由の不可侵性（[ボン基本法] 第2条）
b）法の前の平等（第3条1項）
c）何者かが，その血統，言語，出生または政治的見解により不利益を受け，または厚遇されることの禁止（第3条3項）
d）信仰と良心の自由（第4条）
e）自由な意見表明権ならびに報道の自由権（第5条）
f）集会の自由，結社の自由（第8条，第9条）
g）職業ならびに職場を自由に選択する権利（第12条）
h）住居の不可侵（第18条）
i）第21条により政党設立ならびに政党活動の自由
k）すべての公務員就職に際して適性，能力，業績による平等な採用。すなわち公的サービスに従事する吏員，被傭者，労働者の採用に際しては，デンマーク系少数者メンバーと他のあらゆる人間の間にいかなる差別も行われてはならない。
l）普通・直接・平等・自由・秘密の選挙権。これは州ならびに自治体選挙においても当てはまる。（第28条1項）
m）公権力によって彼の権利が侵害されたとき，裁判所の保護を求める権利（第19条4項）
したがって何人も，基本法第31条により絶対的優先権を備える現行基本法の基礎の上で，デンマーク系少数者所属のゆえに不利益を蒙り，または厚遇されてはならないのである。

Ⅱ.
　この法原則を詳論するならば，これによって以下のごとく定式化されるものとする。
1. デンマーク人であること，ならびにデンマーク文化の表明は自由である。それが役所の側から問題にされたり審査されたりしてはならない。
2. デンマーク系少数者とその組織，および成員が，会話，書簡，ないしは印刷物で希望する言語を使用することを妨げてはならない。裁判所ならびに行政官庁の下でのデンマーク語の使用は，一般的法律に従って規定されるものとする。
3. 幼稚園，一般教育諸学校および民衆大学（専門的編成のものも）を，デンマーク系少数者が，法律の基準に基づいて設立することは可能である。デンマーク語を授業言語とする学校では，ドイツ語の十分な授業を行うものとする。親，教育権者が，その子どもを，デンマーク語を授業言語とする学校へ通わせるかどうかは，自由に決定できるものとする。

4. 議会の慣習により，自治体，役所，郡，州の代表団体の全政治グループが，適切な方法で諸委員会への協力を要請されることがある——その時々の多数関係に見合う配慮なしに——ことを，州政府は自然のことだと考える。
 5. ラジオ放送がデンマーク系少数者および他の政治，文化団体にアクセスされることを，州政府は望ましいことだと考える。
 6. デンマーク人聖職者ならびに教会共同体が，管轄の教会ないし共同体の責任者の了承の下に，自由に選択された希望言語を使用して教会，墓地，ならびに似たような施設を使用しうるということを，州政府は望ましいことだと考える。
 7. 公的資金からの補助金ならびにその他の給付を行うに当たっては——それらの決定に関しては自由な評価によって行われる——，デンマーク系少数者の帰属がかかるものとして配慮されることはない。
 8. 公的告示をデンマーク系少数者新聞に知らせずにおくことは許されない。
 9. デンマークとの宗教的，文化的ならびに専門的な結合を育成するというデンマーク系少数者の特別な関心は認められる。
10. 宗教的，文化的もしくは専門的助言者として活動することを州政府が許可したデンマーク国家帰属者（例えば聖職者，教師，農業助言者等）が，彼らの任地の自治体における移住許可の発行ならびに住居割当に際して，同職の他の帰属者［ドイツ人］と比べて不利益を被ることは許されない。彼らは政治活動を行ってはならない。
11. もし，以上の諸点において州の権限が存在しない場合，州政府は，権限を有する各所において承認と実行のために尽力がなされるよう努力するつもりである。

Ⅲ.

　デンマーク系少数者の提案，苦情，ならびに他の陳情を検討解明するために委員会を設置する。本委員会は，3名のデンマーク系少数者メンバーならびにシュレスヴィヒ全権委員が任命した3名のメンバーにより構成されるものとする。

　委員会の職務を指導するのは1名の事務長——デンマーク系少数者が立てた3提案の中から委員会の多数決で選出し，州政府が任用する——である。彼の課題は，まず，すべての陳情を州政府ないしは当地の権限ある機関との交渉プロセスに乗せることである。それが不可能の場合，彼は委員会に所見表明を行わなければならない。シュレスヴィヒ全権委員は，委員会のこの，ないし他の所見を求めることができる。委員会の所見に対して多数が見出されないとき，別の二つの所見を提出することができる。

　委員会の所見は州政府の最終裁定に送付される。もし自治団体の諸方策に疑問

> が出た場合，州政府がその権限の範囲内で必要事項を指示するものとする。
>
> 詳細は事務規程に定める——それは委員長の選出についても，また，委員会の両グループ間の委員長交替についても定める——ものとする。事務規程を決定するのは委員会である。事務規程は，州政府の許可を必要とする。
>
> IV.
>
> ここに定められた基本原則は，シュレスヴィヒ・ホルシュタインのフリースラント人住民にも，同様の意味合いにおいて適用されるものとする。

その後デンマークと西ドイツ（当時）は，「キール宣言」の運用上の問題を改善して「ボン・コペンハーゲン宣言」(1955.3.29) (Bonn-Kopenhagener-Erklärungen vom 29. März 1955) を政府間で公にした。「キール宣言」ならびに「ボン・コペンハーゲン宣言」は，今日，同州ならびにドイツ連邦共和国の少数者権ならびに少数者教育の原則となった（選挙における「5％条項」の除外規定を含む）。こうして，ボン・コペンハーゲン宣言の1955年には，ドイツ・デンマーク国境の内外に多くのドイツ系少数者学校（デンマーク），そしてデンマーク系少数者学校（ドイツ・シュレスヴィヒ）が存在することになった。これが成るにあたっては，デンマーク側の開明的な政策があるのだが，それについては割愛する[26]。国境のうちそとに存在する少数者学校の状況は，シュレスヴィヒの州立文書館資料が示す通りである。つまり，「国境の北側では，ドイツ語私立学校29校で約1,000名のドイツ系少数者生徒が学び，国境の南側では，デンマーク語私立学校88校で約7,700名のデンマーク系少数者生徒が学んだ。1948年には［デン

---

26) デンマークの開明的な対ドイツ政策，また，デンマーク・ドイツ関係については以下の研究を参照されたい。村井誠人「南スリースヴィ問題とデンマークにおける国境観の対立——デンマーク・ドイツ国境成立75周年に寄せて」『早稲田大学大学院文学研究科紀要』42, 1997. 尾崎修治「シュレスヴィヒにおける住民投票（1920）——ドイツ系住民運動における国民意識と地域」（上智大学大学院史学専攻院生会『紀尾井史学』第23号，2003年）。小嶋栄一「シュレスヴィヒにおけるドイツ＝デンマーク少数民族問題」バルト・スカンディナヴィア研究会『北欧史研究』第8号，1990。

第 7 章　国際化と教師

マーク系少数者生徒は〕約 14,000 名だった。学校は教育の場であるとともに，校外文化活動のセンターでもあった」と[27]。

　以上の「キール宣言」と「ボン・コペンハーゲン宣言」の内容が，今日シュレスヴィヒ・ホルシュタイン州憲法に明示されて，少数者教育権の法源となっているのである。

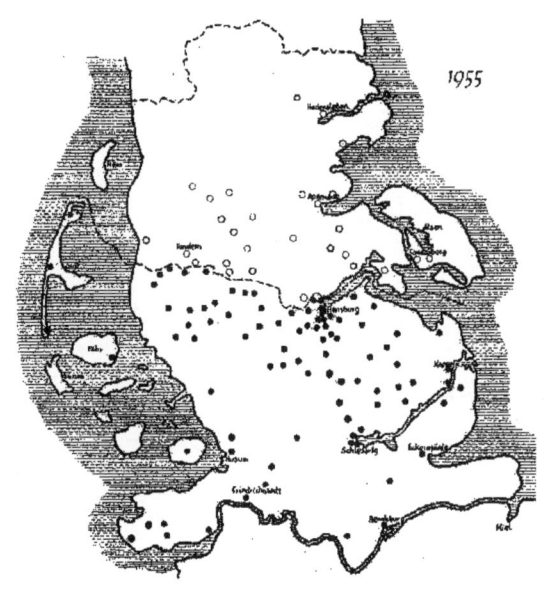

○ドイツ系少数者学校（デンマーク）
●デンマーク系少数者学校（ドイツ，シュレスヴィヒ）
**図 7-4．シュレスヴィヒの少数者学校 1955**
（出所：LAS Abt. 605, Nr. 392）

●シュレスヴィヒ・ホルシュタイン州憲法（最終改正 2008 年 3 月 18 日）
第 5 条　国内少数者および民族グループ
　(1) 少数民族の告白は自由である；そのことによって，一般的な公民の義務から免れるわけではない。
　(2) 国内少数者および民族グループの文化的独自性と政治的活動とは，州，市町

---

27) LAS Abt. 605, Nr. 392

> 村，ならびに諸共同体において庇護される。国内デンマーク系少数者ならびにフリースランド民族グループは，保護と促進の要求権をもっている。
> 追加条項 5条 a（2006.10.27）
> ・介護（Pflege）必要者への保護と促進。シュレスヴィヒ・ホルシュタイン州は，介護必要者の権利と利益を保護し，すべての介護必要者に，人間的尊厳に値する人生を可能とさせる世話を促進する。
> 第8条 教育制度
> （4）教育権者は，その子どもを国内少数者学校に就学させるべきかどうかを決定する。
> （5）詳細は法律に定める[28]。

　これは，「ヨーロッパ地方言語・少数者言語憲章」に盛られた内容物を表している。シュレスヴィヒ・ホルシュタイン州では，デンマーク系少数者のためのデンマーク語による学校が，2012年現在，48校存在してそれらデンマーク系少数者の教育要求に対応している[29]。また，ここで修得した教育課程は，ドイツ，デンマーク両国から承認されている。かつて，シュレスヴィヒ・ホルシュタインのデンマーク系少数者学校で学び，デンマークのアビトゥーアを取得して，ドイツ南部の大学に修学していた学生が，ドイツ大学の入学資格を取り消され，結局デンマークの大学に編入せざるをえなかったという事件が出来した。これはドイツが大学入学までに13年かかるのに対し，デンマークは12年だという学校制度の違いに由来するものであった。しかし，このような事態は，今日除去されている。

　シュレスヴィヒ・ホルシュタインのデンマーク系少数者教育問題は，ヨーロ

---

28) Verfassung des Landes Schleswig-Holstein vom 13. Dezember 1949. In: http://www.verfassungen.de/de/sh/schleswig-holstein90-index.htm（最終閲覧：2012/10/31）

29) Schleswig-Holstein. in: http://de.wikipedia.org/wiki/Schleswig-Holstein#Bildung（最終閲覧：2012/10/31）

ッパにおける少数者の文化・教育権保護の先駆である。日本の外国人児童生徒の文化・教育権保護のあり方に，一つの先進的なモデルを投げかけるものだといってよいであろう。

## 3. まとめ―国際化と教師

　ここで，国際化と教師という問題に簡単なまとめを行いたい。
　2012年夏，日系ブラジル移民の戦後史を扱った映画『汚（けが）れた心』(Coraçoes Sujos)（フェルナンド・モライス原作，ヴィンセンテ・アモリン監督）が注目を集めた（モントリオール国際映画祭出品作品，プンタデルエステ国際映画祭主演男優賞受賞．伊原剛志・常盤貴子ほか出演）。ブラジル入植地の奥深くで，日本の敗戦を信じない日本人皇国主義集団「臣道聯盟」が，ブラジル側役人を襲撃し，敗戦を知った日系住民を惨殺するという事件を扱った映画である。この事件は，長く，日本のみならずブラジルの日系社会でもタブー視され封印されてきた。日系ブラジル移民の中にこのような出来事があったことに驚かされるが，ゲスト国民がホスト社会と隔絶して生きると，このような事態が生ずることを教えてくれる。「国際化」のありようを考えさせる作品であった。
　「国際化」に対応する教育は，今，喫緊の課題である[30]。しかし，何と言っても，それに対応する人的配置が不十分である。さきに触れた文部科学省の「初等中等教育における外国人児童生徒教育の充実のための検討会」の行った報告「外国人児童生徒教育の充実方策について」（2008年8月）は，「Ⅳ．外国人児童生徒の適応指導や日本語指導について」において，今後の方策を次のように述べた。

---

30) 世界諸国の学校教育における少数者語教育を考える上で，雑誌『ことばと社会』13号〈学校教育における少数派言語〉（三元社，2010）は大変参考になった。感謝申し上げる。

> 2. 今後の方策
>   現在，上述のような取組が行われているが，日本語指導が必要な外国人児童生徒数が増加傾向にある中，外国人児童生徒の適応指導や日本語指導にあたっては，引き続き，次のような課題がある。
>
> ア 初期の適応・日本語指導から学習言語能力の育成のための指導までの指導内容や指導方法の改善・充実
> イ 学校における外国人児童生徒の指導体制の構築
> ウ 外国人児童生徒の指導にあたる教員や指導支援員等の養成・確保

特に学校における指導については，指導体制の強化と教員の配置をうたっている。

> **(3) 外国人児童生徒の指導にあたる教員や支援員等の養成・確保等**
> ①外国人児童生徒の指導にあたる教員や支援員等の配置の推進
> ○…外国人児童生徒を受け入れる各学校において，外国人児童生徒の指導を適切に行うためには，外国人児童生徒の指導にあたる教員の数を十分に充実させなければならない。このため，国においては日本語指導に対応した教員の加配措置について必要な定数を改善するとともに，都道府県においては，当該地域の必要性に応じ，これらの教員の学校への配置を推進することとする。
> ○また，近年，教員による指導を支援するために，都道府県や市町村において支援員や通訳等の外部人材の学校への配置が進められており，国においても平成20年度から「帰国・外国人児童生徒受入促進事業」の中でモデル的にこうした外国人児童生徒支援員の配置を実施している。特に，母国語を話せる支援員については，外国人児童生徒の日本語指導や教科指導の支援，教材や学校便り等の翻訳，学校と保護者との連絡などにおいて活躍が期待される。
> ○このため，都道府県や市町村においても，こうした支援員の配置を引き続き進めていくことが必要である。また，国においては，「帰国・外国人児童生徒受入促進事業」における外国人児童生徒支援員の配置の取組を検証し，その結果を踏まえながら，都道府県や市町村におけるこれらの支援員等の配置を更に支援する取組を実施することとする。
> ②外国人児童生徒の指導にあたる教員や支援員等の人材の養成・確保
>
> (以下略)

学校現場は多忙である。その中で外国人児童生徒の教育は「JSL（Japanese

as a second language，第二言語としての日本語）**カリキュラム**」（外国人児童生徒の初期指導から教科学習につながる段階の指導を支援するための教員用の指導資料）に基づいて行うこととされている[31]。「JSL カリキュラム」――日本語を母語としない児童生徒に，日本語指導と教科指導を統合し，学びの深化を実現する――は，同化主義との批判もあるが，外国人児童生徒への教育の一つの指針，コース・オブ・スタデイ（Course of study）として大きな意味をもつと筆者も考える[32]。だが，それは指導する教師に最大限の研究の自由と，校内の連携体制が不可欠である。現実には，まだ，限られた場所での実践に留まっている[33]。外国人児童生徒は，学校だけで生活しているのではない。学校と地域と連携，彼らの将来（定住者を念頭に置く）の就業も視野に入れた息長い取り組みである[34]。そのためには，私たち日本の市民，そして何よりも学校の教師が，世界の（特にヨーロッパの）民族共存の事例に学びながら，彼ら外国人児童生徒が自己の文化とアイデンティティーを尊重され一人の人間として生きていけるよう援助と体制を作り出すことが不可欠であろう。

31) 前掲，外国人児童生徒教育の充実方策について（報告），平成 20 年 6 月；佐藤郡衛・齋藤ひろみ・高木光太郎 『外国人児童の「教科と日本語」シリーズ 小学校 JSL カリキュラム「解説」』（スリーエーネットワーク，2005；JSL カリキュラム研究会ほか『外国人児童の「教科と日本語」シリーズ小学校「JSL 国語科」の授業作り』2005），同『算数科』，同『理科』，同『社会科』（いずれも 2005），参照。なお，中学校の国語科，社会科，数学科，理科，英語科は今のところ発行されていない。文部科学省 HP，学校教育における JSL カリキュラム（中学校編）(http://www.mext.go.jp/a_menu/shotou/clarinet/003/001/011.htm) ほかを参照。
32) 齋藤恵「学びと成長を支援する年少者日本語教育実践に向けて：オーストラリアの年少者 ESL 教育におけるスキャフォールディングの分析から」（『早稲田大学日本語教育研究』5，2004），参照。
33) 人的な体制の不十分さは各所で聞かれるところである。「日本語指導員 配置を」（『朝日新聞』，2012 年 10 月 6 日）
34) 定住外国人の若者の就労問題については触れられなかった。他日を期したい。内閣府『平成 24 年版 子ども・若者白書』（2012 年 9 月）参照。

**外国人児童生徒教育年表（1990-2012）**

| 年 | 日本の中の外国人 | 外国人児童生徒教育 |
|---|---|---|
| 1990（平2） | ・入管法改定。以後，ブラジル等からの外国人住民（ニューカマー）急増 | |
| 1991（平3） | | 文部省，日本語指導が必要な外国人児童生徒の受け入れ状況等に関する調査開始 |
| 1996（平8） | | 中教審「21世紀を展望した我が国の教育の在り方について」（第一次答申）。「国際理解教育」，「日本に在留している外国人の子供たちの教育の改善・充実」（「JSLシステムの開発・実施」を含む）明記 |
| 2003（平15） | | ・文科省「JSLカリキュラム」（小学校編）<br>・外国人学校の大学受験資格拡大省令改正 |
| 2004（平16） | ・外国人集住都市会議「豊田宣言」 | |
| 2005（平17） | | 文科省，外国人児童生徒の不就学実態調査 |
| 2007（平19） | | 文科省「JSLカリキュラム」（中学校編）発表 |
| 2008（平20） | ・リーマンショック（2008年9月15日）。経済不況・外国人帰国 | 文科省「外国人児童生徒教育の充実方策について」（報告） |
| 2009（平21） | ・政権交代。民主党「永住外国人への地方参政権付与」法案作成<br>・内閣府「定住外国人施策推進室」設置 | 愛知県立高校外国人生徒入学者選抜（1校追加）<br>日系定住外国人施策に関する基本方針 |
| 2011（平23.3） | 東日本大震災・原発事故。外国人の帰国 | |
| 2012（平24.4） | | 日本語指導「特別の教育課程」文科省検討開始 |
| 2012（平24.5） | ・2009民主党法案「日本と国交のある国とそれに準じる地域の出身者」を野党に歩み寄るため「日本と国交のある特別永住者」限定案検討 | |
| 2012（平24.7） | ・「外国人登録証明書」（自治体発行）廃止。日本の滞在が3ヵ月を超える外国人に「在留カード」交付。外国人も住民基本台帳に登録，住所情報は国が一元管理。在留期間の上限は3年から5年に延長（法律成立2009年） | |

（今津孝次郎「外国人児童生徒教育の実践的研究課題—学校臨床社会学の立場から—」日本教育学会第71回大会公開シンポジウム「グローバル時代の教育と職業—移民の青少年におけるキャリア形成をめぐって—」2012.8，名古屋大学，より抜粋・加工）

# 文　献

## 序　章　本書の意図と構成

1. Eser, Ingo:》Volk, Staat, Gott!《: Die deutsche Minderheit in Polen und ihr Schulwesen 1918-1939. Wiesbaden : Harrassowitz Verlag, 2010. (Veröffentlichungen des Nordost-Instituts ; Bd. 15)
2. Falęcki, Tomasz: Niemieckie szkolnictwo mniejszościowe na Górnym Śląsku w latach 1922-1939. Katowice, 1970.
3. Hubrich, Georg (Hrsg.) : Die Minderheitenschule. Sammlung der Bestimmungen. Berlin: Weidmann, 1927.
4. Junckerstorff, Kurt: Das Schulrecht der deutschen Minderheiten in Polnisch-Oberschlesien nach dem Genfer Abkommen. Berlin: R. Hobbing, 1930.
5. Kaeckenbeeck, Georges: The international Experiment of Upper Silesia. London, 1942.
6. Knabe, Ferdinande: Sprachliche Minderheiten und nationale Schule in Preußen zwischen 1871 und 1933. Eine bildungspolitische Analyse. Münster: Waxmann, 2000 (Internationale Hochschulschriften, Bd. 325).
7. Krüger-Potratz, Marianne/Jasper, Dirk Knabe, Ferdinande (Hrsg.) : Fremdsprachige Volksteile und deutsche Schule. Schulpolitik für die Kinder der autochthonen Minderheiten in der Weimarer Republik-ein Quellen- und Arbeitsbuch. Münster: Waxmann, 1998 (Interkulturelle Bildungsforschung, Bd. 2.
8. Moderow, Hans Martin : Volksschule zwischen Staat und Kirche : Das Beispiel Sachsen im 18. und 19. Jahrhundert. Köln; Weimar; Wien : Böhlau, 2007.
9. Recke, Walter: Die historisch-politischen Grundlagen der Genfer Konvention vom 15. Mai 1922. Marburg, 1969.
10. Skrabania, David: Das Minderheitenschulwesen im geteilten Oberschlesien. München: Grin, 2009.
11. Zentralblatt für die gesamte Unterrichtsverwaltung in Preußen. 1920, H. 2., Berlin, 1920. 2.
12. 伊東孝之『ポーランド現代史』山川出版，1988
13. 梅根悟『近代国家と民衆教育——プロイセン民衆教育政策史——』誠文堂新光社，1967
14. 大津留厚『ハプスブルクの実験』中公新書，1995
15. ——『[増補改訂] ハプスブルクの実験』春風社，2007
16. 川手圭一「マイノリティ問題とフォルクの思想」伊藤定良／平田雅博・編『近代ヨーロッパを読み解く』ミネルヴァ書房，2008

17. 『新訂増補　世界民族問題事典』平凡社，2002
18. 鈴木是生「帝国の解体と民族自決論：バウアー，ウイルソン，レーニン（一）」『名古屋外国語大学外国語学部紀要』第 30 巻，2006/2
19. 月村太郎『民族紛争』岩波新書，2013
20. 濱口學「国際連盟と上部シレジア定境紛争」『國學院大學紀要』第 31 巻，1993/3
21. 『波蘭國ニ關スル條約 1919 年 6 月 28 日』外務省訳，1919
22. 丸山敬一『マルクス主義と民族自決権』（第 2 版）信山社，1992 年

第 1 章　ポーランドに留まったドイツ人
1. „Abänderung und Ergänzung des Erlasses zur Regelung der Minderheitsschulverhältnisse im Grenzgebiete des Regierungsbezirks Schleswig vom 9. Februar 1926 ". In: Zentralblatt für die gesamte Unterrichts-Verwaltung in Preußen. Jg. 71, H. 3, Berlin, 1929.
2. „Erlaß des Preußischen Staatsministeriums zur Regelung der Minderheitsschulverhältnisse im Grenzgebiet des Regierungsbezirks Schleswig 9. Februar 1926 ". In: Deutschland Gesetzgebung. 1929.
3. „Ordnung zur Regelung des Schulwesens für die polnische Minderheit ". In: Zentralblatt für die gesamte Unterrichts-Verwaltung in Preußen. Jg. 71, H. 3, Berlin, 1929.
4. Bierschenk, Theodor: Die deutsche Volksgruppe in Polen 1934-1939. Kitzingen, 1954.
5. Bruns, Carl Georg: Minderheitenrecht als Völkerrecht. Breslau, 1928. [1928a]
6. ── : "Die Entscheidung des ständigen internationalen Gerichtshofes im oberschlesischen Schulstreit". In: Nation und Staat, Jg. 1, H. 9, Wien, 1928. [1928b]
7. ── : "Das Urteil des Ständigen Internationalen Gerichtshofes im Oberschlesischen Schulstreit und das allgemeine Minderheitenrecht". Ebenda. Jg. 1, H. 10, Wien, 1928. [1928c]
8. ── : Grundlagen und Entwicklung des internationalen Minderheitenrechts. Berlin, 1929.
9. ── : Gesammelte Schriften zur Minderheitenfrage. Berlin, 1933.
10. Ellmann, Michaela: Hans Lukaschek im Kreisauer Kreis. Schöningh：Paderborn, 2000.
11. Falęcki, Tomasz: Niemieckie szkolnictwo mniejszościowe na Górnym Śląsku w latach 1922-1939. Katowice, 1970.
12. Fischer, P.：Das Recht und der Schutz der polnischen Minderheit in

Oberschlesien. Berlin, 1931.
13. Hansen, Reimar: "Die historischen Wurzeln und die europäische Bedeutung der Kieler Erklärung vom 26. 9. 1949". In: Die Kontinentwerdung Europas. Berlin, 1995.
14. Junckerstorff, Kurt: Das Schulrecht der deutschen Minderheiten in Polnisch-Oberschlesien nach dem Genfer Abkommen. Berlin, 1930.
15. Kaeckenbeeck, Georges: The international Experiment of Upper Silesia: a study in the working of the Upper Silesian Settlement 1922-1937. London, 1942.
16. Kaufmann, Erich: Die Rechtsverhältnisse der an Polen abgetretenen Ostmark. Berlin, 1919.
17. Keitsch, Frank: Die sprachlichen Verhältnisse im oberschlesischen Teil der Woiwodschaft Schlesien und das deutsche Minderheitsschulwesen in der Zwischenkriegszeit. Ratingen-Hösel, 1977.
18. ―― : Das Schicksal der deutschen Volksgruppe in Ostoberschlesien in den Jahren 1922-1939. Dülmen, 1982.
19. Korowicz, Marc: Une expérience de droit international: la protection des minorités de Haute-Silésie. Paris, 1946.
20. Kraus, Herbert: Das Recht der Minderheiten. Berlin, 1927.
21. Lewinsky, Hermann/ Wagner, Richard: Danziger Staats-und Völkerrecht. Danzig, 1927.
22. Liebermann, Kurt: Die deutschen Minderheitsschulen in Polnisch-Oberschlesien auf Grund des deutsch-polnischen Abkommens vom 15. Mai 1922. Würzburg, 1928.
23. Lukaschek, Hans: Das Schulrecht der nationalen Minderheiten in Deutschland. Berlin, 1930.
24. Recke, Walter: Die historisch-politischen Grundlagen der Genfer Konvention vom 15. Mai 1922. Marburg, 1969.
25. Stauffer, Paul: Polen-Juden-Schweizer. Zürich, 2004.
26. Stone, Julius: Regional guarantees of minority rights: a study of minorities procedure in Upper Silesia. New York, 1933.
27. Urban, Thomas: Deutsche in Polen. München, 2000.
28. ―― : Der Verlust. München, 2006.
29. Volz, Wilhelm: Zum oberschlesischen Problem. Gleiwitz, [1930].
30. Weinhold, Manfred: Deutschlands Gebietsverluste 1919-1945. Kiel, 2007.
31. 伊藤定良「国民国家と地域形成」伊藤定良・平田雅博編著『近代ヨーロッパを読み解く』, ミネルヴァ書房, 2008
32. 伊藤孝之『ポーランド現代史』山川出版, 1988
33. 外務省記録 B 門 9 類「国際連盟少数民族保護問題雑件第四巻分割 1」(研 0196 p.

005-126),アジア歴史資料センター,1929
34. 川手圭一「マイノリティ問題とフォルクの思想」,伊藤/平田同上書,2008
35. ――「第一次世界大戦後ドイツの東部国境と「マイノリティ問題」」『歴史評論』665,2005/9
36. 小峰総一郎「ニュダールとデンマーク系少数者教育問題」『中京大学教養論叢』47-1,2006/7
37. ――『ドイツの中の《デンマーク人》』,学文社,2007
38. スターリン「マルクス主義と民族問題」『スターリン全集2』大月書店,1952
39. 田畑茂二郎「所謂少数民族の国際法主体性に就て1,2,3」『京都帝国大学法学論叢』38-3,1938/3; 38-4,1938/4; 38-6,1938/6
40. 濱口學「国際連盟と上部シレジア定境紛争」『國學院大學紀要』31,1993/3
41. 横田喜三郎『國際判例研究1』有斐閣,1933

## 第2章 国際連盟とシロンスク

1. Bruns, Carl Georg: "Das Urteil des Ständigen Internationalen Gerichtshofes im Oberschlesischen Schulstreit und das allgemeine Minderheitenrecht". In: Nation und Staat. Jg. 1, H. 10, Wien, 1928.
2. Glück, Helmut: Die preußisch-polnische Sprachenpolitik. Hamburg, 1979.
3. Junckerstorff, Kurt: Das Schulrecht der deutschen Minderheiten in Polnisch-Oberschlesien nach dem Genfer Abkommen. Berlin, 1930.
4. Kaeckenbeeck, Georges: The international Experiment of Upper Silesia: a study in the working of the Upper Silesian Settlement 1922-1937. London, 1942.
5. Korowicz, Marc: Une expérience de droit international: la protection des minorités de Haute-Silésie. Paris, 1946.
6. Recke, Walter: Die historisch-politischen Grundlagen der Genfer Konvention vom 15. Mai 1922. Marburg, 1969.
7. 阿部謹也『ハーメルンの笛吹き男――伝説とその世界』ちくま文庫,1988
8. 梅根悟『近代国家と民衆教育――プロイセン民衆教育政策史――』誠文堂新光社,1967
9. 遠藤孝夫『近代ドイツ公教育体制の再編過程』創文社 1996
10. 川手圭一「第一次大戦後ドイツの東部国境と『マイノリティ問題』」『近現代史研究会会報』第58号,2006
11. 小峰総一郎「第一次世界大戦後ポーランド領シロンスクにおけるドイツ系少数者教育」『中京大学国際教養学部論叢』第3巻第1号,2010/12
12. ――『ドイツの中の《デンマーク人》』学文社,2007
13. ――「ニュダールとデンマーク系少数者教育問題」『中京大学教養論叢』第47

巻第1号，2006/7
14. 濱口學「国際連盟と上部シレジア定境紛争」『國學院大學紀要』第31巻，1993/3
15. ──「上部シレジア定境紛争(1921)の射程」『國學院法政論叢』第13輯，1992/3
16. 細田信輔「カシューブ人の歴史と地域主義(リージョナリズム)(Ⅲ):ドイツとポーランドのはざまで」『龍谷大学経済学論集』第46巻第3号，2006/12
17. 『波蘭國ニ關スル條約』(1919年6月28日，外務省訳[=ポーランド条約])

### 第3章 ポーランドの国民教育建設
1. Birodziej, Władzimierz: Geschichte Polens im 20. Jahrhundert. München 2010.
2. Dobbermann, Paul: Die deutsche Schule im ehemals preußischen Teilgebiet Polens. Posen 1925.
3. Falęcki, Tomasz: Niemieckie szkolnictwo mniejszościowe na Górnym Śląsku w latach 1922-1939. Katowice 1970.
4. Glück, Helmut: Die preußisch-polnische Sprachenpolitik. Hamburg 1979.
5. Göppert, et. al. (hrsg.): Oberschlesien und der Genfer Schiedsspruch. Berlin 1925.
6. Jeismann/Lungreen (hrsg.): Handbuch der deutschen Bildungsgeschichte. Bd. Ⅲ. München 1987.
7. Junckerstorff, Kurt: Das Schulrecht der deutschen Minderheiten in Polnisch-Oberschlesien nach dem Genfer Abkommen. Berlin 1930.
8. Korth, Rudolf: Die preußische Schulpolitik und die polnischen Schulstreiks. Marburg 1963
9. Kosler, Alois M.: Die preußische Volksschulpolitik in Oberschlesien. 1742-1848 /-2. Aufl., Sigmaringen 1984.
10. Recke, Walter: Die historisch-politischen Grundlagen der Genfer Konvention vom 15. Mai 1922. Marburg 1969
11. Urban, Thomas: Deutsche in Polen. München 2000.
12. ── : Der Verlust. München 2006.
13. 「上シュレジエンに関する[独ポ]ジュネーブ協定(1922.5.15)」(小峰総一郎抄訳)『中京大学国際教養学部論叢』第4巻第1号，2011年9月)
14. 「同盟及聯合國ト獨逸國トノ平和條約竝ニ議定書(1919.6.28)」(外務省訳，1919年)
15. 「波蘭國ニ關スル條約(1919.6.28)」([=ポーランド条約]外務省訳，1919年)
16. 伊藤定良「ドイツ第二帝制期におけるポーランド人問題」『世紀転換期の世界』未来社，1989
17. 伊東孝之『ポーランド現代史』山川出版社，1988

18. ウェーバー（田中真晴訳）『国民国家と経済政策』未来社，1959
19. 梅根悟「二重言語学校問題」『近代国家と民衆教育——プロイセン民衆教育政策史——』誠文堂新光社，1967
20. 遠藤孝夫『近代ドイツ公教育体制の再編過程』創文社，1996
21. 大津留厚『ハプスブルクの実験』中公新書，1995
22. キェニェーヴィチ（編）（加藤一夫他訳）『ポーランド史2』恒文社，1986
23. 小峰総一郎「第一次世界大戦後ポーランド領シロンスクにおけるドイツ系少数者教育」『中京大学国際教養学部論叢』第3巻第1号，2010/12
24. ——『ベルリン新教育の研究』風間書房，2002
25. ルコフスキ / ザヴァツキ（河野肇訳）『ポーランドの歴史』創土社，2007
26. ルソー（永見文雄訳）「ポーランド統治論（1771）」『ルソー全集』第5巻，白水社，1979
27. 割田聖史「〈境界地域〉を叙述する——オストマルク協会編『ドイツのオストマルク』（1913年）を読む——」『群馬大学国際教育・研究センター論集9』，2010

URL
「Autonome Woiwodschaft Schlesien」，「Die Volksabstimmung in Oberschlesien 1921」，「Gründungsstatut der Woiwodschaft Schlesien」，「Józef Rymer」，「Premierzy Polski」，「Schlesien」，「Silesian Voivodeship（1920-1939）」，「Śląsk」，「Statut Organiczny Województwa」，「旧ドイツ東部領土」，「シレジア」，（日本ウィキペディア，ドイツ Wikipedia，ポーランド Wikipedia，英 Wikipedia）

## 第4章　ドイツの国内少数民族政策

1. Boldt, Hans (Hrsg.) : Reich und Länder : Texte zur deutschen Verfassungsgeschichte im 19. und 20. Jahrhundert. München : Deutscher Taschenbuch Verlag, 1987.
2. Knabe, Ferdinande: Sprachliche Minderheiten und nationale Schule in Preussen zwischen 1871 und 1933. Eine bildungspolitische Analyse. Münsters: Waxmann, 2000. (Internationale Hochschulschriften, Band 325)
3. Frackowiak, Johannes: Wanderer im nationalen Niemandsland. Polnische Ethnizität in Mitteldeutschland von 1880 bis zur Gegenwart. Paderborn: Schöningh, 2011.
4. Krüger-Potratz, Marianne (Hrsg.) : Fremdsprachige Volksteile und deutsche Schule. Schulpolitik für die Kinder der autochthonen Minderheiten in der Weimarer Republik. Münster: Waxmann, 1998.
5. Zentralblatt für die gesamte Unterrichts-Verwaltung in Preußen. Jg. 63, H. 2, Berlin: Weidmannsche Buchhandlung, 1921.
6. Zentralblatt für die gesamte Unterrichts-Verwaltung in Preußen. Jahrgang 71, H. 3,

Berlin: Weidmannsche Buchhandlung, 1929.
7．伊藤定良『異郷と故郷―ドイツ帝国主義とルール・ポーランド人―』〈新しい世界史8〉，東大出版，1987
8．梅根悟『近代国家と民衆教育――プロイセン民衆教育政策史――』誠文堂新光社，1967
9．遠藤孝夫『近代ドイツ公教育体制の再編過程』創文社，1996
10．小峰総一郎『ドイツの中の《デンマーク人》』学文社 2007
11．――「ニュダールとデンマーク系少数者教育問題」『中京大学教養論叢』第 47 巻第 1 号，2006/7
12．今野元『多民族国家プロイセンの夢―「青の国際派」とヨーロッパ秩序―』名大出版，2009
13．中村年延「移民と母語教育の条件―― 20 世紀初頭フランス・ポーランド人炭坑移民の場合――」(望田幸男/橋本伸也編『ネイションとナショナリズムの教育社会史』〈叢書・比較教育社会史 2〉，昭和堂，2004
14．西尾達雄「植民地支配と身体教育――朝鮮の場合――」(望田幸男/田村栄子編『身体と医療の教育社会史』〈叢書・比較教育社会史［1］〉，昭和堂，2003
15．日本体育学会監修　『最新スポーツ科学事典』，平凡社，2006 年

URL
http://de.wikipedia.org/wiki/Konrad_Haenisch　（ヘーニッシュ，ドイツ Wikipedia，最終閲覧 2010. 3）


## 第 5 章　国境を越える「文化自治」

1．Bierschenk, Theodor: Die deutsche Volksgruppe in Polen 1934-1939. Kitzingen, 1954.
2．Broszat, Martin: "Außen-und innenpolitische Aspekte der preußisch-deutschen Minderheitenpolitik in der Ära Stresemann". in: Kurt Kluxen/Wolfgang J. Mommsen（hrsg.）: Politische Ideologien und nationalstaatliche Ordnung. München : R. Oldenbourg, 1968.
3．Bruns, Carl Georg: "Die Entscheidung des ständigen internationalen Gerichtshofes im oberschlesischen Schulstreit". In: Nation und Staat. Jg. 1, H. 9, Wien, 1928.
4．Eser, Ingo: 》Volk, Staat, Gott!《 : Die deutsche Minderheit in Polen und ihr Schulwesen 1918-1939. Wiesbaden : Harrassowitz Verlag, 2010（Veröffentlichungen des Nordost-Instituts ; Bd. 15）．
5．Garleff, Michael: Die kulturelle Selbstverwaltung der nationalen Minderheiten in den baltischen Staaten. in: Bris Meissner (Hrsg.): Die baltischen Nationen: Estland,

Lettland, Litauen. 2. Aufl., Köln 1991 (Nationalitäten-und Regionalprobleme Osteuropa. 4).
6. Gassanow, Elchan: Estlands Minderheitenpolitik Zwischen den Weltkriegen. Eine Untersuchung über das Umgehen der Ersten Estnischen Republik mit den nationalen Minderheiten zwischen den Weltkriegen. Zürich: Grin, 2009.
7. Hiden, John / Housden, Martyn: Neighbours or enemies? : Germans, the Baltic and beyond (On the Boundary of Two Worlds: Identity, Freedom & Moral Imagination in the Baltics). Amsterdam; New York: Rodopi, 2008.
8. Kaufmann, Erich: Carl Georg Bruns als Persönlichkeit und Vorkämpfer der deutschen Minderheiten, in: Max Hildebert Boehm (Hrsg.) : Gesammelte Schriften zur Minderheitenfrage von Carl Georg Bruns. Berlin: Carl Heymanns Verlag, 1933.
9. Knabe, Ferdinande: Sprachliche Minderheiten und nationale Schule in Preußen zwischen 1871 und 1933. Eine bildungspolitische Analyse. Münster: Waxmann, 2000 (Internationale Hochschulschriften, Band 325).
10. Krüger-Potratz, Marianne/Jasper, Dirk/Knabe, Ferdinande: Fremdsprachige Volksteile und deutsche Schule. Schulpolitik für die Kinder der autochthonen Minderheiten in der Weimarer Republik-ein Quellen-und Arbeitsbuch. Münster: Waxmann, 1998 (Interkulturelle Bildungsforschung, Band 2).
11. Michaelsen, Rudolf: Der Europäische Nationalitäten-Kongress 1925-1928. Frankfurt am Main : Peter Lang, 1984.
12. Nation und Staat : Deutsche Zeitschrift für das europäische Minoritätenproblem. 1. Jahrg., Heft 1 (1927) - 17. Jahrg., Heft 11/12 (1944). Wien : W. Braumüller, 1927-1944.
13. Recke, Walter: Die historisch-politischen Grundlagen der Genfer Konvention vom 15. Mai 1922. Marburg, 1969.
14. Schot, Bastiaan: Nation oder Staat? : Deutschland und der Minderheitenschutz : zur Völkerbundspolitik der Stresemann-Ära. Marburg/Lahn : J.G. Herder-Institut, 1988.
15. Urban, Thomas: Deutsche in Polen. München, 2000.
16. 川手圭一「第一次世界大戦後ドイツの東部国境と「マイノリティ問題」」歴史科学協議会『歴史評論』第665号, 2005/9
17. ――「フォルク (Volk) と青年―マイノリティ問題とドイツ青年運動―」(田村栄子/星乃治彦・編『ヴァイマル共和国の光芒―チズムと近代の相克―』昭和堂, 2007)
18. ――「マイノリティ問題とフォルクの思想」(伊藤定良/平田雅博・編『近代ヨーロッパを読み解く』ミネルヴァ書房, 2008)
19. 小峰総一郎「ニュダールとデンマーク系少数者教育問題」『中京大学教養論叢』第47巻第1号, 2006/7
20. ――「第一次世界大戦後ポーランド領シロンスクにおけるドイツ系少数者教育」『中京大学国際教養学部論叢』第3巻 第1号, 2010/12
21. ――「資料①ポーランド系少数者学校令 (1928.12.31)」,「資料②上シュレジエン

に関する［独ポ］ジュネーブ協定（1922.5.15）［抄］」『中京大学国際教養学部論叢』第4巻第1号，2011年9月
22. 小森広美「エストニア」（伊東孝之・井内敏夫・中井和夫編『ポーランド・ウクライナ・バルト史』山川出版社，1998）
23. ──「バルト・ドイツ人の再移住──国民国家形成期のエストニア人とバルト・ドイツ人の関係──」（大津留厚編『中央ヨーロッパの可能性』昭和堂，2006）
24. ──「両大戦間期エストニアにおける教育制度の変遷：権威主義体制分析の視座として」早稲田大学史学会『史観』第157冊，2007/9
25. 進藤修一「『新しいヨーロッパ』はどう構想されたか──「アウトサイダー」たちのヨーロッパ──」（大津留厚編『中央ヨーロッパの可能性』昭和堂，2006）
26. 松原正毅，NIRA編『新訂増補　世界民族問題事典』平凡社，2002

URL

http://de.wikipedia.org/wiki/Abstimmungsgebiet_Allenstein（2012.6最終アクセス）
http://de.wikipedia.org/wiki/Erich_Krahmer-M%C3%B6llenberg（同）
http://de.wikipedia.org/wiki/Geschichte_Estlands（同）
http://de.wikipedia.org/wiki/Abstimmungsgebiet_Allenstein（同）
http://de.wikipedia.org/wiki/Kaschuben（同）
http://de.wikipedia.org/wiki/Masurische_Sprache（同）
http://de.wikipedia.org/wiki/Regierungsbezirk_Allenstein（同）
http://de.wikipedia.org/wiki/Volksdeutsche（同）
http://de.wikipedia.org/wiki/Westpreu%C3%9Fen（同）
http://www.ostdeutsche-biographie.de/kaufer75.htm（同）

## 第6章　学校紛争とその帰結

1. Bierschenk, Theodor: Die deutsche Volksgruppe in Polen 1934-1939. Kitzingen: Holzner, 1954.
2. B. [Bruns, Carl Georg]: „Die Entscheidung des ständigen internationalen Gerichtshofes im oberschlesischen Schulstreit". In: Nation und Staat. Jg. 1, H. 9, Wien, 1928.
3. Bruns, Carl Georg: "Das Urteil des Ständigen Internationalen Gerichtshofes im Oberschlesischen Schulstreit und das allgemeine Minderheitenrecht". Nation und Staat. Jg. 1, H. 10, Wien, 1928.
4. Dobbermann, Paul: Die deutsche Schule im ehemals preußischen Teilgebiet Polens. Posen, 1925.
5. Eser, Ingo: 》Volk, Staat, Gott!《: Die deutsche Minderheit in Polen und ihr

Schulwesen 1918-1939. Wiesbaden : Harrassowitz Verlag, 2010.（Veröffentlichungen des Nordost-Instituts ; Bd. 15）.
6．Junckerstorff, Kurt: Das Schulrecht der deutschen Minderheiten in Polnisch-Oberschlesien nach dem Genfer Abkommen. Berlin, 1930.
7．Keitsch, Frank: Die sprachlichen Verhältnisse im oberschlesischen Teil der Woiwodschaft Schlesien und das deutsche Minderheitsschulwesen in der Zwischenkriegszeit. Ratingen-Hösel, 1977.
8．Lukaschek, Hans: Das Schulrecht der nationalen Minderheiten in Deutschland. Berlin, 1930.
9．Recke, Walter: Die historisch-politischen Grundlagen der Genfer Konvention vom 15. Mai 1922. Marburg（Lahn）: J.G. Herder-Institut, 1969.
10．Stauffer, Paul: Polen-Juden-Schweizer. Zürich, 2004.
11．Urban, Thomas: Deutsche in Polen. München, 2000.
12．石井菊次郎『外交余録』岩波書店，1930（吉村道男監修「日本外交史人物叢書　第6巻」ゆまに書房，2002）
13．小峰総一郎「資料①ポーランド系少数者学校令（1928.12.31）」『中京大学国際教養学部論叢』第4巻第1号，2011年9月
14．――「資料②上シュレジエンに関する［独ポ］ジュネーブ協定（1922.5.15）［抄］」『中京大学国際教養学部論叢』第4巻第1号，2011年9月
15．――「資料③シロンスク教育令（1922.8.21）」『中京大学国際教養学部論叢』第4巻第2号，2012年3月
16．――「〈資料〉④C. G. ブルンス：「少数民族文化自治ライヒ法草案」（1926.3.15）解題」『中京大学国際教養学部論叢』第5巻第1号，2012年10月
17．篠原初枝『国際連盟―世界平和への夢と挫折』中公新書，2010
18．高橋勝浩「石井菊次郎　歴史を指南車と仰いだ知性派外交官」佐道明広・小宮山一夫・服部龍二編『人物で読む近代日本外交史』吉川弘文館，2009
19．濱口學「国際連盟と上部シレジア定境紛争」『國學院大學紀要』31, 1993/3
20．牧野雅彦『ロカルノ条約―シュトレーゼマンとヨーロッパの再建』，中央公論新社，2012
21．横田喜三郎「第一編　判決　一二　上部シレジアの少数者学校に関する事件」『國際判例研究Ⅰ』，有斐閣，1933
22．――「第二編　諮問事件　一　上シレジアの少数者学校の事件」『国際判例研究Ⅱ』有斐閣，1970
23．山内昌之「民族」大澤真幸・吉見俊哉・鷲田清一編『現代社会学事典』弘文堂，2012

文献

**第7章 国際化と教師**
1. Europäische Charta der Regional- oder Minderheitensprachen, Straßburg/Strasbourg, 5.XI.1992; European Charter for Regional or Minority Languages, Strasbourg, 5.XI.1992. (ヨーロッパ地方言語・少数者言語憲章 1992) in: http://conventions.coe.int/Treaty/ger/Treaties/Html/148.htm (ドイツ語版, 最終閲覧：2012/10/31) ; http://conventions.coe.int/Treaty/EN/Treaties/Html/148.htm (英語版, 最終閲覧：2012/10/31)
2. Fink, Troels: Geschichte des schleswigschen Grenzlandes. Kopenhagen, 1958.
3. Jäckel, Eberhardt: Die Schleswig-Frage seit 1945. Dokumente zur Rechtsstellung der Minderheiten beiderseits der deutsch-dänischen Grenze. Frankfurt am Main, Berlin, 1959.
4. Landesarchiv Schleswig-Holstein Abt. 605, Nr. 392. (シュレスヴィヒ・ホルシュタイン州立公文書館資料)
5. Petersen, Thomas Peter: Preußens Sprachenpolitik im Nordschleswig. Münster, 1995.
6. Schleswig-Holstein. in: http://de.wikipedia.org/wiki/Schleswig-Holstein#Bildung (最終閲覧：2012/10/31)
7. Schleswig-Holsteinisches Biographisches Lexikon. Bd. 2, Neumünster, 1971.
8. Verfassung des Landes Schleswig-Holstein vom 13. Dezember 1949. In: http://www.verfassungen.de/de/sh/schleswig-holstein90-index.htm (最終閲覧：2012/10/31)
9. 浅井信雄『民族世界地図』新潮社, 1993
10. 『朝日新聞』, 2010年11月9日
11. 今津孝次郎「外国人児童生徒教育の実践的研究課題―学校臨床社会学の立場から―」(日本教育学会第71回大会公開シンポジウム「グローバル時代の教育と職業―移民の青少年におけるキャリア形成をめぐって―」, 2012.8, 名古屋大学)
12. 大津留厚『ハプスブルクの実験』中公新書, 1995
13. 岡田安代「外国人児童を教えるということ」(『朝日新聞』, 2008年3月6日夕刊)
14. 尾崎修治「シュレスヴィヒにおける住民投票 (1920) ――ドイツ系住民運動における国民意識と地域」(上智大学大学院史学専攻院生会『紀尾井史学』第23号, 2003)
15. 柏木惠子『子どもが育つ条件-家族心理学から考える-』岩波新書, 2008
16. 加藤高明「外国籍の子ども 就学義務を課すべきだ」(『朝日新聞』, 2008年10月1日)
17. 小嶋栄一「シュレスヴィヒにおけるドイツ＝デンマーク少数民族問題」バルト・スカンディナヴィア研究会 『北欧史研究』第8号, 1990
18. 『ことばと社会』13号〈学校教育における少数派言語〉(三元社, 2010)
19. 小峰総一郎「ニュダールとデンマーク系少数者教育問題」『中京大学教養論叢』47-1, 2006/7

20. ――『ドイツの中の«デンマーク人» ――ニュダールとデンマーク系少数者教育――』学文社，2007
21. 齋藤 恵「学びと成長を支援する年少者日本語教育実践に向けて：オーストラリアの年少者 ESL 教育におけるスキャフォールディングの分析から」『早稲田大学日本語教育研究 5』2004
22. 佐藤郡衛・齋藤ひろみ・高木光太郎 『外国人児童の「教科と日本語」シリーズ 小学校 JSL カリキュラム「解説」』スリーエーネットワーク，2005
23. JSL カリキュラム研究会ほか『外国人児童の「教科と日本語」シリーズ小学校「JSL 国語科」の授業作り』2005；同『算数科』2005；同『理科』2005；同『社会科』2005
24. 渋谷鎌次郎『欧州諸国の言語法』三元社，2005
25. 初等中等教育における外国人児童生徒教育の充実のための検討会「外国人児童生徒教育の充実方策について（報告）」平成 20（2008）年 6 月
26. スターリン「マルクス主義と民族問題」『スターリン全集 2』大月書店，1952
27. 田中宏『在日外国人――法の壁，心の壁――』岩波新書，1991
28. 對馬達雄 編著『ドイツ 過去の克服と人間形成』昭和堂，2011
29. 匿名，栃木県中学校非常勤講師「日本語指導員配置を」(『朝日新聞』，2012 年 10 月 6 日)
30. 内閣府『平成 24 年版 子ども・若者白書』(2012 年 9 月)
31. 内藤正典『ヨーロッパとイスラーム――共生は可能か――』岩波新書，2004
32. ナツヨ・サワド・ブラント『デンマークの子育て・人育ち「人が資源」の福祉社会』大月書店，2005
33. 「日本語指導が必要な外国人児童生徒の受入れ状況等に関する調査（平成 22 年度）」の結果について（文部科学省，平成 23 年 8 月 16 日）
34. 法務省入国管理局「平成 23 年末現在における外国人登録者数について」（速報値，平成 24 年 2 月 22 日 ）ttp://www.moj.go.jp/nyuukokukanri/kouhou/nyuukokukanri04_00015.html 最終閲覧：2012 年 10 月）
35. 正高信男『子どもはことばをからだで覚える－メロデイーから意味の世界へ－』（中公新書，2001）
36. 松原好次・山本忠行編著『言語と貧困』明石書店，2012
37. 宮島喬「ヨーロッパを通して見えてくる日本」(中京大学社会学部学術講演会，2006 年 11 月 16 日)
38. ――『ヨーロッパ市民の誕生――開かれたシティズンシップへ――』岩波新書，2004
39. 村井誠人「南スリースヴィ問題とデンマークにおける国境観の対立――デンマーク・ドイツ国境成立 75 周年に寄せて――」『早稲田大学大学院文学研究科紀要』42，1997

40. 文部科学省「学校教育における JSL カリキュラム（中学校編）」(http://www.mext.go.jp/a_menu/shotou/clarinet/003/001/011.htm) ほか（最終閲覧：最終閲覧：2012 年 11 月）
41. 山内昌之『民族の時代』NHK 人間大学，1994

# あとがき

　先年筆者は『ドイツの中の《デンマーク人》——ニュダールとデンマーク系少数者教育』(学文社刊, 2007) なる一書を公にした。それは, 2005-2006年の在外研究の中で明らかになったイェンス・ニュダール (Jens Nydahl, 1883-1967) ——ワイマール時代にベルリン市教育長としてベルリンの新教育運動を行政の側から推進・援助した——の数奇な運命, すなわち彼が第二次世界大戦後, 「故郷」のシュレスヴィヒ・ホルシュタイン州で取り組んだデンマーク系少数者教育問題を解明したものである。

　当地ではドイツの第二次大戦敗北後, ポーランドを始めとして, 東方の旧ナチス帝国領土から追放されたドイツ人が大挙して押し寄せるという混乱の中, 「デンマーク系少数者」が, この地を（すなわちシュレスヴィヒ・ホルシュタイン州のシュレスヴィヒ部分を）「祖国」デンマークに復帰させようとする「新デンマーク運動」を巻き起こしていた。かつて, 第一次大戦後の住民投票で「北シュレスヴィヒ」（シュレスヴィヒの北側部分＝デンマーク隣接地帯）がデンマークに復したことにならい, 残余の「南シュレスヴィヒ」もデンマークに復帰させようとしたのである。州首相リューデマンに請われて「シュレスヴィヒ全権委員」となったニュダールは, この「新デンマーク運動」の当事者との交渉の最前線に立ち,「南シュレスヴィヒ」のデンマーク復帰は押し留め, しかし彼らのデンマーク語デンマーク文化の民族教育を保障したのだった（「キール宣言」(Kieler Erklärung, 1949.9.26)）（じつはニュダールは北シュレスヴィヒの寒村に生まれた「デンマーク人」で, 家族は, 第一次大戦後の住民投票の結果北シュレスヴィヒに留まり, デンマーク国へ「復帰」していた）。

　この「新デンマーク運動」を展開したデンマーク系少数者が主張したのが「自由表明主義」であった（クラウゼン (Hermann Clausen, 1885-1962) ら）。「我々はデンマーク人である」と表明し, 当地のデンマーク国への復帰と, 子

どもたちへのデンマーク語デンマーク文化の教育を求めるのは当然の権利だとしたのである。これに対してドイツ人側は,「あなた方デンマーク系少数者の中には,デンマーク語を満足に話せない者もいる。それなのにデンマーク復帰を求めるのは理不尽であろう」と非難する。これを受けて少数者代表は,「自分たちはデンマーク人と自覚している。たとえデンマーク語が不自由であっても,そのことに変わりはない。この主観原理,民族所属の〈自由表明主義〉を,あなたがたドイツ人は,かつてワイマール時代に認めていたではないか」と反論するのだった。在外研究の中で突如直面した「主観原理」,「自由表明主義」に戸惑いながらも,筆者は,その源流が第一次大戦後のポーランドと国際法学者ブルンスにあることだけ確認し,ニュダールの戦後史像を一まず描出した。そして,いつかこの源流を明らかにしたいと思って帰国したのである。

　本書がそれの究明になっているとは到底言えない。また,かつて筆者の前著に対し,太田和敬氏(文教大学)は「[ドイツの中の]デンマーク人は何故,それほどデンマークの教育にこだわったのか」と,〈デンマーク人〉(=「デンマーク系少数者」)がドイツの中で何を求めていたのかを問うた(『教育学研究』75(1),2008年3月)。氏のこの問いにも答えてはいない。ただシュレスヴィヒと同様の構図の中で,ポーランドにおいて「少数者」となった〈ドイツ人〉(=「ドイツ系少数者」)の置かれている状況は,多少分かってきた。また,序章で記したように,ドイツの国内問題としてのデンマーク系少数者・ポーランド系少数者問題,そして,ドイツの国外問題としてのドイツ系少数者問題は相互に不可分の関係にあるのであって,それらを究明する糸口だけは次第に明らかになってきたように思える。第一次世界大戦後の領土分割とそれに伴うドイツ系少数者,ポーランド系少数者の教育問題は,一国の教育問題をはるかに越え出て,国際政治,国際経済,そして民族問題,ドイツ政治,ポーランド政治にかかわる重大案件であったのだ。そのため上シュレジエン問題は,国際連盟が(というよりは,日本を含む第一次世界大戦の戦勝国が),国際連盟の主導で独ポ両国に「ジュネーブ協定」(1922.5.15)を締結させ,国際的監視のもと,15年

あとがき

にわたってその紛争解決を図ったのであった。そしてこれの途上に「上シュレジエン学校紛争に関わる常設国際司法裁判所判決」(1928.4.26) が下されている。「主観原理」,「自由表明主義」は, ポーランドの中にいるドイツ系少数者が, 同じような境遇に置かれた欧州のドイツ人・ドイツ本国とつながり, ドイツ語ドイツ文化による教育・文化行政を求める「文化自治」論と対をなすのであった。しかし, これをポーランド国に求めるということは, じつはドイツ国内のポーランド系少数者に, ポーランド語ポーランド文化の教育と文化行政を保障しなければならない。シュトレーゼマン外相は, この開明的な道を歩もうとしたのだが, 現実にそのような理性の道が開かれたのではない。「文化自治」とは名ばかりの, まことに僅かな方策が, プロイセン邦だけに「ポーランド系少数者令」,「改正デンマーク系少数者令」となって実現したのである。しかし, その意義は大きい。序章に引用した「多民族的な国民的アイデンティティー」の形成と「それに基づく国民意識の涵養と維持」(月村太郎) の可能性は秘めていたのである。

　第二次世界大戦後のデンマーク系少数者教育問題, 第一次世界大戦後ポーランドのドイツ系少数者教育問題。そしてまた, ドイツの中における少数者教育, ポーランド人教育の問題──それらは, ドイツ教育のネガの位置を占めている。しかし, これら少数者教育を解明することは, 人間形成と社会との関連をトータルに考察するのに不可欠の, 文化とアイデンティティーに関わる貴重な視座を提供してくれるであろう。

　シュレジエン (シロンスク) は, かつて筆者が初めての在外研究を西ベルリン (=当時) で行っているとき (1989-1990) 訪れた地方である (「ベルリンの壁」崩壊を眼前にしてのち)。後年この地方の問題を調べるなどとは, 当時思いもよらなかったが, 奇しくもこのたび, このような形でシュレジエン (シロンスク) を扱うこととなった。高原都市カトヴィツェをおおう石炭の臭いと, 道に迷ったとき, ドイツ語まじりのポーランド語で親切に道を教えてくれた市民のことが懐かしく思い出される。本研究をとおして, 今筆者の前には, シロン

スク,ポーランドのドイツ系少数者教育のさらなる事実究明,その問題構造の剔抉,また,多くの人物の解明(たとえば,カロンデール,ウーリッツ,ルカシェク,グラジュインスキ,また,ヘーニッシュ,ベッカー),マズール人問題やザクセンの少数者教育の研究などなど――,が課題として浮き上がってきた。研究上の興味は尽きない。加えて,欧州問題に関わる日本人(石井菊次郎,安達峰一郎,新渡戸稲造ら)の存在も無視できない。さきに濱口學氏が見せてくれたような,デジタル化された資料を駆使した研究にも挑戦したいものである。

とは言え,筆者はこの問題の入口に立っている段階であり,本書には間違いや誤解・誤訳等少なくないであろう。ご指摘いただけると幸いである。

つたない内容ではあるが,これまでの研究が一書にまとまるのは筆者として嬉しいかぎりである。出版事情が厳しいなか,刊行を助成下さった中京大学に,また,前著同様,本書の制作に情熱をもって粘り強く取り組んで下さった学文社編集部・落合絵理さんに心より感謝と御礼を申し上げたい。加えて,ブルンスの写真を何とか掲載したいという筆者の希望に応えご協力を惜しまれなかったハンブルク大学北東ドイツ人研究所,インゴ・エーザー氏,また中京大学図書館磯村友里さんにも厚く御礼申し上げます。

2014年3月

著　者

Die »Deutschen« in Polen:
Das Schulrecht für die deutsche Minderheit
in Polen nach dem Ersten Weltkrieg

von

Prof. Dr. Soichiro Komine

Zusammenfassung

· In diesem Buch behandelt der Verfasser das Schulrecht für die deutsche Minderheit in Polen, insbesondere in Województwa Śląskiego, nach dem Ersten Weltkrieg.

· Nach der Niederlage Deutschlands im Ersten Weltkrieg wurde die deutsche Provinz Oberschlesien geteilt, und Ostoberschlesien gehörte als „Województwa Śląskiego "zu dem neugeschaffenen Staat Polen. Auf der Grundlage des „Genfer Abkommens über Oberschlesien "(15. Mai 1922) wurden die Zivilrechte, insbesondere die Durchführung des Schulunterrichts in deutscher Sprache, unter dem Schutz des Völkerbundes für die verbliebene deutsche Minderheit garantiert.

· Inzwischen wurde eine große Menge von Anmeldungen bei deutschen Minderheitsschulen aufgrund des Prinzips der „deutschen Muttersprache "(objektives Prinzip) abgelehnt, das von den polnischen Behörden eingeführt worden war.

· Der Ständige Internationale Gerichtshof hat die deutsche Klage zurückgewiesen, die Anspruch auf eine unbeschränkte, freie Anmeldung bei deutschen Minderheitsschulen erhoben hatte. Das teilweise von dem Gerichtshof anerkannte subjektive Prinzip (freies Bekenntnis der Angehörigkeit zur nationalen Minderheit) spielte jedoch insofern eine Schlüsselrolle, als dass der Begriff der

独文要約

„Kulturautonomie" die Volksdeutschen in den verlorenen ehemaligen deutschen Staatsgebieten miteinander verbunden hat.

Inhaltsverzeichnis

Einleitung
1. Die verbliebene deutsche Minderheit in Polen:
   Die deutschen Minderheitsschulen in Śląsk (Polnisch-Oberschlesien) nach dem Ersten Weltkrieg
2. Völkerbund und Oberschlesien:
   Genfer Konvention vom 15. Mai 1922 über Oberschlesien
3. Die Bestrebungen zur Neuschaffung des polnischen Volksbildungswesens:
   Schulbestimmungen des Woiwoden von Schlesien vom 21. August 1922
4. Die Minderheitenpolitik in Deutschland:
   Der preußische Erlass für die polnische Minderheit (31. Dezember 1918);
   Ordnung zur Regelung des Schulwesens für die polnische Minderheit (31. Dezember 1928)
5. Die transstaatliche „Kulturautonomie":
   Carl Georg Bruns: Entwurf eines Reichsgesetzes zur Regelung des Schulwesens der nationalen Minderheiten in Deutschland, 15. März 1926
6. Der Schulstreit in Śląsk und sein Ergebnis:
   Die Entscheidung des Ständigen Internationalen Gerichtshofes im Oberschlesischen Schulstreit vom 26. April 1928;
   Die Minderheitenerklärung vom 5. November 1937
7. Internationalisierung und Aufgaben des Lehrers in Japan

Nachwort
Literatur; Zeittafel; Verzeichnis

## 上シュレジエン学校紛争略年表（1919-1937）

| 年月日 | 事項 |
|---|---|
| 1919.6.28 | ●ヴェルサイユ条約　●ポーランド条約 |
| 1921.3.20 | ●上シュレジエン住民投票。ドイツ帰属派多数<br>5.2 ポーランド人蜂起・ドイツ人による武力制圧　10.10 国際連盟秘密理事会，上シュレジエン分割線合意<br>10.20 連盟理事会，分割を正式決定。移行措置を大使会議決議（日本代表・石井菊次郎） |
| 1922.5.15 | ●上シュレジエンに関するジュネーブ協定。相互に少数民族の権利を規定。6.3 発効。6.15 東部上シュレジエン，ポーランド復帰，シロンスク県となる。混合委員会（委員長・元スイス大統領カロンデール），仲裁裁判所（裁判長・ケーケンベック） |
|  | ●以後学校紛争頻発（1922―1937の間）<br>・ドイツ人の対ポーランド訴願合計（12,226件）・ポーランド人の対ドイツ訴願合計（522件） |
| 1926.5 | ●ポーランド国シロンスク県でドイツ人児童 8,500 人以上がドイツ系少数者学校へ学籍登録。直後に一般アンケート調査・母語調査 → 7,114 登録不可 → 5,205…「少数者」ではないと判定【シロンスク県就学義務児童の 22 パーセント】<br>●「シュレジエンドイツ人民族同盟」，ポ国（少数者局）へ訴え　↓ |
| 1926.12.15 | ●混合委員会委員長・元スイス大統領カロンデールの見解<br>ジュネーブ協定第 131 条，74 条により，ドイツ語が理解できぬ児童にも<br>　a．ドイツ語を授業言語として選択可<br>　b．ドイツ系少数者学校入学可　↓<br>「［ドイツ系］父母の申請を審査することは認められない」 |
| 1927.1.13 | ●ポ国シロンスク県知事反対論「混合委員会委員長表明は受け容れ難い」<br>●「ドイツ人同盟」，国際連盟に訴え<br>委員会での議論（1927.3/8, 3/12, 12/8）にドイツ側主張顧みられず。法判断行わず，言語テスト実施を指示<br>(A) 二重言語児童，(B) 親の出頭しなかった児童――スイス人教育家マウラー（Maurer）による言語テスト実施を指示<br>⇩<br>カロンデール委員長，これに基づく入校判断を正当とする<br>⇅ |
| 1927.6.9 | 「ドイツ人同盟」代表はこの指示には同意。しかし本件に添わぬ，と留保付す<br>●言語テスト。その後，この試験の監視を任された報告官ウルルティア（Urrutia）<br>　　「来年の入校に際しても言語テスト行う」と表明 |
| 12.31 | ●ドイツ政府，常設国際司法裁判所へ提訴 |

上シュレジエン学校紛争略年表 (1919-1937)

| 1928.4.26 | ●常設国際司法裁判所判決——ドイツ敗訴。民族所属は「主観意志」に基づくのではなく，「事実状況」（言語等——客観基準）に基づく。ドイツ系少数者学校の自由な選択は不可。ただし民族所属の「表明」自体は自由。主観基準を部分的に認める。当局の再審査不可 |
|---|---|
| 12.31 | ●ポーランド系少数者令　●改正デンマーク系少数者令 |
| 1929.3.25/4.6 | ●パリ会談（議長：安達峰一郎大使，パリ）（学校入学問題除き）訴願処理簡素化へ合意 |
| 5.11 | ポーランド，安達宛感謝書状 |
| 5.18 | ドイツ，感謝書状 |
| 1937.5.15 | ●上シュレジエンに関するジュネーブ協定満了 |
| 11.5 | ●独ポ少数民族宣言 |

(Bruns, Junckerstorff, Recke 等に基づき小峰作成)

# 事項索引

[類似項目は統合した。また，頻出事項は初出時のみ記したり，適宜，選択を行ったりしている。]

## あ 行

アイデンティティー　5, 20, 40, 120, 126, 133, 158, 241, 243, 259
Autochthone 土着人　5-8, 129, 189
アビトゥーア［試験，資格］　73, 138, 169, 172, 256
意志要素　229
イレデンタ運動　18, 161
ヴェルサイユ講和条約会議　186
ヴェルサイユ条約　54, 99, 102
ヴェンド人　157, 161
ヴェンド語　10
エストニア　147, 149, 151, 152, 164, 166
欧州少数民族会議　17, 145, 151, 152, 166
欧州ドイツ人少数者連盟　176
欧州ドイツ人連合　144, 145, 152, 154
オストマルク協会　93
オーデル川　6, 189
オペルン　134
親の意志　239

## か 行

外国語住民部分　14
外国語を話すポーランド国籍者　61
外国人児童生徒　236, 258, 260
外国人登録　234
外国ドイツ人　40
外務省　55, 155, 167, 174, 176
学籍登録　29, 30, 108, 132, 180, 187, 193, 194, 201, 202, 223, 227
課税権　146, 150, 165, 170, 181
学区ゲリマンダー　38, 172
学校委員会　68
学校組合　32, 38, 51, 67, 109, 116, 118, 132, 137, 139, 140, 169, 217
学校ストライキ　96
学校連盟　146, 168, 179, 182, 183

カトヴィッツ　4, 89, 187
カトリック［派，教徒］　38, 48, 104, 123
カリキュラム　132, 169
韓国併合　235
北シュレスヴィヒ言語教育令　248
ギムナジウム　151, 163, 172
客観［的］基準　5, 18, 23, 108, 156, 190, 191
客観原理　5, 31, 32, 146
教育権　239
教育権者　108, 114, 116, 137, 140, 168, 201, 202, 217, 218, 221, 226, 256
教会台帳　167
共同学校　110
教養市民層　46
キール宣言　23, 249, 251, 254
グラブスキ法　110, 111
郡学務委員　69, 115, 117
郡学校委員会　107
郡学校視学官　114
郡長　108, 109
血統　36, 191
ゲルマン化　45
見解　200
見解表明　27, 75, 76
言語コース　219
言語的少数者　66
言語テスト　30, 40, 202, 204
鉱工業三角地帯　4, 25, 48
公立学校　236
公立少数者国民学校　25, 139
国際化　233, 257
国際司法裁判所　5, 18, 63, 109, 141, 143, 187, 190-193, 209, 211, 228
国際連盟　18, 21, 25, 48-50, 53, 158, 161, 171, 173, 174, 184, 186, 199
国際連盟理事会　30, 40, 59, 62, 186, 201

283

国籍　　105, 144, 148, 180, 217, 218, 222, 224, 234
国籍法　　143
告白　　136
「心のドイツ人」原理　　35, 193
国家語　　65
国庫補助　　73, 132, 139, 165, 169
子どもの権利　　239
固有語授業　　218
混合委員会　　19, 27, 43, 59, 60, 75-79, 83, 84, 109, 186, 194, 222
混合委員長見解　　28, 50, 200

　　　　　さ　行

再審査　　216
再審査禁止　　224
在独マズール人エルムラント人同盟　　158, 160
在ポーランド少数者権擁護ドイツ人同盟　　163
在ポーランドドイツ人学校連盟　　162
JSLカリキュラム　　259, 260
視学　　107
シコーワ・ポルスカ »szkóła polska«　　129
自治県　　48, 101
宗教授業　　134
自由告白権　　57, 59
自由告白主義　　56
宗派学校　　118
宗派共同学校　　118
宗派混合学校　　104
自由表明　　74
自由表明主義　　17, 63, 131, 146, 165, 166, 168, 171, 179, 251
住民投票　　48, 63, 70, 71, 74, 83, 99, 106, 115, 156, 158, 186, 192, 249
主観意志　　6, 211, 213, 229
主観［的］基準　　18, 23, 24, 40, 108, 124, 131, 132, 149, 160, 188, 190, 191, 199, 205, 210, 243
主観原理　　5, 17, 24, 31, 35, 36, 39, 131, 143, 146, 165, 193, 215, 222
主観主義　　141

主観要素　　34, 205, 221, 229, 230
授業［言］語　　6, 32, 59, 74, 87, 114, 127, 128, 137-139, 169, 170, 191, 196, 199, 204, 206, 212, 218, 222, 252
出生地主義　　55
出自　　137
ジュネーブ協定　　3, 5, 7, 10, 20, 25, 27, 49, 51, 52, 54-56, 87, 105, 108, 109, 118, 132, 140, 156, 163, 170, 171, 173, 187, 191, 196-200, 209, 212, 214, 215, 219, 228
シュレジエン　　91, 121
上シュレジエン　　2, 4, 5, 44, 148, 156, 187, 215
上シュレジエン学校紛争に係る常設国際司法裁判所判決　　211
上シュレジエン人　　9
下シュレジエン　　4
東部上シュレジエン　　6, 7, 22
シュレスヴィヒ　　156
シュレスヴィヒ・ホルシュタイン州憲法　　255
少数者学級　　26, 33, 66, 116, 119, 219
少数者学校　　33, 51, 66, 114-116, 119, 197, 218, 219, 221, 226
少数者局　　50, 59, 75, 76
少数者［言］語　　220, 244, 245
少数者語教育　　58, 66, 115, 218, 219
少数者語コース　　33, 114, 116
少数者［語］宗教教育　　26, 58, 66, 114, 115, 219
［少数者］宗教コース　　116
少数者所属表明　　136
少数者私立学校　　59
少数者保護条約（＝ポーランド条約）　　57
少数者連盟　　167, 182
少数民族　　166
少数民族所属の自由表明　　198, 217
少数民族文化自治　　154, 160
少数民族文化自治覚書　　154
少数民族文化自治草案　　143, 165
少数民族文化自治ライヒ法草案　　152, 161, 173

284

事項索引

常設国際司法裁　211
処遇の平等　212
職権濫用［嫌がらせ］　5, 27, 52
署名認証　28, 108, 200
私立国民学校　132
私立少数者［語］国民学校　26, 137
シレジア［シロンスク］蜂起　25, 37, 86, 106
シロンスク　1［以下略］
シロンスク県　2, 14, 187
シロンスク［県］教育令　15, 86, 102, 114, 200
シロンスク県設置定款　101
信仰告白　167
新デンマーク運動　249
水源ポーランド語　6, 47, 189, 194
正則［文書］ドイツ語　34, 52, 74, 218
正則［文書］ポーランド語　9, 74, 218
セイム　101, 164
全ドイツ学校委員会　162
相互性［主義］　63, 85, 156, 178
訴願　27, 52
訴願状　226
ソクウ　106, 125-127, 130
属人主義　166
属地主義　55, 166

た　行

ダンチヒ　99, 134, 221
自由都市ダンチヒ　142, 198
地方語　244
仲裁裁判所　24, 27, 59, 60, 76-78, 81-84
デニズン　233
デンマーク人　156
デンマーク系少数者　22, 123, 131, 166, 250-253, 256
デンマーク系少数者生徒　254
デンマーク系少数者学校［教育］令　36, 156, 171
改正デンマーク系少数者学校［教育］令　19, 23, 131, 143, 161, 252
デンマーク語　10
デンマーク語化　247

ドイツ化　4, 51, 93, 94
ドイツ系少数者　143
ドイツ語化　248
ドイツ国国内少数者連盟　128
ドイツ国籍　168
ドイツ財団　17, 52, 146, 153, 154, 163
ドイツ人同盟　30, 194
ドイツ人文化自治法案　164
ドイツ人連合　161, 163, 167
ドイツ・ポーランド協定　227
ドイツ民族同盟　5, 9, 52, 200, 201, 207
ドイツ民族評議会　162
同化　133, 241, 242
同化主義　142, 259
同化政策　12
統合　241, 242
同等処遇　34
東方植民　44
独ポ少数民族宣言　20, 210, 231

な　行

名古屋市　236
西プロイセン　90, 91, 94, 99, 142, 148
二重言語　8, 249
二重言語学校　121
日本語指導　236
入学申請　109, 116
ニューカマー　241, 260
認証　109

は　行

媒介言語　202
媒介語　208
東プロイセン　91, 142
平等処遇　61, 63, 222, 224, 227
平等処遇原則　222
福音派　38, 103, 104, 172
父語　9
不就学　240
父母評議会　140, 170
ブレスラウ　4
プロイセン憲法　14, 127, 128
文化管理委員会　150

285

文化行政局　　150
文化共同体　　166
文化自治　　15, 17, 18, 142, 143, 146, 148, 149, 151, 155, 158, 161, 163-167, 171, 172, 176
文化自治草案　　16
文化自治法　　150, 151, 166
文化資本　　240
文化的自治　　36
文化闘争　　4, 12, 93, 94, 123
文化評議会　　150, 151, 164
文化連盟　　164
文書ポーランド語　　34, 215
編入　　241, 242
母語　5, 8, 9, 13, 28, 30, 36, 39, 52, 18, 108, 109, 116, 117, 124, 127, 132, 148, 165, 173, 187-191, 194, 199-201, 203, 220, 231, 259
母語アンケート　　28, 187
母語権　　150, 168, 175, 179, 191
ポズナニ　　102-104, 106
ポーゼン　　91, 94, 122, 126, 142, 148
ポラッケ　　125, 171
ポーランド学校協会 »towarzystwo szkolne«　　129
ポーランド系少数者学校［教育］令　　15, 18, 19, 120, 124, 131, 136, 141, 143, 161, 167, 173, 191
ポーランド語　　10, 87, 114, 125, 132, 138, 169, 170, 188, 221
ポーランド語教育　　102, 129, 170
ポーランド語師範学校　　13, 125
ポーランド語宗教授業　　135, 170
ポーランド語授業　　134, 135
ポーランド語使用令　　15, 120, 124, 135
ポーランド人　　3, ［以下略］
ポーランド出自　　220, 221
ポーランド条約　　3, 54, 57, 60, 85, 102, 218, 225
ポーランド人同盟　　128, 129, 180
ポーランド語の書き方，読み方授業　　134
ポーランド領事館　　127, 129
ボン・コペンハーゲン宣言　　254

## ま　行

マイノリティー　　27
マズール語　　10, 158
マズール人　　11, 156, 158
マズール人問題　　17, 156, 160, 161
マリエンヴェルダー　　134
満州国　　235
みなし少数者　　214
民族告白　　231
民族語使用　　61
民族自由表明主義　　197, 215
民族簿　　17, 155, 156, 166, 167, 180, 198

## や　行

ヨーロッパ地方言語・少数者言語憲章　　244, 256

## ら　行

ライヒ学校法　　179
リトアニア校　　38, 110
両語学校　　110
連合学校組合　　67
連盟理事会　　76, 173

## わ　行

ワイマール革命　　15
ワイマール共和国　　13, 143
ワイマール憲法　　13, 127, 179, 191
われわれへの帰属意識　　190, 243

# 人名索引

## あ行

安達峰一郎（1869-1934）　48, 192
アムエンデ（Ewald Ammende, 1893-1936）　166
石井菊次郎（1866-1945）　3, 48, 184, 186, 192
伊藤定良（1942-）　126, 171
伊東孝之（1941-）　96, 148
今津孝次郎（1946-）　260
ウィルソン（Thomas Woodrow Wilson, 1856-1924）　97
ウェーバー（Max Weber, 1864-1920）　90, 171
ヴォルギツキ（Max Worgitzki, 1884-1937）　160
ヴォルヌイ（Konstanty Wolny, 1877-1940）　29
梅根悟（1903-1980）　120, 123
ウーリッツ（Otto Ulitz, 1885-1972）　9
ウルルティア（Urrutia）　31, 194, 204
エーザー（Dr. Ingo Eser, ?-）　37, 161, 162, 164
遠藤孝夫（1958-）　133
オペンコウスキ（Openkowski, Bruno von, 1887-1952）　13

## か行

カウフマン（Erich Kaufmann, 1880-1972）　145, 153
カロンデール（Felix-Louis Calonder, 1863-1952）　4, 19, 27, 40, 43, 76, 186, 198, 200, 208, 209, 220, 222
川手圭一（1960-）　54, 144, 167, 171
クナーベ（Ferdinande Knabe）　120
クラーマー＝メレンベルク（Erich Krahmer-Möllenberg, 1882-1942）　153, 154
クラウゼン（Hermann Clausen, 1885-1962）　249, 250
グラエベ（Kurt Graebe, ?-?）　161, 162, 164
グラジュインスキ（Michał Grażyński, 1890-1965）　5, 37, 40, 52, 86, 104, 105, 113, 187, 201
グラブスキ（ヴワディスワフ，弟）（Władysław Grabski, 1874-1938）　14, 110, 112
グラブスキ（スタニスワフ，兄）（Stanisław Grabski, 1871-1949）　14, 38, 40, 110-112
クリューガー＝ポトラッツ（Marianne Krüger-Potratz）　143, 153, 154, 167, 179
ケーケンベック（Dr. Georges Kaeckenbeeck, 1892-?）　4, 24, 55, 77

## さ行

シェーンベク（Otto Schönbeck, 1881-1959）　163
シエラコフスキ（Sierakowski, Adam Graf von, 1891-1939）　13, 172
シュタウッファー（Paul Stauffer, 1930-）　43
シュトレーゼマン（Gustav Stresemann, 1878-1929）　15, 17, 18, 31, 36, 154, 155, 159, 160, 171, 174-177, 204
ショット（Bastiaan Schot）　174, 178
進藤修一（1965-）　144
スターリン（Иосиф Виссарионович Сталин, 1878-1953）　40, 190
スヘトキ（Suchedki）　129, 130
スホヴィアク（Jan Suchowiak, ?-?）　103
セイダ（Marian Seyda, 1879-1967）　104

### た行

ダチュコ（Karl Daczko）　163, 164
ツヴォイヂンスキ（Cwojdzinski）
　129, 130
月村太郎（1959-）　1
ティッリシュ（Fritz Tillisch, 1801-1889）
　248
ドッバーマン（Paul Dobbermann, ?-?）
　163
ドモフスキ（Roman Dmowski, 1864-1939）　98
ドモランド［原文ママ］（James Eric Drummond, 1876-1951）　185

### な行

ニュダール（Jens Nydahl, 1883-1967）
　249
ニュホルム（Didrik Galtrup Gjedde Nyholm, 1858-1931）　34, 229

### は行

ハイデン（John Hiden）　174
バウアー（Otto Bauer, 1881-1938）
　13, 166
ハウスデン（Martyn Housden）　174
バチェフスキ（Jan Baczewski, 1890-1958）　13, 171-172
ハッセルブラット（Werner Hasselblatt, 1890-1958）　166
パデレフスキ（Ignacy Jan Paderewski, 1860-1941）　98
濱口學（?-）　49, 56, 186
ビーアシェンク（Theodor Bierschenk, 1908-1996）　210
ピウスツキ（Józef Klemens Piłsudski, 1867-1935）　37, 40, 97, 195
ビスマルク（Otto Eduard Leopold Fürst von Bismarck-Schönhausen, 1815-1898）　93, 123
フーゼン（Paulus van Husen, 1891-1971）　28
フーバー（Max Huber, 1874-1960）
　228
フォン・モルトケ（ハンス）（Hans-Adolf von Moltke, 1884-1943）　28, 29
フォン・モルトケ（ヘルムート）（Helmuth James Graf von Moltke, 1907-1945）　29
ブシェジインスキ（Tadeusz Brzeziński, 1896-1990）　130
ブラームス（Johannes Brahms, 1833-1897）　4
フリードリヒ二世（大王）（Friedrich II., 1712-1786）　4, 44, 88
ブルンス（Carl Georg Bruns, 1890-1931）　16, 17, 24, 34, 35, 40, 141, 143, 146, 151-155, 165, 167, 170, 171, 174-180, 183, 230
ブロシャート（Martin Broszat, 1926-1989）　160
ベッカー（Carl Heinrich Becker, 1876-1933）　134, 136, 140, 160, 161
ベック（Józef Beck、1894-1944）
　210
ヘーニッシュ（Konrad Haenisch, 1876-1925）　13, 125, 135
ベーム（Max Hildebert Boehm, 1891-1968）　178

### ま行

マウラー（Wilhelm（Walter?）Maurer, ?-?）　31, 194
マリア・テレジア（Maria Theresia, 1717-1780）　88
宮島喬（1940-）　233

### や行

山内昌之（1947-）　189, 242, 243
ユンカーシュトルフ（Kurt Junckerstorff, 1899-?）　24, 55
横田喜三郎（1896-1993）　192

### ら行

リュマー（Józef Rymer, 1882-1922）
　52, 69, 86, 105, 106, 112, 115

人名索引

ルカシェク（Hans Lukaschek, 1885–1960）　22, 24, 29
ルクセンブルク（Rosa Luxemburg, 1871–1919）　13
ルソー（Jean-Jacques Rousseau, 1712–1778）　88
レッケ（Walther Recke, 1887–1962）　49, 51
レンナー（Karl Renner, 1870–950）　13, 166
ロイド・ジョージ［ロイド，デョウヂ］（David Lloyd George, 1863–1945）　99, 185

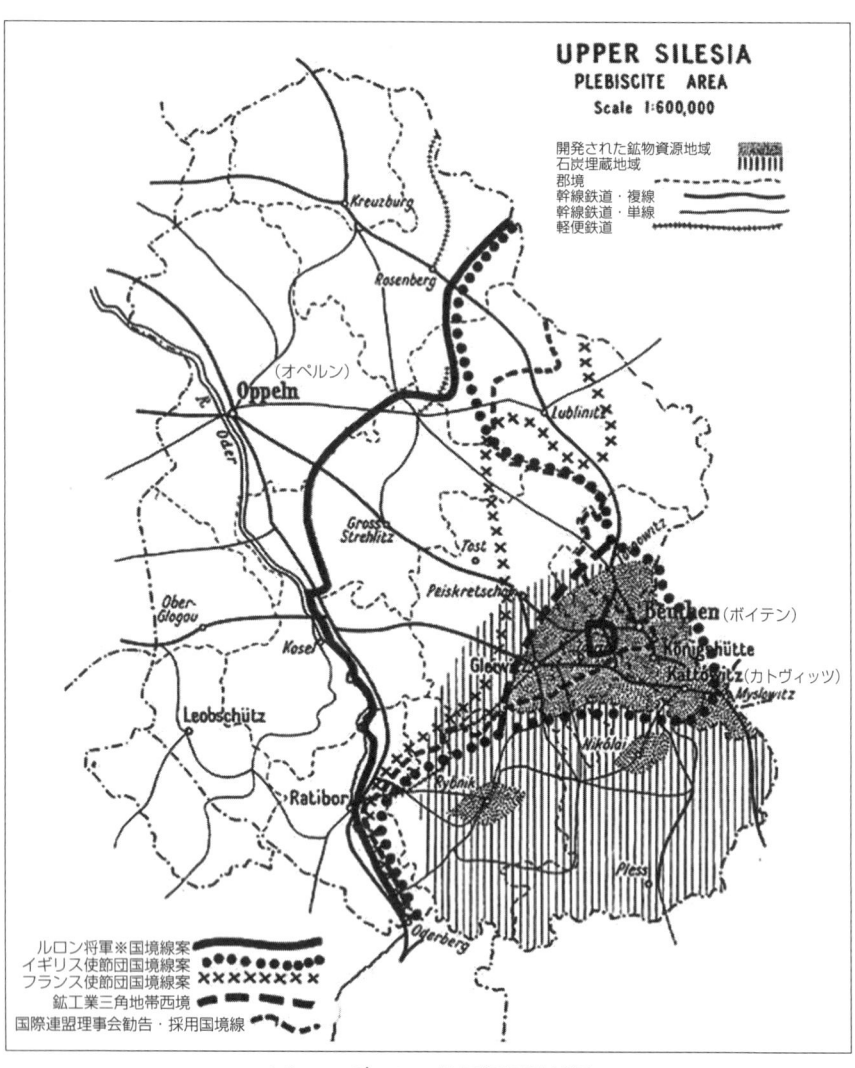

上シュレジエン　住民投票地域図

※ルロン将軍＝フランス。住民投票委員会委員長
（出所：Kaeckenbeeck, Georges: The international Experiment of Upper Silesia: a study in the working of the Upper Silesian Settlement 1922-1937.　London. 1942, p. 556.　凡例邦訳）

［著者紹介］

小峰　総一郎（こみね　そういちろう）

　1951年　埼玉県生まれ。東京大学大学院教育学研究科博士課程修了，
　　　　　博士（教育学）
　現　在　中京大学国際教養学部教授
　著訳書　『ベルリン新教育の研究』（風間書房），『現代ドイツの実験学
　　　　　校』（明治図書〈世界新教育運動選書15〉），『ドイツの中の《デ
　　　　　ンマーク人》』（学文社）ほか

## ポーランドの中の《ドイツ人》
―第一次世界大戦後ポーランドにおけるドイツ系少数者教育―

2014年3月30日　第1版第1刷発行

著者　小峰　総一郎

発行者　田　中　千津子

発行所　株式会社　学文社

〒153-0064東京都目黒区下目黒3-6-1
電話　03（3715）1501代
FAX　03（3715）2012
http://www.gakubunsha.com

印刷／シナノ印刷

©S. Komine 2014　Printed in Japan
乱丁・落丁の場合は本社でお取替します。
定価は売上カード，カバーに表示。

ISBN 978-4-7620-2433-7